Law notes
法学笔记系列

知识产权法
入门笔记

Intellectual Property Law in a Nutshell

主　编・李雨峰
副主编・刘　媛
撰稿人・(以撰写章节先后为序)
李雨峰　刘　媛　张春燕
陈小珍　贾小龙　李　杨

法律出版社
LAW PRESS・CHINA
——北京——

总　　序

法学、神学与医学是人类最古老的知识体系，其知识谱系的演变体现了人类文明与法治的进步。在我国，法学教育对于建设法治国家具有基础性、根本性与前瞻性的作用，是全面实施依法治国伟大工程中的重要一环。改革开放以来，我国的法学教育发展取得了显著成绩，为社会主义法治国家建设提供了有力的支持与人才保障。目前，随着我国法治事业的不断发展与法律服务市场的变化，社会需要越来越多适应时代要求的法治人才，这对大学的法学教育提出了新要求。如何提高法律人才培养质量，满足社会需求，已成为我国法学教育改革所面临的重要课题与挑战。

法学教育的本质并非传授单一的知识点，而是培养一种综合的法律思维能力。法律是一种职业，一种技术含量非常高的专业化的职业，这个职业有不同的研究方法，也有多元的思维方式。我们应该培养像法律人那样思考问题、解决问题的能力。随着全球化、信息化时代的到来，法律制度发生了新的变化，法律现象呈现日益综合化的趋势。如何有效地分析和解决特定的法律问题，已经不能再局限于某一单一法学学科，而应以整体系统的法学教育为背景，通过综合的法律思维去分析、解决问题。因此，为适应社会需求，法科学生需要在短时间内系统地学习法学的理论精髓，并融会贯通。这也为法律人才培养提出了更高的要求。

在法学教育中，教师是教学的核心，尤其是青年教师，站在教学第一线。青年教师入职后面对的挑战可能不是科研，而是教学。青年教师历经数十年的寒窗苦读、精耕科研，如何以最短的时间从研究者转换为授业者，是每一位初登讲堂者须完成的必修课。教学大纲的设计、知识点的选取、典型案例的收集、寓理论于案例的深入浅出等均是作为“初学者”的青年教师需要攻克的难关。初登讲堂者往往都是学富五车的博士，但经历了漫长的学习生涯与科学研究过程，他们恐怕一时难以用通俗易懂的语言将法学的乐趣深入浅出地描绘给学生。

作为法学职业教育的共同体，我们须认识到，法学教育的目的是培养造就一批信念执着、品德优良、知识丰富、本领过硬的高素质法律人才，包括法学研究型人才、法律应用型人才、复合型法律人才等适应不同层次社会需求的法律人才。为了形成知识、能力和实践之间的融合，我们需要系统地学习法律知识，但是知识并不是最重要的，关键是通过法学知识的传授培养一种能力，用能力来解决法律实践中的具体问题。对于研究型人才，我们应训练其法学思维，启迪其独立研究和思考；对于应用型人才，我们也须培养其法律思维，将理论应用于实践；对于复合型人才，我们要培养其综合性应用思维，扩展其法律知识面。

法学教育的载体和纽带在于教材的编写和选用。无论是学生的学习，还是教师的讲授，都依赖于课程的教材。传统的法学教材，植根于各学科基础理论，汇集各家观点，力求完整、全面地为读者介绍本学科的基本情况，归纳本学科的基本理论体系，诠释本学科的基本法律规范。但对于正在接受系统法学教育洗礼的本科生乃至硕士生等群体而言，存在一种"瓶颈"性的困境。因缺乏系统的法学知识，在各家学说与艰深理论面前，法学初学者往往会"望而却步"，期待一种通俗易懂的教材。事实上，法学是美妙而充满魅力的科学，如果有一本教材能够让学生在轻松的阅读学习中，直观了解法学知识的初貌，培养学生对深入学习本学科法学理论的浓厚兴趣，逐步引导其对这门学科开展探索，这必将是法学初学者的一种幸事。

此外，在信息化时代，法学初学者又须防范迷失于信息量过大而难以取舍、信息良莠不齐而缺乏甄别能力、知识的碎片化而难以形成法律思维等困境之中。事实上，法学知识和法律知识载体的多样化、新型化也给法学教育工作者提出了新的课题。例如，如何为法学本科生的每门专业课选择正确、适量、重点突出、便于理解的教学素材，如何使得教学素材的载体既小又大，即教材的页码少但有用信息量大；如何使得教学素材的载体既简单又复合，即教材所载学科理论和法律知识的信息重点一目了然但功能多用，能够满足学科入门、理论体系的提炼、法律知识的串联、司法考试知识点等复合型功能需求。

可喜的是，法律出版社计划出版一套"法学笔记系列"教材，这套教材由我国青年法学学者编写，突出教材的"笔记"特色。丛书编委均是具有长期丰富一线教学经验的中青年法学才俊。当中国人民大学法学院竺效教授与我交流时提及这套新型法学教材后，我开始关注这套教材的出版进展，也浏览了由他主编的第一本教材《环境法入门笔记》。我认为，这套教材的新意在于，将目标集中于引领法学初学者进入各个法学学科领域，使法学入门者能对各学科理论有全面系统的了解，掌握其中重点，对各学科涉及的法律规定能在准确理解的基础上尝试应用，借助该套教材，激发读者深入研习法学的兴趣。同时，也有望这套教材能为初入讲堂的青年教师提供较为高效的“教学入门速成课”。甚至可能成为那些由于各种原因从其他专业转而从事法律实践的应用型、复合型人才，提供法学各学科法律实践的入门级“工具书”。

作为从事教学工作近三十年的法学教育者，看到这套新型教材的问世，感到欣慰与欣喜——欣慰于青年教师们能够想读者之所想，想后辈之所想，想学生之所想；欣喜于青年教师们青出于蓝而胜于蓝。希望日后有更多青年学者加入本套教材的编写，为本套教材的完善提出真知灼见，在从事学术研究的同时不忘初心，致力于我国法学教育事业的发展。

中国法学教育研究会常务副会长、
中国人民大学法学院教授、博士生导师
韩大元
2016 年 12 月 25 日

目　　录

第一编　知识产权总论

第二编　著作权法

第三编 专 利 法

第四编 商 标 法

第一编
知识产权法总论

第1章　知识产权法概论

教学目标

了解和识记知识产权的基本概念；
理解知识产权的法律特征；
理解知识产权法的调整对象和性质；
识记和理解知识产权法的基本原则。

推荐参考资料

1. 刘春田主编:《知识产权法》(第五版),高等教育出版社2015年版,第一章。
2. 吴汉东主编:《知识产权法学》(第六版),北京大学出版社2014年版,第一章。
3. 张玉敏主编:《知识产权法》(第三版),法律出版社2017年版,第一章。
4. 王迁:《知识产权法教程》(第五版),中国人民大学出版社2016年版,第一章。

1.1　知识产权的概念和法律特征

知识要点

1.1.1　知识产权的范围

“知识产权”是一个外来词,其对应的英文是“intellectual property”。由于intellectual在汉语中经常被译为“智慧的”“智力的”,而“知识”对应的英文是“knowledge”,所以,有人认为英文中的intellectual property译为汉语“智慧财产权”更为合适。我国台湾地区使用的就是“智慧财产权”。大陆立法现在使用的是知识产权这一表述。

关于知识产权的范围,有关的国际公约规定并不完全一致。范围最宽的是《建立世界知识产权组织公约》的规定。按照该公约第 2 条第 8 款,知识产权包括:(1)关于文学、艺术和科学作品的权利;(2)关于表演艺术家的表演、录音和广播的权利;(3)关于人类在一切活动领域内的发明的权利;(4)关于科学发现的权利;(5)关于工业品外观设计的权利;(6)关于商标、服务标记、商号名称和标记的权利;(7)关于制止不正当竞争的权利;(8)在工业、科学、文学或艺术领域内因智力活动而产生的其他一切权利。

世界贸易组织管理的《与贸易有关的知识产权协定》(简称 TRIPS 协定),强调了知识产权和贸易的关系。按照该协定第 1 条第 2 款的规定,知识产权包括:(1)版权及其相关的权利;(2)商标权;(3)关于地理标志的权利;(4)关于工业品外观设计的权利;(5)专利权;(6)关于集成电路布图设计的权利;(7)关于未披露信息的保护。TRIPS 协定确定的知识产权的范围,要小于《建立世界知识产权组织公约》。

我国《民法总则》第 123 条所确认的知识产权范围为:(1)作品;(2)发明、实用新型、外观设计;(3)商标;(4)地理标志;(5)商业秘密;(6)集成电路布图设计;(7)植物新品种;(8)法律规定的其他客体。

以上权威法律文件关于知识产权范围的规定并不一致,但都将著作权(版权)、商标权、专利权列入知识产权的范围,这也是传统上知识产权的内容。迄今为止,这三种权利仍是知识产权的核心组成部分。

1.1.2 知识产权的分类

★工业产权与著作权

传统上的知识产权仅指著作权、专利权与商标权。由于专利权和商标权保护的对象都处于工商业领域,所以将专利权与商标权合称为"工业产权",著作权则单列一类。随着知识产权范围的扩大,传统分类法也被适用到新型知识产权上。工业、农业、林业等产业中涉及实用经济的"无形财产权"被纳入工业产权范围。例如,新发展出来的植物品种权即被划入工业产权之列。著作权方面则涵盖了邻接权。

★创造性成果权利与识别性标记权利

这一分类法以知识产权的保护基础作为划分标准,将专利权、著作权、集成电路布图设计权、植物品种权、关于工业品外观设计的权利、关于技术秘密的权利、关于软件的权利归入创造性成果权利,将商标权、商号权、其他与制止不正当竞争有关的识别性标记权利归入识别性标记权利。保护创造性成果是因为这些成果花费了人们的智力劳动,保护识别性标记是因为这些标记在使用过程中起到了区分商品或者服务的作用。

★核准登记取得的知识产权和自动取得的知识产权

这一分类按照权利取得的方式作为划分标准。有的知识产权需要经过国家有关行政部门的核准登记才能取得,如专利权、商标权、集成电路布图设计权;有的权利无须经过国家行政部门的核准,成果产生以后符合了相关条件就自动取得了权利,如著作权、商业秘密。经过登记取得的知识产权,一般来说,权利范围比较清晰;自动取得的知识产权,权利边界相对模糊,其权利范围在之后发生纠纷时,才能由有关部门进行个案认定。

1.1.3 知识产权的概念和法律特征

知识产权的范围较大,其保护的对象之间也存在较大区别。如著作权保护的对象是作品,专利权保护的对象是发明创造,商标权保护的对象是注册商标,集成电路布图设计权保护的是拓扑设计。尽管如此,这些对象之间也存在一定的共性。作品、发明创造、注册商标、拓扑设计这些对象之间的共性表现在:

★与载体的可分离性

这里的"载体"一词主要是作为"知识产权对象的固定物"来使用的,是知识产权对象被感知的有体依据。如画在一块布上的美术作品,构成著作权对象的是图案、色彩、颜色等,而画布就是载体;用在饮料外包装上的商标,构成商标权对象的是文字、图形及其组合,外包装就是载体。知识产权的对象与载体可以分离,意味着知识产权对象可以体现在一种载体上,也可以体现在另外一种载体上。上述美术作品,既可以体现在画布上,也可以体现在纸张上;上述商标,既可以体现在外包装上,也可以体现在宣传册中。与此相关,知识产权的对象属于知识产权法的保护范围,而载体属于传统物权法的保护范围。对某个商标的假冒可以用商标法去制止;而对一个饮料外包装的破坏,可以用物权法去保护。

★可再现性

知识产权的对象具有可再现性,它可以被不同的主体在同一时间同时感知。如一幅美术作品、一首歌曲,被上传到网上后,不同的人可以在同一时间共同欣赏。这是由知识产权的对象与载体的可区分性决定的。而有体物,如一张桌子、一部手机,就不能在一个人使用的同时,被其他人同时使用。知识产权对象的可再现性,也被称为可复制性。知识产权对象的可再现性,意味着其具有不灭失性。在一个载体上再现的美术作品在该载体灭失后,他人在其他载体上同样可以欣赏该美术作品。也就是因为知识产权对象的可再现性,这我们才可以看到几百年前甚至几千年前的作品。可再现性也决定了知识产权对象的可共享性。

知识产权的对象尽管千差万别,但都具有与载体的可分离性、可再现性,这说明它们之间存在一定的共性。基于这样的共性,有人把知识产权的对象概括为知识,有的概括为知识产品,有的概括为信息。

本书暂采信息说。基于以上理解,我们将知识产权定义为:民事主体依法享有的,支配特定的信息,享受其利益并排斥他人干涉的权利。与其他民事权利相比,知识产权具有如下法律特征:

★知识产权以特定的信息为保护对象

民事权利因其保护对象不同,分为不同的类型。物权的保护对象是有体物,在特殊情况下,也延伸到一些具有价值的无体物,如煤气等,但其对象不具有再现性。人格权的保护对象是人格利益,债权的保护对象是给付行为。知识产权的保护对象是特定的信息,这些信息具有与载体的可分离性,可再现性。正是信息的这些特性决定了知识产权与其他民事权利的区别。

★知识产权具有法定性

法定性,是指知识产权的种类、内容、取得和变动方式等都须依照法律的特别规定,当事人不得自由创设。例如,《商标法》对获得商标权的注册商标的范围、取得商标权的条件和程序、商标权的内容、商标权的无效宣告等均有明确的规定,当事人必须严格按照《商标法》规定的条件和程序操作,才能取得商标权。即使是可以自动取得的著作权,其所保护的作品种类、权利的内容、保护期限、不能取得著作权的作品的种类等也是由法律明确规定的。这一点与可由当事人自由设定的债权不同,而与“物权法定”类似。

法定性与“须经法律直接确认”或“国家授予性”不同。法定性类似物权法定原则,强调的是知识产权的内容、取得程序等不能由当事人自由创设,不得自行约定权利的内容。“须经法律直接确认”指的是一项知识产权的取得必须依照法定程序,由国家授予。

★知识产权是对世权、支配权

知识产权尽管与债权同属财产权,但与债权相比,具有对世权和支配权的性质。对世权,是指知识产权的义务主体是除权利人以外的一切人。所谓支配权,是指知识产权人可根据自己的意志,无须他人行为的介入即可完成对保护对象的支配。如知识产权的权利主体可以对特定的信息进行商业利用,也可以不利用可以用法律许可的任何一种方式利用,也可以进行处分。在这方面,知识产权与物权有许多类同之处。因此，物权法上的一些重要原理，如物权法定原则、公示公信原则等，可作为研究知识产权的参考。

★知识产权可分地域取得和行使

知识产权具有独立性和地域性，可以分地域取得和行使。分地域取得指同一信息可以依照不同国家法律规定的程序，同时在不同的国家分别取得相应的知识产权。甲的一个发明技术方案在中国依照中国《专利法》获得专利权之后，并不必然在外国（如美国、日本）取得专利权；如果想在这些外国取得专利权，必须按照这些国家的专利法在该国提出专利申请。另外，甲的专利权在中国被宣告无效，也不必然导致其在相关外国被宣告无效。

分地域行使是指同一项知识产权可以在受保护的地域范围内分别行使。如果一个人就同一商标在中国、美国、日本都取得了商标权，那么，他可以将在美国的商标权转让，而保留在中国和日本的商标权，并将在日本的商标权许可他人使用；某一作品的著作权人可以将该作品的英文翻译权和出版权授予另一个美国的出版社，将中文的出版权授予另一个中国的出版社等。物质财产权由于其保护对象的唯一性，不可能分地域行使。

★知识产权的权项可分别授予多人行使

由于知识产权的对象具有可再现性，知识产权人不仅可以在不同的法域分别行使其权利，还可以在同一法域内同时或先后将知识产权相同或不同的权项分别授予多人行使。这包括两种情况：其一，不同的权项可以分别授予多人行使，例如，著作权人可将一件作品的出版权授予某出版社，将改编权授予某作家，将摄制权授予某电影制片厂；其二，相同的权项也可授予多人行使，例如，专利权人可以通过普通许可使用合同将专利实施权授予两个以上的企业，著作权人可以将同一作品的表演权授予两个以上的表演团体，商标权人可以将商标使用权授予两个以上的企业等。

1.2　知识产权法的调整对象和性质

知识要点

1.2.1　知识产权法调整的社会关系的种类

法律调整的对象是社会关系，知识产权法调整的对象是与特定信息有关的社

会关系,具体来说,包括以下关系:

★特定信息的归属关系

知识产权的保护对象是特定的信息,包括创造性智力成果和识别性标志等。这些创造性智力成果和识别性标志具有财产价值,谁拥有这些信息,就会给谁带来巨大的经济价值。确认这些信息的归属,是知识产权法的首要任务,就像经济学上的产权界定,是之后发生交易的前提。一旦确定了特定信息的归属,就划分了权利人与非权利人之间的界限,未经权利人的同意,非权利人不能擅自使用该特定信息。显然,归属关系的确定就界定了权利人与非权利人之间的权利义务关系。

★特定信息的利用关系

特定信息的归属,也就是知识产权的确权,并不是知识产权法的目的。确定特定信息的归属,目的是利用,以实现知识产权对象的财产价值。权利人不仅可以自己利用信息,而且可以授权他人在约定的地域范围和时间内,按照约定的方式使用信息,如同所有权人在自己的所有权上设定他物权。但是,与设定他物权不同的是,所有物的最终使用人只能是一人,因为物质财产的使用以占有为前提,物质财产的占有和使用具有事实上的排他性。而信息具有非物质性,可以同时被许多人所利用(共享),因此,可以同时授权多人使用。

知识产权法调整信息利用关系的主要方法是,在规定权利的内容、范围的基础上,规定知识产权的转让、许可、质押等制度,以此规范当事人之间的利用关系。

★特定信息的恢复关系

特定信息的归属和利用关系的确定,为知识产权的权利人实现其特定信息的财产利益提供了制度保障,这些内容就是知识产权法的基本内容。但是,在特定信息的归属和利用的过程中,总存在不确定因素,总有人会打破那种理想的归属和利用状态。为了维护正常的信息归属和利用关系,知识产权法还必须通过法律手段恢复这种被打破的关系,让其恢复到圆满状态,其主要方法是让不遵守义务的一方承担停止侵权、赔偿损失、恢复原状等责任,这些多属于侵权法的内容。

1.2.2　知识产权法的性质

★知识产权法是私法

知识产权法调整的是平等的民事主体之间因特定信息的归属、利用、恢复所发生的财产关系和人身关系。这种关系是平等的民事主体之间的关系,在性质上属于民事法律关系。尽管有些知识产权的取得须经国家有关机关核准登记,如专利权、商标权、集成电路布图设计权等,但也丝毫不能改变其私权性质,权利取得的方式不能影响权利的性质，正如不动产物权的取得须经登记，但不能因此说不动产物权不是私权一样。毋庸讳言，我国知识产权法含有较多的行政性规范，但这些规范都是为确认和保护私权服务的，不能改变知识产权法是私法；知识产权是私权的性质。

★知识产权法是国内法

知识产权法是一个国家的立法机关依法定程序制定、颁布的法律，仅具有域内效力。虽然知识产权保护的国际化趋势日益加强，在国际上还形成了各种保护知识产权的公约、条约等，但这并不能改变其国内法的性质。实际上，各个国家都按照本国的法律对本国人和外国人的知识产权提供保护。目前，知识产权的保护具有国际化的趋势，意味着知识产权国际公约对各国国内法的影响越来越大，公约成员国（成员）对知识产权的保护必须符合公约所规定的最低保护标准，必须遵守公约所规定的基本原则。但是，由于各国的国情不同，特别是在文化传统、经济和科技发展水平的差异，各国的知识产权法在保护范围、保护水平等方面存在诸多差异，企图消灭这些差异是不现实且不合理的。

★知识产权法是强行法

知识产权法是强行法，其规范基本属于强行性规范。这是因为知识产权是绝对权，其效力及于一切人，因而其权利的取得和变动方式，以及权利的具体内容须由法律明确规定，不得以个人意志自由创设，以保护第三人的利益和社会公众的利益。在这一点上，知识产权法与物权法相同而与债权法不同。但是，除与社会公共利益有关的权利的取得方式、权利内容以及许可使用和转让的方式外，知识产权仍具有一般私权的属性，在权利行使和处分问题上，仍应适用意思自治原则。

1.3　知识产权法的基本原则

知识要点

★充分保护知识产权的原则

知识产权法从它产生的那一天起，基本的任务就是保护人类的智力成果和商业标志。随着科学技术在经济发展中的作用日益提高，对知识产权的保护水平也不断提高。目前，人类社会已进入知识经济时代，知识和技术在经济发展中的作用越来越重要,我国更是提出了创新驱动发展的战略。在中国特色社会主义新时代时期,建立现代经济体系是国家发展的重要目标之一,而创新恰恰是建立现代经济体系的重要手段。若要提升人类的创新能力,知识产权制度是根本的激励手段。所以,严格充分地保护知识产权,对我国创新能力的提升和现代经济体系的建立,都发挥着至关重要的作用。通过严格充分地保护知识产权,在全社会形成保护创新尊重创新的意识,让侵权人承担昂贵的侵权成本,有助于优化我国的知识产权保护环境。

★反对不正当竞争的原则

反对不正当竞争,维护公平正义是市场经济的内在要求,也是所有调整市场经济关系的法律必须遵循的共同原则。由于知识产权法保护的信息在自然属性上的可再现性以及一定程度上权利边界的模糊性,知识产权领域非法模仿、复制他人成果的行为处处皆是。知识产权保护的对象,如一项药品的发明技术方案,其研发成本很高,有可能要花十几年、十几亿元的研发投入,但这些成果一旦研发成功,其复制传播成本很低,任何公司都可以低价地去模仿生产这种药品。如果对后来的非法模仿者不予制止,前面从事研发工作的公司就会在竞争中处于劣势;如果它无法收回成本,以后就不会投入巨大的时间与精力去从事研发行为。久而久之,社会公共事业就会停止不前。为此,规制知识产权领域的不正当竞争行为就具有特别重要的意义。

反对不正当竞争原则一方面要求人们应当尊重他人的知识产权,禁止一切未经许可的非法使用和假冒、仿冒等侵权行为;另一方面要求权利人必须本着诚实信用的原则行使权利,不允许权利人滥用权利限制他人的正当竞争、损害社会公共利益。《保护工业产权巴黎公约》和《建立世界知识产权组织公约》都明确将反对不正当竞争列为知识产权法的保护范围,TRIPS 协定也在基本原则部分规定成员可以采取适当措施防止权利人滥用知识产权,防止其借助国际技术转让中的不合理规定限制贸易或作出其他有消极影响的行为。

★利益平衡原则

知识产权法的中心任务是保护知识产权,最终目的是促进社会经济文化事业的可持续发展。只有充分保护知识产权,才能调动人们发明创造的积极性,鼓励诚实经营,维护公平竞争,从而推动社会的发展。从这个意义上说,建立知识产权保护制度是符合保护社会公共利益的目标的。但是,对作品和技术的过分垄断,会对技术开发和知识传播形成阻碍;对商业标志的不适当保护,也会妨碍公平竞争。同时,由于知识产权法的保护对象是信息，信息具有可再现性，其使用不具有自然的排他性（稀缺性）。信息的稀缺性是通过立法的方式人为地制造出来的，因此，哪些信息可以作为知识产权法的保护对象、知识产权法应赋予权利人多大的权利、给予权利人何种救济以及救济的程度等，这其中的利益衡量或者说政策选择就显得特别重要。知识产权法必须在权利人的利益和社会公众利益之间寻找一个平衡点，以实现既充分保护权利人的利益，又能促进社会经济文化事业全面、迅速、可持续发展的立法目的。

法律与规范链接

▲ 必读法条

《专利法》

第 1 条　为了保护专利权人的合法权益，鼓励发明创造，推动发明创造的应用，提高创新能力，促进科学技术进步和经济社会发展，制定本法。

《著作权法》

第 1 条　为保护文学、艺术和科学作品作者的著作权，以及与著作权有关的权益，鼓励有益于社会主义精神文明、物质文明建设的作品的创作和传播，促进社会主义文化和科学事业的发展与繁荣，根据宪法制定本法。

《商标法》

第 1 条　为了加强商标管理，保护商标专用权，促使生产、经营者保证商品和服务质量，维护商标信誉，以保障消费者和生产、经营者的利益，促进社会主义市场经济的发展，特制定本法。

△ 延伸法条

《日本著作权法》第 1 条

《保护文学和艺术作品伯尔尼公约》第 2 条

《专利合作条约》序言

延伸阅读

1. 刘春田：《知识财产权解析》，载《中国社会科学》2003 年第 4 期。
2. 张玉敏：《知识产权的概权的概念和法律特征》，载《现代法学》2001 年第 5 期。

第2章　知识产权的行使

教学目标

了解和识记知识产权行使的方式；
识记和理解知识产权许可与转让的区别；
理解知识产权质押的要件；
理解和识记知识产权许可中被许可使用人的法律地位。

推荐参考资料

1. 刘春田主编:《知识产权法》(第五版),高等教育出版社2015年版,第一章。
2. 吴汉东主编:《知识产权法学》(第六版),北京大学出版社2014年版,第一章。
3. 张玉敏主编:《知识产权法》(第三版),法律出版社2017年版,第三章。
4. 王迁:《知识产权法教程》(第五版),中国人民大学出版社2016年版,第一章。

知识产权的行使,是指知识产权人为实现知识产权的内容而依知识产权的权能从事活动。知识产权行使的目的,是实现知识产权的内容,实现其中的财产利益。常见的知识产权的行使方式包括知识产权的许可使用、转让和质押。

2.1　知识产权许可使用

知识要点

★知识产权许可使用的概念

一项特定信息完成之后,权利人可以自己生产、销售,也可以许可他人从事生产、销售行为。许可他人生产销售就是许可使用。概言之,知识产权的许可使用,是指知识产权人在保留其权利人身份的前提下,允许他人以一定的方式,在一定的期限和一定的地域范围内行使其知识产权。在知识产权许可使用法律关系中,知识产权人称为许可人或许可方,获得知识产权使用权的人称为被许可人或被许可方。

知识产权许可使用可分为专有许可使用和非专有许可使用。专有许可使用又称独占许可使用,是指知识产权人授权使用者在一定期限和一定的地域范围内以特定的方式独占使用其知识产权对象,除被许可使用人之外,包括知识产权人本人在内的其他任何人均不能以该方式在约定的期限和地域范围内使用该知识产权对象。当被许可使用的权利受到第三人不法侵害时,专有被许可人可以不通过知识产权人而以自己的名义独立提起诉讼,来保护自己的权利。非专有许可使用包括排他许可使用和普通许可使用。排他许可使用是指知识产权人授权使用者在一定期限和地域范围内以特定方式使用其知识产权对象,同时,知识产权人本人可以同样的方式在一定期限和地域范围内使用,但不得再许可他人进行同样的使用。当被许可使用的权利受到第三人不法侵害时,排他被许可人可与知识产权人共同提起诉讼;在知识产权人不提起诉讼的情况下,排他被许可人可以自己的名义独立提起诉讼,以保护自己的权利。普通许可使用是指知识产权人授权使用者在一定期限和地域范围内以特定方式非独占地使用其知识产权对象,同时,知识产权人本人可以同样的方式在一定期限和地域范围内使用,也可以再许可他人进行同样的使用。当被许可使用的权利受到第三人不法侵害时,普通被许可人可与知识产权人共同提起诉讼;若得到知识产权人的书面授权,普通被许可人也可以单独提起诉讼;若无知识产权人的书面授权,普通被许可人不能单独提起诉讼。

★知识产权许可使用合同

知识产权的许可使用是一种重要的法律行为,通常表现为知识产权许可使用合同。许可人与被许可人之间的权利义务关系主要由许可使用合同来确定。

知识产权许可使用合同的主要内容包括:(1)许可使用的知识产权权利种类。知识产权包括著作权、专利权、商标权等,而这些权利又各有其"子权利"。"子权利"这一条款应明确被许可人以何种方式使用许可人的何种权利。(2)许可使用的类型。这一条款应明确许可使用是独占许可使用,还是排他许可使用或普通许可使用。(3)许可使用的地域范围和期间。(4)费用支付条款。(5)违约责任条款。(6)争议解决条款。(7)双方认为需要约定的其他内容。

知识产权许可使用合同未明确许可的权利,未经知识产权人同意,被许可人不得行使。合同期满后,原被许可人不得再行使原许可人的知识产权。对合同形式要求方面,著作权、商标权和专利权许可合同略有不同。《著作权法》规定,许可使用的权利是专有使用权的,应当采取书面形式,但是报社、期刊社刊登作品除外;订立专有许可使用合同的,可以向著作权行政管理部门备案。《商标法》则规定,许可他人使用其注册商标的,许可人应当将其商标使用许可报商标局备案,由商标局公告;商标使用许可未经备案不得对抗善意第三人。《专利法》要求专利权人与他人订立的专利实施许可合同,应当自合同生效之日起3个月内向国务院专利行政部门备案。通常看来,从交易安全的角度讲,在条件允许的情况下,当事人都应尽量以书面形式签订知识产权许可使用合同。

2.2 知识产权转让

知识要点

★知识产权转让的概念

知识产权转让,是指知识产权人将其知识产权全部或部分转移给他人的法律行为。在知识产权转让法律关系中,转让知识产权的一方称为转让人,受让知识产权的一方称为受让人。转让一经实现,转让人即丧失所转让的知识产权,受让人则取得所转让的知识产权而成为新的知识产权人。

知识产权中能转让的只限于财产权利,人身权利不得转让。专利权、商标权等因属于纯粹的财产权利,故可以全部转让,且依其性质只能全部转让。著作权因包含人身权利而不能全部转让,只能是针对著作权中财产权利的部分转让。知识产权转让不同于知识产权的许可使用。知识产权的许可使用不改变知识产权的主体,被许可人只是暂时取得知识产权的使用权,在行使知识产权和对抗第三人时往往受到许可人的制约。知识产权转让则发生知识产权主体的变更,会改变知识产权的归属,转让完成后,受让人成为独立的知识产权主体,其行使所受让的知识产权和对抗第三人时不受原知识产权人的制约。

★知识产权转让合同

知识产权的转让也是一种重要的法律行为,通常表现为知识产权转让合同,转让人与受让人之间的权利义务关系主要由知识产权转让合同来确定。

知识产权转让合同的主要内容包括:(1)转让的知识产权权利种类。(2)转让价金及支付条款。(3)违约责任条款。(4)争议解决条款。(5)双方认为需要约定的其他内容。对于转让合同中未明确约定转让的权利,受让人并不享有,也不得行使。

因知识产权转让涉及知识产权主体的变更,相比于知识产权许可使用,对知识产权行使的影响更大,故法律对知识产权转让的要求更严格。法律规定知识产权转让合同应当采用书面形式。

另外,著作权转让合同可以向著作权行政管理部门备案;对于专利权转让合同而言,专利行政部门要求当事人在签订书面形式的转让合同后,还应当进行登记与公告,专利权的转让自登记之日起生效;商标行政管理部门要求当事人在转让知识产权时应共同向其提出申请,并在申请核准后对商标权的转让予以公告,受让人自公告之日起取得商标权。

2.3　知识产权质押

知识要点

★知识产权质押的概念

知识产权质押是指为担保债务的履行,债务人或第三人将其知识产权出质给债权人,债务人不履行到期债务或者发生当事人约定的实现质权的情形时,债权人有权以该项知识产权折价或者以拍卖、变卖该项知识产权的价款优先受偿。知识产权质押属于权利质押的范畴,对此,我国《担保法》和《物权法》均有明确规定。[1]

能够设质的知识产权仅限于知识产权的财产权,著作人身权不能作为出质标的。提供质押的知识产权人可以是债务人本人,也可以是第三人,但必须是对该知识产权中的财产权利享有完整的权利并能对其进行自由处分的人。如果知识产权为两人以上共有,出质人应为全体知识产权人。

★知识产权质押合同

我国《物权法》第227条规定,以注册商标专用权、专利权、著作权等知识产权中的财产权出质的,当事人应当订立书面合同。依此,知识产质押合同为要式合同,须采用书面形式。

---

〔1〕 参见我国《担保法》第75条第3项,《物权法》第223条第5项。

知识产权质押合同的主要内容包括:(1)被担保的主债权种类、数额。(2)债务人履行债务的期限。(3)出质知识产权的种类、范围、保护期。(4)质押担保的范围。(5)质押担保的期限。(6)出质知识产权的价值及其评估报告。(7)违约责任条款。(8)争议解决条款。(9)当事人认为需要约定的其他内容。

当事人签订书面知识产权质押合同后,还应到相关知识产权主管部门办理登记。知识产权质权自知识产权主管部门办理出质登记时设立。

为了保护债权人的利益,知识产权中的财产权出质后,出质人不得转让或者许可他人使用,但经出质人与质权人协商同意的,可以转让或者许可他人使用。出质人所得的转让费或者许可使用费应当向质权人提前清偿所担保的债权或者提存。当债务人不履行到期债务或者发生当事人约定的实现质权的情形时,质权人可以与出质人协商将出质的知识产权折价转归债权人,或者由质权人将该知识产权拍卖、变卖,以所得价款优先受偿。

2.4　知识产权行使的其他类型

知识要点

除上述知识产权行使的类型外,知识产权人还可以对其知识产权进行其他方式的利用。知识产权中的财产权具有可以用货币估价并可以依法转让的品性,完全可以与实物一样用于投资。我国《公司法》《合伙企业法》均明确规定了可以用知识产权出资。[1]此外,知识产权人还可以信托等形式行使知识产权中的财产权。

法律与规范链接

▲ **必读法条**

《专利法》

第10条　专利申请权和专利权可以转让。

中国单位或者个人向外国人、外国企业或者外国其他组织转让专利申请权或

〔1〕参见我国《公司法》第27条,《合伙企业法》第16条。我国《中外合资经营企业法》第5条、《中外合作经营企业法》第8条则规定可用工业产权、非专利技术等进行投资。

者专利权的，应当依照有关法律、行政法规的规定办理手续。

转让专利申请权或者专利权的，当事人应当订立书面合同，并向国务院专利行政部门登记，由国务院专利行政部门予以公告。专利申请权或者专利权的转让自登记之日起生效。

《著作权法》

第25条 转让本法第十条第一款第(五)项至第(十七)项规定的权利，应当订立书面合同。

权利转让合同包括下列主要内容：

(一)作品的名称；

(二)转让的权利种类、地域范围；

(三)转让价金；

(四)交付转让价金的日期和方式；

(五)违约责任；

(六)双方认为需要约定的其他内容。

第26条 以著作权出质的，由出质人和质权人向国务院著作权行政管理部门办理出质登记。

《商标法》

第42条 转让注册商标的，转让人和受让人应当签订转让协议，并共同向商标局提出申请。受让人应当保证使用该注册商标的商品质量。

转让注册商标的，商标注册人对其在同一种商品上注册的近似的商标，或者在类似商品上注册的相同或者近似的商标，应当一并转让。

对容易导致混淆或者有其他不良影响的转让，商标局不予核准，书面通知申请人并说明理由。

转让注册商标经核准后，予以公告。受让人自公告之日起享有商标专用权。

△ 延伸法条

《专利权质押登记办法》

《著作权质权登记办法》

《国家工商行政管理总局注册商标专用权质权登记程序规定》

《促进科技成果转化法》

《担保法》第75条

《物权法》第223条

延伸阅读

1. 金美蓉:《论经营者集中救济措施中的知识产权许可》,载《中外法学》2017 年第 1 期。
2. 吕明瑜:《论知识产权许可中的垄断控制》,载《法学评论》2009 年第 6 期。
3. 冯晓青:《我国企业知识产权质押融资及其完善对策研究》,载《河北法学》2012 年第12 期。

第3章　知识产权的法律保护

教学目标

识记和理解侵害知识产权的民事责任；
识记侵害知识产权的诉讼时效；
理解知识产权的行政保护。

推荐参考资料

1. 刘春田主编:《知识产权法》(第五版),高等教育出版社2015年版,第一章。
2. 吴汉东主编:《知识产权法学》(第六版),北京大学出版社2014年版,第一章。
3. 张玉敏主编:《知识产权法》(第三版),法律出版社2017年版,第四章。
4. 王迁:《知识产权法教程》(第五版),中国人民大学出版社2016年版,第一章。

知识产权的法律保护包括民事保护、刑事保护和行政保护。民事保护与刑事保护又被称为司法保护。民事保护是最主要、最基本的保护方法,刑事保护则是民事保护的后盾。刑事保护是刑法学研究的内容,本书只研究民事保护的有关问题,另对行政保护作一般性的介绍。

3.1　侵害知识产权的民事责任

知识要点

知识产权的民事保护,是从权利人的角度着眼的,它意味着当知识产权受到侵害后,权利人拥有哪些救济措施。从另外一个角度看,则是侵权人应当承担的责任形式。我国对民事权利的保护主要规定在《侵权责任法》中,形式上主要采用的是民事责任的立法模式。

★停止侵害

停止侵害是民事权利受到侵害后的一项重要救济措施,对于知识产权也同样适用,它在民事权利保护中具有十分重要的意义和作用。让加害人承担停止侵害的民事责任的条件是,行为人违反法律实施了侵害知识产权的行为,而且该侵权行为仍在继续。也就是说,只要行为人实施了侵害知识产权的行为,不管是否造成了损失,也不管行为人有无过错,权利人都可以请求法院判令行为人停止侵权行为。如果侵权行为已经停止,即失去了判令停止侵权的基础和必要,而只能考虑是否可以令行为人承担赔偿损失的民事责任。停止侵害的责任形式可以和赔偿损失、赔礼道歉、消除影响并用。

通常情况下,只要行为人违法实施了侵害知识产权的行为,都要承担停止侵害的民事责任,表现为生产商的停止生产行为、销售商的停止销售行为等。但当适用该责任,可能对公共利益造成影响,或者在当事人之间造成严重的利益失衡时,该责任的适用就会受到限制。

★赔偿损失

赔偿损失是当侵权人因为过失实施了侵害他人知识产权的行为并给他人造成损害时,该行为人应当向知识产权权利人给予赔偿的责任形式。

侵害知识产权赔偿责任的构成要件,按通说包括四个:(1)行为人实施了侵害知识产权的违法行为。知识产权法一方面明确规定了权利人的权利内容和范围,另一方面又采用列举的方式,明确规定侵害知识产权行为的种类,以及不视为侵权的情况。这是知识产权法与传统民法的不同之处。因此,在认定行为人的行为是否构成侵害知识产权的违法行为时,应以法律的规定为依据。《著作权法》《商标法》《专利法》以及《计算机软件保护条例》《植物新品种保护条例》等法律法规都明确列举了侵权行为的种类,在判定一种行为是否构成侵权行为时,应以这些规定为依据。(2)权利人受到了财产损失。权利人产生了实际的财产损失,是令行为人承担赔偿责任的必要条件。如果没有财产损失,即无从谈赔偿问题。财产损失包括既得利益(现有财产)的损失和可得利益的损失。财产损失的计算方法由法律规定。(3)侵权行为与损害结果存在因果关系。存在因果关系是指权利人的损失是由行为人的侵权行为造成的,如果权利人的损失不是由行为人的侵权行为造成的,侵权行为与损害后果之间就没有因果关系。因果关系的有无是客观事实问题,不以人们对它的认识为转移。(4)行为人主观上有过错。过错是行为人实施侵权行为时的主观心理状态,包括故意和过失两种形态。过错虽然是一种主观心理状态,但理论上一般认为在对过错进行判断时应采用客观标准,即行为人违反法律和社会公共生活准则所要求的注意义务,则视为有过错。

关于赔偿损失的原则。我国原则上采取补偿性原则,即权利人损失多少,侵权人赔偿多少,也称填平原则。但对于某些侵权人,其主观上具有恶意,或者以侵权为业进行多次侵权,适用补偿性原则无法有效震慑侵权人。此时,就可以适用惩罚性赔偿,让加害人向权利人赔偿一倍至三倍的损失。

关于赔偿额的计算方法,主要有四种。(1)权利人因侵权所受损失。以权利人因侵权所受的损失作为侵权人应承担的赔偿额,是适用补偿性赔偿原则的当然结果。权利人因被侵权所受的损失包括直接经济损失和预期应得利益的损失,主要指权利人的利润损失、利润的利息损失等。(2)侵权人因侵权所获利益。侵权人因侵权所获利益,一般按照侵权人的营业利润计算;对于完全以侵权为业的侵权人,可以按照侵权人的销售利润计算;对于侵权情节轻微,且诉讼期间已经主动停止侵权的,可以按照侵权人的净利润计算。在计算侵权人因侵权所获利益时,由于侵权人往往不愿意提供其经营账目,实践中允许法院在侵权人拒绝提供账目的情况下,自由裁量确定一个赔偿数额。(3)许可使用费的合理倍数。当权利人的损失或者侵权人获得的利益难以确定时,参照该知识产权许可使用费的合理倍数确定。参照许可使用费确定赔偿额,是一种比较简单易行、具有较强的可操作性,而且比较合理的计算方法。(4)法定赔偿额。权利人因侵权所受损失和侵权人因侵权所获利益难以计算的,由人民法院根据侵权行为的情节,判决给予一定数额以下的赔偿。《商标法》规定,权利人的实际损失、侵权人获得的利益和注册许可使用费均难以确定的,人民法院可以根据侵权行为的情节,判决给予300万元以下的赔偿;《专利法》规定的是100万元;《著作权法》规定的是50万元。

此外,侵权人的赔偿数额还应当包括,权利人为制止侵犯知识产权的行为而支付的合理开支,包括权利人对侵权行为进行调查、取证所支付的公证费或其他取证费、诉讼材料印制费、翻译费用、合理的律师费用等。

★消除影响、赔礼道歉

行为人侵害了他人的知识产权,并造成了不良影响导致权利人声誉下降的,行为人应当承担消除影响、赔礼道歉的民事责任。侵权人承担此种责任形式的前提是,权利人的声誉因侵权人的行为受到了影响,且侵权人主观上存有过错。

3.2　侵害知识产权的诉讼时效

知识要点

★诉讼时效期间

现行《专利法》第68条规定，侵犯专利权的诉讼时效为2年，自权利人或者利害关系人得知或者应当得知侵权行为之日起计算。《著作权法》《商标法》以及其他知识产权法没有对诉讼时效作出规定，但在相应的司法解释中作了规定。权利保护的诉讼时效也为2年，自权利人知道或应当知道权利被侵害时起计算2年。这些规定都是参照《民法通则》制定的。我国通过的《民法总则》第188条规定"向人民法院请求保护民事权利的诉讼时效期间为三年。法律另有规定的，依照其规定。"按照新法优于旧法原则，侵害知识产权的诉讼时效期间，也应当变更为3年。

★诉讼时效的起算(2013年卷三第17题)

对侵害知识产权的诉讼时效应从何时开始计算，有两种意见。一种意见主张，应按民法总则的规定，从权利人或者利害关系人知道或应当知道其权利被侵害时起开始计算；另一种意见主张，侵害知识产权的行为多为持续性的侵权行为，而持续性侵权行为的诉讼时效应从侵权行为结束之日起开始计算。最高人民法院通过对司法实践经验的总结，并参考美国等国家的经验，在司法解释中规定，侵犯知识产权的诉讼时效从权利人知道或者应当知道其权利被侵害时开始计算；权利人超过2年起诉的，如果起诉时侵权行为仍在继续，在权利保护期内，法院应当判决停止侵权行为，损害赔偿额自权利人向法院起诉之日起向前推算2年。[1]这实际上是将侵害知识产权的行为当作连续发生的一个个单独的侵权行为，每一个侵权行为的诉讼时效都分别计算。

★诉讼时效的效力

诉讼时效的效力指的是诉讼时效完成后发生何种法律效果。对此，要区分损害赔偿请求权和停止侵害请求权来加以讨论。对于损害赔偿请求权而言，根据司

---

〔1〕这里规定的"2年"是最高人民法院根据《民法通则》的诉讼时效确定的。现在，《民法总则》已经将诉讼时效改为"3年"，理论上，关于知识产权停止侵害和损害赔偿额的计算都应当按3年计算。不过，到目前为止，最高人民法院的有关司法解释还没有修改。

法解释，尽管诉讼时效期间已经届满，但是只要权利人在知识产权的权利保护期内提起诉讼，且起诉时侵权行为仍在进行，权利人就有权获得赔偿，不过赔偿的额度有所限制，损害赔偿额就从起诉之日起向前推算2年。对于停止侵害请求权而言，我国最高人民法院的司法解释指出，尽管诉讼时效期间已经届满，但是，只要权利人在知识产权的权利保护期内提起诉讼，起诉时侵权行为仍在进行，法院应当判决被告停止侵权行为。

3.3　知识产权的行政保护

知识要点

3.3.1　知识产权行政主管部门对知识产权的保护

★★我国知识产权行政保护的特点

我国知识产权保护制度，除按国际惯例采取司法途径外，还规定了行政保护途径。即，当发生侵害知识产权的案件时，受害人可以向法院提起民事诉讼，由法院对受害人提供司法保护；除此之外，受害人也可以向有关行政主管部门投诉，这些行政主管部门可以对侵权人给予行政处罚。知识产权的司法保护和行政保护在职能和作用上各有侧重：司法保护具有程序严谨规范、全面追究侵权人的刑事、民事法律责任等特点，一般采取被动保护的方式；行政保护具有程序简便，主动保护与被动保护相结合、以主动保护为主，执法效率高的特点，这对知识产权人是非常有利的。两条途径互相配合、互相补充，共同发挥着保护知识产权人合法权利和社会公共利益，维护统一、开放、竞争有序的市场经济秩序的重要作用。

原来我国知识产权行政保护的职权分散，行使行政保护职权的部门有各级著作权行政管理机关、各级工商行政管理机关、各级知识产权管理机关等，职权分散、职权重叠导致行政保护方面存在着资源浪费等问题。2018年3月，国务院机构改革对此做出重要调整。将国家知识产权局的职责、国家工商行政管理总局的商标管理职责、国家质量监督检验检疫总局的原产地地理标志管理职责整合，重新组建国家知识产权局，由国家市场监督管理总局管理。重建后的国家知识产权局的主要职责是，负责保护知识产权工作，推动知识产权保护体系建设，负责商标、专利、原产地地理标志的注册登记和行政裁决，指导商标、专利执法工作等；商标、专利执法职责交由市场监管综合执法队伍承担。中央宣传部对外加挂国家新闻出版署（国家版权局）牌子。形成新的知识产权行政保护矩阵。

★★知识产权行政保护机关的职权

根据知识产权法律法规的规定，知识产权行政机关有下列职权：主动查处侵犯知识产权的行为，经调查认定侵权行为成立的，有权责令行为人停止侵权行为，同时损害社会公共利益的，主管行政机关还有权没收违法所得，没收、销毁侵权复制品，可并处罚款；责令改正；调解，行政主管机关在处理侵犯知识产权的纠纷时，应当事人的请求，可以对损害赔偿的数额进行调解。

3.3.2 知识产权的海关保护

★★知识产权海关保护的概念

知识产权海关保护又称知识产权保护的边境措施，是指海关依法制止侵犯知识产权的货物入境或者出境的措施。知识产权海关保护以海关为执法主体，故也属于行政保护。海关作为货物进出口的监督管理机关，对知识产权实施保护，可以有效地制止侵犯知识产权的货物进口和出口，保护知识产权权利人的合法权利，维护国际贸易秩序。所以，各国对知识产权的海关保护都给予高度重视。

我国于1995年即颁布了《知识产权海关保护条例》，建立了知识产权海关保护制度。2003年11月26日，国务院又通过了修改的《知识产权海关保护条例》（以下简称《海关保护条例》），海关总署也于2009年3月3日公布了新的《关于〈中华人民共和国知识产权海关保护条例〉的实施办法》。

《海关保护条例》所称知识产权海关保护，是指海关对与进出口货物有关并受中华人民共和国法律、行政法规保护的商标专用权、著作权和与著作权有关的权利、专利权实施的保护。据此，我国知识产权海关保护的适用范围可以从两方面界定：(1)保护的权利包括商标权、著作权和邻接权、专利权；(2)保护的环节既包括进口，也包括出口。可见，我国知识产权海关保护的水平高于TRIPS协定对其成员的要求。

★★知识产权的海关备案

备案是知识产权海关保护的一项重要制度，但知识产权海关保护并不以备案为条件。《海关保护条例》规定，知识产权权利人可以将自己需要保护的知识产权向海关总署申请备案。不申请备案，不影响向海关申请知识产权海关保护。备案的意义在于，它为海关监管进出口货物是否侵犯知识产权提供了便利条件，海关在进出口监管业务中发现侵犯备案知识产权嫌疑的货物时，应当立即通知权利人，并依权利人的要求对侵权嫌疑货物采取扣留措施,从而有效加强对知识产权的保护。

★★海关保护知识产权的职权

根据《海关保护条例》的规定,海关履行保护知识产权的职责时有如下职权:(1)扣留侵权嫌疑货物。海关只能依权利人的申请扣留侵权嫌疑货物。(2)调查、认定侵权嫌疑货物是否侵犯知识产权。海关发现进出口货物有侵犯备案知识产权嫌疑并通知知识产权权利人后,权利人请求海关扣留侵权嫌疑货物的,海关应当自扣留之日起30个工作日内对被扣留的侵权嫌疑货物是否侵犯知识产权进行调查、认定;不能认定的,应当立即书面通知知识产权权利人。海关对被扣留的侵权嫌疑货物进行调查,知识产权权利人和收货人或者发货人应当予以配合。海关请求知识产权主管部门提供协助的,有关知识产权主管部门应当予以协助。(3)没收侵权货物。经海关调查认定被扣留的侵权嫌疑货物侵犯知识产权的,由海关没收该货物。个人携带或者邮寄进出境的物品,超出自用、合理数量,侵犯他人知识产权的,也由海关予以没收。

法律与规范链接

▲ 必读法条

《专利法》

第60条　未经专利权人许可,实施其专利,即侵犯其专利权,引起纠纷的,由当事人协商解决;不愿协商或者协商不成的,专利权人或者利害关系人可以向人民法院起诉,也可以请求管理专利工作的部门处理。管理专利工作的部门处理时,认定侵权行为成立的,可以责令侵权人立即停止侵权行为,当事人不服的,可以自收到处理通知之日起十五日内依照《中华人民共和国行政诉讼法》向人民法院起诉;侵权人期满不起诉又不停止侵权行为的,管理专利工作的部门可以申请人民法院强制执行。进行处理的管理专利工作的部门应当事人的请求,可以就侵犯专利权的赔偿数额进行调解;调解不成的,当事人可以依照《中华人民共和国民事诉讼法》向人民法院起诉。

第68条　侵犯专利权的诉讼时效为二年,自专利权人或者利害关系人得知或者应当得知侵权行为之日起计算。

发明专利申请公布后至专利权授予前使用该发明未支付适当使用费的,专利权人要求支付使用费的诉讼时效为二年,自专利权人得知或者应当得知他人使用其发明之日起计算，但是，专利权人于专利权授予之日前即已得知或者应当得知的，自专利权授予之日起计算。

《著作权法》

第48条 有下列侵权行为的，应当根据情况，承担停止侵害、消除影响、赔礼道歉、赔偿损失等民事责任；同时损害公共利益的，可以由著作权行政管理部门责令停止侵权行为，没收违法所得，没收、销毁侵权复制品，并可处以罚款；情节严重的，著作权行政管理部门还可以没收主要用于制作侵权复制品的材料、工具、设备等；构成犯罪的，依法追究刑事责任：

（一）未经著作权人许可，复制、发行、表演、放映、广播、汇编、通过信息网络向公众传播其作品的，本法另有规定的除外；

（二）出版他人享有专有出版权的图书的；

（三）未经表演者许可，复制、发行录有其表演的录音录像制品，或者通过信息网络向公众传播其表演的，本法另有规定的除外；

（四）未经录音录像制作者许可，复制、发行、通过信息网络向公众传播其制作的录音录像制品的，本法另有规定的除外；

（五）未经许可，播放或者复制广播、电视的，本法另有规定的除外；

（六）未经著作权人或者与著作权有关的权利人许可，故意避开或者破坏权利人为其作品、录音录像制品等采取的保护著作权或者与著作权有关的权利的技术措施的，法律、行政法规另有规定的除外；

（七）未经著作权人或者与著作权有关的权利人许可，故意删除或者改变作品、录音录像制品等的权利管理电子信息的，法律、行政法规另有规定的除外；

（八）制作、出售假冒他人署名的作品的。

《商标法》

第60条 有本法第五十七条所列侵犯注册商标专用权行为之一，引起纠纷的，由当事人协商解决；不愿协商或者协商不成的，商标注册人或者利害关系人可以向人民法院起诉，也可以请求工商行政管理部门处理。

工商行政管理部门处理时，认定侵权行为成立的，责令立即停止侵权行为，没收、销毁侵权商品和主要用于制造侵权商品、伪造注册商标标识的工具，违法经营额五万元以上的，可以处违法经营额五倍以下的罚款，没有违法经营额或者违法经营额不足五万元的，可以处二十五万元以下的罚款。对五年内实施两次以上商标侵权行为或者有其他严重情节的，应当从重处罚。销售不知道是侵犯注册商标专用权的商品,能证明该商品是自己合法取得并说明提供者的,由工商行政管理部门责令停止销售。

对侵犯商标专用权的赔偿数额的争议,当事人可以请求进行处理的工商行政管理部门调解,也可以依照《中华人民共和国民事诉讼法》向人民法院起诉。经工商行政管理部门调解,当事人未达成协议或者调解书生效后不履行的,当事人可以依照《中华人民共和国民事诉讼法》向人民法院起诉。

第61条 对侵犯注册商标专用权的行为,工商行政管理部门有权依法查处;涉嫌犯罪的,应当及时移送司法机关依法处理。

《知识产权海关保护条例》

第2条 本条例所称知识产权海关保护,是指海关对与进出口货物有关并受中华人民共和国法律、行政法规保护的商标专用权、著作权和与著作权有关的权利、专利权(以下统称知识产权)实施的保护。

第3条 国家禁止侵犯知识产权的货物进出口。

海关依照有关法律和本条例的规定实施知识产权保护,行使《中华人民共和国海关法》规定的有关权力。

△ **延伸法条**

《侵权责任法》第15条、第36条

《与贸易有关的知识产权协议》第51条

延伸阅读

《2017年中国知识产权保护状况》(节选"司法保护"部分)[1]

2017年,全国各级司法机关认真贯彻党中央精神,依法履行知识产权司法保护职责,为实施知识产权战略和知识产权强国建设提供司法保障。

人民法院加强知识产权民事审判工作,严格保护知识产权,给权利人提供充分的司法救济。2017年,全国地方人民法院共新收知识产权民事一审案件201039件,审结192938件,同比分别上升47.24%和46.37%。其中,新收专利案件16010件,同比上升29.56%;商标案件37946件,同比上升39.58%;著作权案件137267

---

〔1〕 国家知识产权局:《2017年中国知识产权保护状况》,载 http://www.sipo.gov.cn/docs/2018-04/20180425155906670179.pdf.,最后访问日期:2018年4月28日。

件，同比上升57.80%；技术合同案件2098件，同比下降12.62%；不正当竞争案件2543件（含垄断民事案件114件），同比上升11.24%；其他知识产权民事纠纷案件5175件，同比下降2.60%。全国地方人民法院共新收知识产权民事二审案件21818件，审结20525件，同比分别上升4.92%和0.94%。全国地方人民法院共新收知识产权民事再审案77件，审55件，同比分别下降2.5%和35.29%。最高人民法院新收知识产权民事案件503件，审结493件，同比分别上升36.31%和28.72%。其中，新收二审案件15件，审结13件；新收申请再审案件452件，审结442件；新收提审案件21件，审结21件。

人民法院充分发挥行政审判职能，促进依法行政。2017年，全国地方人民法院共新收知识产权行政一审案件8820件，审结6390件，同比分别上升22.74%和2.24%。新收案件中，专利案件872件，同比下降22.35%；商标案件7931件，同比上升32.40%；著作权案件17件，同比下降45.95%。全国地方人民法院新收知识产权行政二审案件882件，审结1146件。审结案件中，维持原判964件，改判150件，发回重审5件，撤诉24件，驳回1件，其他方式结案2件。最高人民法院新收知识产权行政案件391件，审结412件，同比分别上升10.14%和17.05%。其中，新收申请再审案件346件，审结366件；新收提审案件35件，审结37件。

人民法院依法审理知识产权刑事案件，惩治侵犯知识产权犯罪。2017年，全国地方人民法院共新收侵犯知识产权罪一审案件3621件，审结3642件，同比分别下降4.69%和6.69%。审结案件中，假冒注册商标罪案件1687件，同比下降5.91%；销售假冒注册商标的商品罪案件1494件，同比下降3.18%；非法制造、销售非法制造的注册商标标识罪案件260件，同比下降16.40%；假冒专利罪案件1件；侵犯著作权罪案件170件，同比下降17.87%；销售侵权复制品罪案件4件，同比持平；侵犯商业秘密罪案件26件，同比下降35%。全国地方人民法院共审结涉及侵犯知识产权的生产、销售伪劣商品罪案件1100件，同比下降61.47%。全国地方人民法院新收涉及知识产权的刑事二审案件533件，审结540件，同比分别下降32.27%和33.50%。

全国检察机关依法履行检察职能，惩治各类侵犯知识产权犯罪行为。在批捕起诉方面，全国检察机关全年共批准逮捕涉及侵犯知识产权罪2510件4272人，起诉3880件7157人。其中，批捕假冒注册商标罪1131件2094人，起诉1703件3310人；批捕销售假冒注册商标的商品罪1022件1543人，起诉1532件2643人；批捕非法制造、销售非法制造的注册商标标识罪194件338人，起诉253件516人；批捕假冒专利罪3件3人,起诉1件2人;批捕侵犯著作权罪67件115人,起诉156件272人;批捕销售侵权复制品罪4件6人,起诉5件6人;批捕侵犯商业秘密罪32件59人,起诉24件61人;批捕数罪中含侵犯知识产权罪9件27人,起诉45件40人;批捕他罪中含侵犯知识产权行为48件87人,起诉161件308人。

在刑事诉讼监督方面,全国检察机关以打击侵犯知识产权犯罪为重点,深入开展对行政执法机关移送涉嫌犯罪案件和公安机关依法立案的监督,防止和纠正有案不移、有案不立和以罚代刑。2017年,全国检察机关建议行政执法机关移送涉嫌侵犯知识产权犯罪案件313件376人,行政执法机关移送313件376人;共监督公安机关立案侵犯知识产权犯罪案件180件211人。

公安部部署全国公安机关持续打击侵犯知识产权犯罪行为。按照"云端2017"专项行动部署,挂牌督办105起重特大案件,予以全程督导,推动各地重点突破;组织开展集中打击侵犯知识产权犯罪"春雷"行动,破案3832起,抓获犯罪嫌疑人5122名,掀起打击侵犯知识产权犯罪新声势。全国公安机关全年共侦破各类侵权假冒犯罪案件16696起,抓获犯罪嫌疑人21813名,案值64.6亿元。公安部坚持将危害群众健康、威胁公共安全、妨碍创新发展的侵权假冒犯罪作为主攻方向,组织各地围绕跨区域、产业化制假售假犯罪网络发起战役攻势,先后部署27省公安机关集中打击涉烟违法犯罪,共破案129起,抓获犯罪嫌疑人343名,捣毁犯罪窝点169个,案值12.7亿元;实施3轮集约打击假酒犯罪波次行动,共破案234起,抓获犯罪嫌疑人598名,捣毁犯罪窝点457个,缴获各种品牌假酒81.8万瓶,案值9.56亿元,形成协同侦控、合成围剿的强大声势。

第二编
著 作 权 法

第4章　著作权与著作权法概述

教学目标

了解和识记著作权的概念；
识记和理解著作权的保护对象；
识记和理解著作权的主体；
了解和识记我国《著作权法》的效力范围。

推荐参考资料

1. 刘春田主编:《知识产权法》(第五版),中国人民大学出版社2014年版,第二、三、五章。
2. 吴汉东主编:《知识产权法》(第五版),法律出版社2014年版,第二、三、四章。
3. 张玉敏主编:《知识产权法》(第三版),法律出版社2017年版,第五、六、八章。
4. 李雨峰:《中国著作权法:原理与材料》,华中科技大学出版社2014年版,第一章。
5. 王迁:《知识产权法教程》(第五版),中国人民大学出版社2016年版,第二、三、五章。

4.1　著作权的概念

知识要点

★著作权的概念

著作权是指自然人、法人、其他组织依法对文学、艺术、科学领域作品及相关客体所享有的专有权利。

大陆法系所说的著作权核心为"作者权"(author's right),起源于法国,强调作品是作者人格的一部分,也是作者精神的延伸,因此权利只由作者享有。著作权一词从日本传入我国，我国在1910年颁布的《大清著作权律》中采用了“著作权”的表述。“版权”一词来源于英美法系，最初含义是“复制权”，侧重保护作者的财产权利。新中国成立后的诸多法律文件把“著作权”与“版权”（copyright）交替使用，1986年颁布的《民法通则》，以及1990年颁布的《著作权法》都强调“著作权”等同于“版权”。随着全球化的发展，以及围绕著作权的多个国际公约的陆续签订，各个国家的著作权制度逐渐趋同，“著作权”与“版权”两个词汇的含义也大致相同了。

★狭义的著作权和广义的著作权

狭义的著作权仅指作者对作品所享有的一系列专有权利，它基于作品的创作而产生。

广义的著作权除了狭义的著作权之外，还包括传播者的权利，具体为表演者、录音录像制作者和广播组织依法享有的权利，它基于传播活动而产生，也称为著作邻接权。[1]我国法律把邻接权称为“与著作权有关的权益”。

法律与规范链接

▲ 必读法条

《著作权法》第1条、第57条

《民法总则》第123条

△ 延伸法条

《保护文学和艺术作品伯尔尼公约》第1条、第2条、第3条

《世界知识产权组织版权条约》第1条、第2条、第3条

《世界知识产权组织表演和录音制品条约》第5条、第6条、第7条、第8条、第9条、第10条

《视听表演北京条约》第2条

〔1〕 张玉敏：《知识产权法》（第三版），法律出版社2017年版，第69页。

延伸阅读

《从写者到作者——对著作权制度的一种功能主义解释》(节选)[1]

李雨峰

……并不是所有的年代,写者都被作为作者。写者是一个事实描述概念,它表示的是某个主体与某个对象之间的客观关系;而作者是一个法律判断概念,它表示的是某个主体对某个对象享有何种权利。

从写者到作者地位的转换,在一定程度上得益于文学作家的参与。在英国文学从古典时期转向浪漫主义时期,蒲伯占有重要的地位。那时,文学界秉持一种模仿(copy)的传统。蒲伯要求诗人们模仿古人、遵循法则,追寻自然,而且指出"模仿自然就是模仿古人"。他在1711年所写的《批判论》第139行中明确阐述了这样的思想。"因此,理所当然地要尊重古代原则/模仿自然就是模仿他们"(Learn hence for ancient rules a just esteem;To copy nature is to copy them)。

艾迪生(Joseph Addison)对此持不同的看法。他说,"再好的作家的模仿也无法与原创的(original)东西相比。"扬格(Edward Young)在蒲伯所谓的模仿之间进行了区分,他指出,"模仿有两种:模仿自然和模仿作家;我们称前者为独创,而将模仿限于后者。"在他看来,"模仿者只能给我们的作品增加一个副本,他们徒然增加了一些微不足道的书籍。模仿的精神存在不良的影响:它会使我们追随前人,而不愿超越前人;模仿的精神有可能使我们反抗自然,而我们生下来的时候都是独一无二的,因此,模仿有可能与我们生下来就是独创者的地位相反;模仿有可能使我们写得多,想得少。而独创性作品不同,它是天才(genius)的产物,能够从荒漠中唤出灿烂的春天。"他和沃顿(Joseph Warton)都把蒲伯这位18世纪上半叶英国诗坛的领军人物列入二三流的诗人之中。他们都反对盲目崇拜古人、模仿古人,力求有所创新。与此一致,在Donaldson v. Becker后的第三年,摩尔(John More)在其一部评论性的著作中指出,弥尔顿之作《失乐园》的价值就在于他向自然寻求素材,并附加了自己的思想和情感,在他的诗作中到处弥散着最强烈的原创性特色。半个世纪后,布莱克斯通在其《英国法评论》中,也提到了原创性(originality)。他指出,"如

---

〔1〕 李雨峰:《从写者到作者——对著作权制度的一种功能主义解释》,载《政法论坛》(中国政法大学学报)2006年第6期。

果一个人依赖他的理性产生了一个原创性作品(original work),显然,他就有权以其乐意的方式处理该作品。任何从其手中夺走或者改变其作品的行为都是对其财产权的侵害。”这样,原创性这一词汇便随着著作权这一概念的形成逐渐从文学领域进入了法学领域,尽管二者对这一概念的理解可能并不一致。

作者(author)与天才(genius)、原创性(originality)等概念密切相关。按照布莱克法律词典的解释,“author”指的是创作(create)表达作品的人。而“create”这个词的最早词源为拉丁文“creare”,意为生产或者制造。它与“某种被创造出来的事物”“过去的事件”有一个内在的关系,因为它主要是用来描述天神初始创造的世界:“creation”(创造)与“creature”(创造物)。将这个词的词义加以延伸,指涉一种人为的创造,是文艺复兴时期人文主义的一部分。“creative”在18世纪与艺术(art)、思想(thought)产生了关联,在19世纪,这个词充满高度的自主意识。“originality”是18世纪末才开始使用的词,其词根“original”和“origin”则在14世纪就已经出现,指“升起、开始和源头。”扬格曾经指出,“一个原创性的作品(an original)……从创造力(creative)这个重要的源头自然而然地产生;它是自然生成的(grows),而不是人为制造的;模仿通常是一种制造(manufacture),而不是自己的创意;是通过技术(mechanics)、技巧(art)、劳力复制事先已经存在的东西。”天才(genius)是和作者(author)和creative联系的另一个词。1711年艾迪生曾提道,“没有一种特质能比天才(genius)更经常被赋予在作家(writer)的身上。”“天才(genius)总包含一些具有创造性(creative)的特质。”

“author”在中文中可以译为创作者/作者/为文化遗产做出贡献的人,“contributor/creator”相近。“a great author”是说,这个人有思想,是个伟大的作家,具有明显的褒义。而小写的“writer”,可以译为写家、抄书人、写字写得好的人、“码字儿的”(王朔调侃词语),其对应的词为“copier”。不过,“writer”与“author”这两个词的区别只是现代性的。按照布莱克法律词典的解释,“author”是一个著作权法上的概念,与“writer”相比,它是一个新概念,它首先反映的是一种地位和身份。亦即,经由著作权,一个写作的人才有可能被认为是“author”,其中反映了他的创作性、原创性与天才,他再也不是一个模仿者。

正是依赖于“creative/originality/genius”,一个写作的人才斩断了与他人的联系,变成了一个高度自主的人。“writer”是产生(produce)另外一本书、诗歌、歌曲的人。这种人在前著作权和现代著作权时期都存在。应当说,在“author”这个词发明以前,写作出具有独创性(creative)、原创性(originality)作品的人并不少见。远自荷马的史诗、西塞罗的讲演近至莎士比亚的喜剧和弥尔顿的诗作,莫不如此。但这种独创性的活动并没有与纯粹的抄写等活动加以区分,它们都是书写者(writer)的产物。只是到了近代著作权时期,为了给著作权的合理性提供一个依据,那些具有产生独创性作品的写者才被称谓作者(author),以与那些纯粹的书写者(writer)区别开来。至此,书写者(writer)的阵营发生了裂变,一些人被现代人称谓"copier",而另外一些人被称为"author"。

4.2 著作权的保护对象

知识要点

★作品的概念

著作权的保护对象是作品。作品是指文学、艺术和科学领域内具有独创性并能以某种有形形式复制的智力成果。《保护文学和艺术作品伯尔尼公约》第2条第1款规定,文学艺术作品一语,包括文学、艺术、科学领域内的一切成果,而不问其表现形式或表现方式如何。

作为《著作权法》保护的作品,应当具备以下四个要件:

(1)作品必须表达了一定的思想。作品是思想或者情感的表达。主观范畴的思想或者情感非常抽象,他人无法理解,必须借助一定的外在表达,才能让他人理解某人的所知所想。思想公开后,是没有办法阻止他人使用和传播的,同时,人类文明的繁衍也依赖于思想的传播。TRIPS协定规定,版权保护应延及表达方式,但不延及思想、工艺、操作方法或数学概念本身。所以,《著作权法》采用思想/表达(idea/expression)二分法,规定其保护的是表达,而不是思想。

(2)作品应当具有独创性。独创性标准要求作品是由作者自己创作的一种个性的表达。首先是"独",即是作者自己独立完成,是自己的选择、取舍、安排、设计、综合、描述的结果,不是抄袭,不是依已有的形式复制而来,不是依既定的程式或程序推演而来。[1]其次是"创",即作品应当是创作的结果。创作,是指直接产生文学、艺术和科学作品的智力活动。为他人创作进行组织工作,提供咨询意见、物质条件,或者进行其他辅助工作,均不视为创作。受到创作思路、条件等影响,在没有事

〔1〕 刘春田主编:《知识产权法》,高等教育出版社、北京大学出版社2007年版,第46页。

先接触的情况下,就算和已有的作品近似甚至相同,这样的作品也是具有独创性的。司法解释规定,由不同作者就同一题材创作的作品,作品的表达系独立完成并且具有独创性的,应当认定作者各自享有独立著作权。

(3)作品属于文学、艺术和科学范畴。把作品限定在文学、艺术和科学范畴,是为了把著作权与工业产权相区分。著作权与工业产权两者的侧重点不同,著作权制度侧重于促进文化繁荣,工业产权制度侧重于促进产业经济发展。

(4)作品能以某种有形形式复制。复制的方式方法有很多,如印刷、复印、拓印、录音、录像、翻录、翻拍等。司法案例中,对于按照产品设计图、工程设计图对工业产品的制造、建造行为,认定为不属于《著作权法》上的复制行为。另外,需要强调的是,"能以某种有形形式复制"不等于"固定在有形载体",原因是《著作权法》对口述作品也进行保护。

★作品的种类

《著作权法》第3条规定了作品类型,同时,《最高人民法院关于审理涉及计算机网络著作权纠纷案件适用法律若干问题的解释(二)》(2006)还明确,受《著作权法》保护的作品,包括《著作权法》第3条规定的各类作品的数字化形式。在网络环境下无法归于《著作权法》第3条列举的作品范围,但在文学、艺术和科学领域内具有独创性并能以某种有形形式复制的其他智力创作成果,人民法院应当予以保护,具体包括:

(1)文字作品。文字作品是指小说、诗词、散文、论文等以文字形式表现的作品。

(2)口述作品。口述作品是指即兴的演说、授课、法庭辩论等以口头语言形式表现的作品。

(3)音乐、戏剧、曲艺、舞蹈、杂技艺术作品。音乐作品,是指歌曲、交响乐等能够演唱或者演奏的带词或者不带词的作品。戏剧作品,是指话剧、歌剧、地方戏等供舞台演出的作品。曲艺作品,是指相声、快书、大鼓、评书等以说唱为主要形式表演的作品。舞蹈作品,是指通过连续的动作、姿势、表情等表现思想情感的作品。杂技艺术作品,是指杂技、魔术、马戏等通过形体动作和技巧表现的作品。

(4)美术、建筑作品。美术作品,是指绘画、书法、雕塑等以线条、色彩或者其他方式构成的有审美意义的平面或者立体的造型艺术作品。建筑作品,是指以建筑物或者构筑物形式表现的有审美意义的作品。

(5)摄影作品。摄影作品是指借助器械在感光材料或者其他介质上记录客观物体形象的艺术作品。

(6)电影作品和以类似摄制电影的方法创作的作品。电影作品和以类似摄制电影的方法创作的作品,是指摄制在一定介质上,由一系列有伴音或者无伴音的画面组成,并且借助适当装置放映或者以其他方式传播的作品。

(7)工程设计图、产品设计图、地图、示意图等图形作品和模型作品。图形作品,是指为施工、生产绘制的工程设计图、产品设计图,以及反映地理现象、说明事物原理或者结构的地图、示意图等作品。模型作品,是指为展示、试验或者观测等用途,根据物体的形状和结构,按照一定比例制成的立体作品。

(8)计算机软件。计算机软件是指计算机程序及其有关文档。计算机程序,是指为了得到某种结果而可以由计算机等具有信息处理能力的装置执行的代码化指令序列,或者可以被自动转换成代码化指令序列的符号化指令序列或者符号化语句序列。同一计算机程序的源程序和目标程序为同一作品。文档,是指用来描述程序的内容、组成、设计、功能规格、开发情况、测试结果及使用方法的文字资料和图表等,如程序设计说明书、流程图、用户手册等。

(9)民间文学艺术作品。民间文学艺术作品是指某一民族或者地区人民的传统艺术表达,如民间传说、民间诗歌、民间音乐、民间服饰、民间建筑等。[1]其具有以下四个特点:集体性、长期性、变异性、继承性。[2]

(10)法律、行政法规规定的其他作品。此款为兜底条款。随着技术不断发展,新的作品类型定会产生,为了对这类作品给予《著作权法》保护,我国法律特设此条款。

★著作权法不予保护的对象(2011 年卷三第 61 题)

(1)政府文件。政府文件是指法律、法规,国家机关的决议、决定、命令和其他具有立法、行政、司法性质的文件,及其官方正式译文。这些政府文件是国家治理的手段之一,人人皆知才能发挥其作用,因此不能授予著作权。

(2)时事新闻。时事新闻,是指通过报纸、期刊、广播电台、电视台等媒体报道的单纯事实消息。这类新闻构成要素简单,是对事件进行时间、地点、人物、地点等客观事实的表述,无法体现独创性,因此不能受到《著作权法》的保护。但是,如果加入了评论、综述、分析等内容,就应当享有著作权。

(3)历法、通用数表、通用表格和公式。历法指用年、月、日计算时间或节气的

---

〔1〕 张玉敏主编:《知识产权法》(第三版),法律出版社 2017 年版,第 96 页。

〔2〕 吴汉东主编:《知识产权法》(第五版),法律出版社 2014 年版,第 53 页。

方法。人类通过观察天文等自然现象,总结出了各种历法,用以计算时间和节气,如万年历。通用数表是指人们普遍使用的含有一定数字并能反映一定关系的表,如元素周期表、三角函数表等。通用表格指人们普遍使用的为填字而按照一定项目绘制的表格。公式是指用数字符号表示几个量之间关系的因式。[1]《著作权法》之所以对这些不予保护,原因在于它们的表达都极其有限,甚至是唯一的,思想与表达合并了。若给予这样的表达以权利,就是保护思想,与著作权制度的基本理念相违背。

法律与规范链接

▲ **必读法条**

《著作权法》第 3 条、第 5 条、第 6 条

《著作权法实施条例》第 2 条、第 3 条、第 4 条、第 5 条

△ **延伸法条**

《计算机软件保护条例》第 2 条

《最高人民法院关于审理著作权民事纠纷案件适用法律若干问题的解释》(法释〔2002〕31 号)

典型案例

张晓燕诉雷献和、赵琪、山东爱书人音像图书有限公司著作权侵权纠纷案[2]

【案情概述】

原告张晓燕于 1999 年 12 月开始改编创作《高原骑兵连》剧本,2000 年 8 月根据该剧本筹拍 20 集电视连续剧《高原骑兵连》(以下将该剧本及其电视剧简称“张剧”),2000 年 12 月该剧摄制完成,张晓燕系该剧著作权人。被告雷献和作为《高原骑兵连》的名誉制片人参与了该剧的摄制。被告雷献和作为第一编剧和制片人、被告赵琪作为第二编剧拍摄了电视剧《最后的骑兵》(以下将该电视剧及其剧本简称

---

〔1〕 张玉敏主编:《知识产权法》(第三版),法律出版社 2017 年版,第 99 页。

〔2〕 最高人民法院指导案例 81 号。

"雷剧")。2009年7月1日,张晓燕从被告山东爱书人音像图书有限公司购得《最后的骑兵》DVD光盘,发现与"张剧"有很多雷同之处,主要人物关系、故事情节及其他方面相同或近似,认为"雷剧"对"张剧"剧本及电视剧构成侵权。请求法院判令三被告停止侵权,雷献和在《齐鲁晚报》上公开发表致歉声明并赔偿张晓燕剧本稿酬损失、剧本出版发行及改编费损失共计80万元。

被告雷献和辩称:"张剧"剧本根据张冠林的长篇小说《雪域河源》改编而成,"雷剧"最初由雷献和根据师永刚的长篇小说《天苍茫》改编,后由赵琪参照其小说《骑马挎枪走天涯》重写剧本定稿。2000年上半年,张晓燕找到雷献和,提出合拍反映骑兵生活的电视剧。雷献和向张晓燕介绍了改编《天苍茫》的情况,建议合拍,张晓燕未同意。2000年8月,雷献和与张晓燕签订了合作协议,约定拍摄制作由张晓燕负责,雷献和负责军事保障,不参与艺术创作,雷献和没有看到张晓燕的剧本。"雷剧"和"张剧"创作播出的时间不同,"雷剧"不可能影响"张剧"的发行播出。

法院经审理查明:"张剧""雷剧"、《骑马挎枪走天涯》《天苍茫》,均系以20世纪80年代中期精简整编中骑兵部队撤(缩)编为主线展开的军旅、历史题材作品。短篇小说《骑马挎枪走天涯》发表于《解放军文艺》1996年第12期总第512期;长篇小说《天苍茫》于2001年4月由解放军文艺出版社出版发行;"张剧"于2004年5月17日至5月21日由中央电视台第八套节目在上午时段以每天四集的速度播出;"雷剧"于2004年5月19日至29日由中央电视台第一套节目在晚上黄金时段以每天两集的速度播出。

《骑马挎枪走天涯》通过对骑兵连被撤销前后连长、指导员和一匹神骏的战马的描写,叙述了骑兵在历史上的辉煌、骑兵连被撤销、骑兵连官兵特别是骑兵连长对骑兵、战马的痴迷。《天苍茫》是讲述中国军队最后一支骑兵连充满传奇与神秘历史的书,书中展示草原与骑兵的生活,如马与人的情感、最后一匹野马的基因价值,以及研究马语的老人,神秘的预言者,最后的野马在香港赛马场胜出的传奇故事。

法院依法委托中国版权保护中心版权鉴定委员会对"张剧"与"雷剧"进行鉴定,结论是主要人物设置及关系部分相似;主要线索脉络即骑兵部队缩编(撤销)存在相似之处;存在部分相同或者近似的情节等。

【关键问题】

本案的核心问题在于两部作品是否构成实质相似?

【简要评论】

判断作品是否构成侵权,应当从被诉侵权作品的作者是否"接触"过要求保护的权利人作品、被诉侵权作品与权利人的作品之间是否构成“实质相似”两个方面进行判断。本案各方当事人对雷献和接触“张剧”剧本及电视剧并无争议，核心问题在于两部作品是否构成实质相似。

我国《著作权法》所保护的是作品中作者具有独创性的表达，即思想或情感的表现形式，不包括作品中所反映的思想或情感本身。这一表达不仅指文字、色彩、线条等符号的最终形式，当作品的内容被用于体现作者的思想、情感时，内容也属于受《著作权法》保护的表达，但创意、素材或公有领域的信息、创作形式、必要场景或表达唯一或有限则被排除在《著作权法》的保护范围之外。必要场景，指选择某一类主题进行创作时，不可避免而必须采取某些事件、角色、布局、场景，这种表现特定主题不可或缺的表达方式不受《著作权法》保护；表达唯一或有限，指一种思想只有唯一一种或有限的表达形式，这些表达视为思想，也不给予著作权保护。在判断“雷剧”与“张剧”是否构成实质相似时，应比较两部作品中对于思想和情感的表达，将两部作品表达中作者的取舍、选择、安排、设计是否相同或相似，而不是离开表达看思想、情感、创意、对象等其他方面。

“雷剧”与“张剧”以及《骑马挎枪走天涯》《天苍茫》等 4 部作品均系以 20 世纪 80 年代中期精简整编中骑兵部队撤(缩)编为主线展开的军旅历史题材作品，是社会的共同财富，不能为个别人所垄断，故 4 部作品的作者都有权以自己的方式对此类题材加以利用并创作作品，题材主线是不受《著作权法》保护的。且“雷剧”的题材主线系来自最早发表的《骑马挎枪走天涯》，不能认定“雷剧”抄袭自“张剧”。“雷剧”的表现方式属于军旅题材作品不可避免地采取的必要场景，因表达方式有限，不受《著作权法》保护。“雷剧”与“张剧”语言表达某些地方基本相同，但该语言表达属于特定语境下的惯常用语，非独创性表达。故事情节中仅部分元素相同、相似并不能当然得出故事情节相同、相似的结论。

整体而言，“雷剧”与“张剧”具体情节展开不同、描写的侧重点不同、主人公性格不同、结尾不同，二者相同、相似的故事情节在“雷剧”中所占比例极低，且在整个故事情节中处于次要位置，不构成“雷剧”中的主要部分，不会导致读者和观众对两部作品产生相同、相似的欣赏体验，不能得出两部作品实质相似的结论。“雷剧”与“张剧”属于由不同作者就同一题材创作的作品，两剧都有独创性，各自享有独立著作权。

【核心知识】

1. 根据同一历史题材创作的作品中的题材主线、整体线索脉络，是社会共同财富，属于思想范畴，不能为个别人垄断，任何人都有权对此类题材加以利用并创作作品。

2. 判断作品是否构成侵权，应当从被诉侵权作品作者是否接触过权利人作品、被诉侵权作品与权利人作品之间是否构成实质相似等方面进行。在判断是否构成实质相似时，应比较作者在作品表达中的取舍、选择、安排、设计等是否相同或相似，不应从思想、情感、创意、对象等方面进行比较。

3. 按照《著作权法》保护作品的规定，人民法院应保护作者具有独创性的表达，即思想或情感的表现形式。对创意、素材、公有领域信息、创作形式、必要场景，以及具有唯一性或有限性的表达形式，则不予保护。

延伸阅读

1. 郑成思：《临摹、独创性与版权保护》，载《法学研究》1996 年第 2 期。
2. 李雨峰：《思想/表达二分法的检讨》，载《北大法律评论》2007 年第 2 期。
3. 熊文聪：《被误读的"思想/表达二分法"——以法律修辞学为视角的考察》，载《现代法学》2012 年第 6 期。

4.3　著作权的主体

知识要点

★著作权的主体

著作权的主体，即著作权人，是指依照著作权法对文学、艺术和科学作品享有著作权的自然人、法人或者其他组织。[1]

★★作者——著作权的原始主体

作者是著作权的原始主体。作者可以是自然人，也可以是法人或者其他组织。如无相反证明，在作品上署名的公民、法人或者其他组织是作者。

通常来说，创作作品的自然人是作者。创作是指直接产生文学、艺术和科学作品的智力活动。为他人创作进行组织工作，提供咨询意见、物质条件，或者进行其他辅助工作，均不视为创作。

---

〔1〕 吴汉东主编：《知识产权法》（第五版），法律出版社 2014 年版，第 60 页。

由法人或者其他组织主持，代表法人或者其他组织意志创作，并由法人或者其他组织承担责任的作品时，法人或者其他组织视为作者。

★★其他著作权人——著作权的继受主体（2014 年卷三第 17 题、2012 年卷三第 63 题）

1. 因继承、遗赠、遗赠扶养协议或法律规定取得著作权

著作权中的财产权利与其他财产权一样，是可以继承的。当著作权属于自然人时，自然人死亡后，其著作财产权在保护期内，依照《继承法》的规定进行转移。所以，在继承、遗赠、遗赠扶养协议等情况下，他人可以成为著作权人。

著作人身权中的署名权、修改权和保护作品完整权由作者的继承人或者受遗赠人保护。当著作权无人继承又无人受遗赠的，这三项权利由著作权行政管理部门保护。

当著作权属于法人或者其他组织时，法人或者其他组织变更、终止后，若其著作财产权在保护期内，由承受其权利义务的法人或者其他组织享有；没有承受其权利义务的法人或者其他组织的，由国家享有。

2. 因合同取得著作权

著作财产权可以根据合同，在不同民事主体之间进行转移。著作权人可以将其享有的财产权利的全部或部分转让给他人，受让人因此成为新的著作权主体。

★★特殊作品的著作权归属（2012 年卷三第 17 题、2012 年卷三第 63 题）

1. 演绎作品的著作权归属

演绎作品是改编、翻译、注释、整理已有作品而产生的作品。演绎作品的著作权由改编、翻译、注释、整理人享有，但行使著作权时不得侵犯原作品的著作权。

因为演绎作品是在原作品的基础上产生的这一特殊性，演绎人必须经过原作品的著作权人许可；同时，在行使自己的著作权时不能侵害原作品的著作权。他人如果使用演绎作品，必须经过原作品作者和演绎人的双重许可。

2. 合作作品的著作权归属

合作作品是指两人以上合作创作的作品。合作作品由多个作者在共同创作意愿的驱使下完成，在这个过程中，他们调整自己的创作，相互协调和配合，以达到作品整体的和谐与美，因此，著作权由合作作者共同享有。而没有参加创作的人，则不能成为合作作者。

有些合作作品可以分割使用，如组成一首歌的词和曲，对于这种可分割使用的情况，作者对各自创作的部分可以单独享有著作权，但行使著作权时不得侵犯合作

作品整体的著作权。合作作品不可以分割使用的,其著作权由各合作作者共同享有,通过协商一致行使;不能协商一致,又无正当理由的,任何一方不得阻止他方行使除转让以外的其他权利,但是所得收益应当合理分配给所有合作作者。

当合作作者之一死亡后,其对合作作品享有的著作财产权无人继承又无人受遗赠的,由其他合作作者享有。

3. 汇编作品的著作权归属

汇编作品是指汇编若干作品、作品的片段或者不构成作品的数据或者其他材料,对其内容的选择或者编排体现独创性的作品。汇编作品的著作权由汇编人享有,但行使著作权时,不得侵犯原作品的著作权。

与演绎作品相同,汇编人必须经过被汇编的原作品的著作权人许可;在行使自己的著作权时不能侵害原作品的著作权。他人如果使用汇编作品,必须经过原作品作者和汇编人的双重许可。

4. 电影作品和以类似摄制电影的方法创作的作品的著作权归属

电影作品和以类似摄制电影的方法创作的作品,通常是在一个共同目标的引领下,由诸多作者和表演者的创作活动融合而成,包含了剧本、美术、音乐等多个作品。《著作权法》规定,电影作品和以类似摄制电影的方法创作的作品的著作权由制片者享有,但编剧、导演、摄影、作词、作曲等作者享有署名权,并有权按照与制片者签订的合同获得报酬。电影作品和以类似摄制电影的方法创作的作品中的剧本、音乐等可以单独使用的作品的作者,有权单独行使其著作权。

这样的著作权归属安排,既可以保护投资人的利益,节省此类作品著作权运营中的成本,也保护了单个作者的著作权。

5. 职务作品的著作权归属

职务作品是指自然人为完成法人或者其他组织工作任务所创作的作品。"工作任务",是指公民在该法人或者该组织中应当履行的职责。一般情况下,职务作品的著作权由作者享有,但法人或者其他组织有权在其业务范围内优先使用。作品完成两年内,未经单位同意,作者不得许可第三人以与单位使用的相同方式使用该作品。职务作品完成两年内,经单位同意,作者许可第三人以与单位使用的相同方式使用作品所获报酬,由作者与单位按约定的比例分配。作品完成两年的期限,自作者向单位交付作品之日起计算。

有下列特殊情况下,作者只享有署名权,著作权的其他权利由法人或者其他组织享有,法人或者其他组织可以给予作者奖励:第一,主要是利用法人或者其他组织的物质技术条件创作,并由法人或者其他组织承担责任的工程设计图、产品设计图、地图、计算机软件等职务作品。其中“物质技术条件”,是指该法人或者该组织为公民完成创作专门提供的资金、设备或者资料。第二,法律、行政法规规定或者合同约定著作权由法人或者其他组织享有的职务作品。

6. 委托作品的著作权归属

委托作品是指受托人根据委托人的委托而创作的作品。受委托创作的作品,著作权的归属由委托人和受托人通过合同约定。合同未作明确约定或者没有订立合同的,著作权属于受托人。

7. 作者身份不明的作品的著作权归属

作品具有个人智力成果和文化产品的双重属性,《著作权法》在立法政策上鼓励作品尽可能地被社会利用。[1]作者身份不明的作品,由作品原件的所有人行使除署名权以外的著作权,以达到鼓励利用的目的。待作者身份确定后,由作者或者其继承人行使著作权。

8. 由他人执笔,本人审阅定稿并以本人名义发表的报告、讲话等作品的著作权归属

由他人执笔,本人审阅定稿并以本人名义发表的报告、讲话等作品,著作权归报告人或者讲话人享有。著作权人可以支付执笔人适当的报酬。

9. 当事人合意以特定人物经历为题材完成的自传体作品的著作权归属

当事人合意以特定人物经历为题材完成的自传体作品,当事人对著作权权属有约定的,依其约定;没有约定的,著作权归该特定人物享有,执笔人或整理人对作品完成付出劳动的,著作权人可以向其支付适当的报酬。

法律与规范链接

▲ 必读法条

《著作权法》第 9 条、第 11 条、第 12 条、第 13 条、第 14 条、第 15 条、第 16 条、第 17 条、第 18 条、第 19 条

《著作权法实施条例》第 9 条、第 11 条、第 12 条、第 13 条、第 14 条、第 15 条、第 19 条

---

〔1〕 王迁:《知识产权法教程》(第五版),中国人民大学出版社 2016 年版,第 192 页。

△ **延伸法条**

《国家版权局关于〈我的前半生〉一书版权继承问题的批复》(权司〔2006〕76号)

《最高人民法院关于审理著作权民事纠纷案件适用法律若干问题的解释》(法释〔2002〕31号)

典型案例

天相投资顾问有限公司等与上海万得信息技术股份有限公司等著作权侵权及侵害商业秘密纠纷案[1]

【案情概述】

原告天相投资公司成立于2001年,涉案证券投资分析报告系其向客户提供的产品之一,由其公司工作人员对各上市公司的公告、股市行情等公开信息进行采集、筛选、分析,并做出证券估值、投资评级等意见和建议的研究报告。原告天相通和公司成立于2007年,前述证券投资分析报告需要客户购买该公司研发的"天相证券投资分析系统"软件才能浏览。天相投资公司授权天相通和公司在"天相证券投资分析系统"等产品或业务运营范围内享有涉案证券投资分析报告的复制权、发行权及信息网络传播权,共同对涉案证券投资分析报告享有商业秘密的权利,并确认双方可就涉案证券投资分析报告的著作权和商业秘密共同主张权利。原告天相投资公司与员工签订的劳动合同中对涉案证券投资分析报告等信息约定了保密条款,同时还在与客户签订的证券服务协议中也明确约定了保密条款。

两被告万得信息公司、万得投资公司主要从事投资咨询和软件开发等。2008年7月至2010年6月,原告天相投资公司多次公证,确认以下情况:浏览器中输入www.wind.com.cn进入"Wind资讯"页面,点击该页面左边"万点理财终端"下面的"下载安装"后进入的页面下方显示的网址为www.windin.com/down.htm,该页面上也有关于Wind资讯的介绍。通过下载"万点理财终端"软件并进行安装后进行登录,依次点击页面中的"研报浏览器""三星研究机构",并选择"天相投顾"栏目,搜索2008年2月12日至2010年6月4日的"证券投资分析报告摘要"共计6647篇。

被告万得投资公司确认上述"证券投资分析报告摘要"的内容来源于天相投资

〔1〕 (2012)沪高民三(知)终字第43号。

公司的证券投资分析报告，但否认从两原告处获取，而是来源于互联网。被告“万点理财终端”软件所含“realview 稳赢数据”模块中所发布的148篇是原告天相投资公司的“证券投资分析报告摘要”，并非全文。“万点理财终端”软件的著作权人为被告万得投资公司，域名“wind. com. cn”的注册所有人为万得信息公司，域名“windin. com”的注册所有人为万得投资公司。

【关键问题】

两原告作为法人是否对涉案148篇证券投资分析报告享有著作权？

【简要评论】

涉案148篇证券投资分析报告系上诉人天相投资公司对上市公司年度报告等各种公开信息进行筛选、整理、分析研究后完成的，在筛选、整理、分析研究的基础上所形成的上述证券投资分析报告具有一定的独创性，构成《著作权法》保护的作品。原告天相投资公司主张涉案证券投资分析报告系其法人作品，并且证券投资分析报告上署名也为“天相投资”，故在两被告未提供相反证据的情况下，该148篇证券投资分析报告的著作权属于原告天相投资公司。原告天相投资公司授权原告天相通和公司在“天相证券投资分析系统”等产品或业务运营范围内享有上述证券投资分析报告的复制权、发行权及信息网络传播权，并确认双方可就涉案证券投资分析报告的著作权共同主张权利，因此，在上述证券投资分析报告的权利受到侵害时，两原告可共同向被告主张民事权利。天相投资公司、天相通和公司对涉案148篇证券投资分析报告享有的著作权，应受法律保护。

被告万得投资公司系在其制作并销售的“万点理财终端”中“realview 稳赢数据”产品的“研报浏览器”中专门设置“天相投资”目录，该目录中收录的均是原告天相投资公司的“证券投资分析报告摘要”，虽然并未全文引用，但均已复制了证券投资分析报告的标题、经原告整理后的信息和数据以及“投资价值论证”等内容，可见被告万得投资公司显然不是为介绍、评论某一作品或者说明某一问题而进行的适当引用。证券投资分析报告，不属于可以合理使用的客体，况且原告在其证券投资分析报告中声明未经许可不得以任何形式传送、发布和复制。被告万得投资公司的这种使用方式已经影响到原告对涉案证券投资分析报告的正常使用，一定程度上损害了两原告的合法权益，其关于合理使用的抗辩不能成立。被告万得投资公司未经两原告许可，在其制作并销售的“realview 稳赢数据”产品中通过信息网络传播两原告享有著作权的证券投资分析报告，侵犯了两原告的著作权，依法应承担停止侵权、赔偿损失等民事责任。

【核心知识】

法人或者其他组织主持，代表法人或者其他组织意志创作，并由法人或者其他组织承担责任的作品时，法人或者其他组织视为作者。他人未经许可提供作品的题目、摘要、主要内容，且不属于《著作权法》中合理使用的规定，该行为属于侵害著作权。

延伸阅读

1. 郑成思：《版权主体论》，载《法制与社会发展》1997 年第 1 期。
2. 李明德：《著作权主体略论》，载《法商研究》2012 年第 4 期。
3. 张耕：《论民间文学艺术版权主体制度之构建》，载《中国法学》2008 年第 3 期。

4.4　我国著作权法的效力

知识要点

☆**著作权法的效力**（2012 年卷三第 63 题）

《著作权法》的效力又称《著作权法》的适用范围，指的是《著作权法》在什么样的范围内发生效力，以及对生效以前的行为是否具有溯及力。[1]

★**对人的效力**

1. 国籍标准

我国自然人、法人或者其他组织的作品，无论是否发表，自作品完成之日起，均享有著作权。只要是拥有中国国籍的民事主体，不论是否居住在中国，都依法享有著作权。

2. 地域标准

(1)在中国境内的情况。外国人、无国籍人的作品首先在中国境内出版的，依照《著作权法》享有著作权，其著作权自首次出版之日起受保护。“在中国首次出版”包括了在中国和其他国家同时出版；“同时在中国境内出版”不要求同一天，只需外国人、无国籍人的作品在中国境外首先出版后，30 日内在中国境内出版即可。

此外，外国人、无国籍人在中国境内的表演，其制作、发行的录音制品，也受《著

---

〔1〕　张玉敏：《知识产权法》（第三版），法律出版社 2017 年版，第 80 页。

作权法》保护。

(2)在中国参加的国际条约的成员国首次出版的情况。未与中国签订协议或者共同参加国际条约的国家的作者以及无国籍人的作品,首次在中国参加的国际条约的成员国出版的,或者在成员国和非成员国同时出版的,受《著作权法》保护。

3. 根据协议或国际条约的保护义务

外国人、无国籍人的作品根据其作者所属国或者经常居住地国同中国签订的协议或者共同参加的国际条约享有的著作权,受《著作权法》保护。同时,外国人、无国籍人根据中国参加的国际条约对其表演、对其制作、发行的录音制品、其播放的广播、电视节目享有的权利,受我国《著作权法》保护。

★对事的效力

在对事的效力上,《著作权法》调整因著作权的产生、控制、利用和支配而产生的社会关系。[1]对于那些在《著作权法》施行之日尚未超过法律规定的保护期的作品,依照《著作权法》予以保护。

法律与规范链接

▲ 必读法条

《著作权法》第 2 条、第 60 条

《著作权法实施条例》第 7 条、第 8 条、第 33 条、第 34 条、第 35 条

△ 延伸法条

《实施国际著作权条约的规定》(1992)

典型案例

韩国奥林匹亚工业株式会社诉北京奥林匹亚热能设备开发有限责任公司侵犯著作权案[2]

【案情概述】

原告韩国奥林匹亚工业株式会社(以下简称韩国株式会社)为在中国销售其产

---

[1] 刘春田:《知识产权法》(第五版),中国人民大学出版社 2014 年版,第 44 页。

[2] 北京市高级人民法院民事判决书(2000)高知终字第 10 号。

品,于1994年在中国投资设立了延吉奥林匹亚加热器有限公司,并于1995年开始在中国销售其以椭圆形OLYMPIA艺术字体为商品标识的OLYMPIA牌锅炉。其后,被告北京奥林匹亚热能设备开发有限责任公司(下称北京公司)的业务部经理认识了也在中国参与经销原告OLYMPIA牌产品的韩国人,知悉了原告的产品。

1996年6月,被告北京公司口头委托太原市从容企划设计有限公司的王宾,为其设计以“奥林匹亚”为主题的商标图案。同年7月25日,延吉奥林匹亚加热器有限公司与被告北京公司签订了《奥林匹亚锅炉代理店合同书》,约定由北京公司作为原告奥林匹亚系列产品及相关零配件的销售代理店。同年12月5日,北京公司以王宾设计的“椭圆形OLYMPIA艺术字体与奥林匹亚艺术汉字”组合图形,向国家商标局申请商标注册。1997年12月21日,国家商标局向北京公司核发了第1136938号注册商标证书,核定的使用商品范围为第11类“锅炉(非机器零件)、加热装置”。

1998年3月,北京公司向延吉奥林匹亚加热器有限公司去函,以其对“奥林匹亚名称与图形拥有注册权”为理由,要求该公司不得再使用其已注册的商标名称及图形。延吉奥林匹亚加热器有限公司随即向国家商标局商标评审委员会申请撤销北京公司的商标注册。1999年6月25日,该评审委员会以商评字(1999)第773号《“奥林匹亚OLYMPIA”商标注册不当终局裁定书》,撤销了北京公司持有的第1136938号“奥林匹亚OLYMPIA”商标注册专用权。

韩国株式会社知悉情况后,于1998年11月18日向北京市第二中级人民法院起诉,称:我社对椭圆形OLYMPIA艺术字体享有著作权,被告侵犯其著作权。被告北京公司答辩称:我公司不是注册商标“椭圆形OLYMPIA艺术字体与中文奥林匹亚”组合图形的著作权人,该组合图形系我公司委托王宾创作,王宾才是著作权人,我公司未侵犯原告的著作权。

【关键问题】

韩国奥林匹亚工业株式会社对于OLYMPIA艺术字体的著作权是否受我国法律保护?

【简要评论】

韩国于1987年加入《世界版权公约》。中国于1992年加入《世界版权公约》。根据《世界版权公约》的规定,韩国株式会社对“椭圆形OLYMPIA”商标图案享有的著作权受中国法律保护。北京公司明知“椭圆形OLYMPIA”为韩国株式会社使用在其OLYMPIA牌锅炉产品上的商标图案,仍委托他人设计相同图案,并未经许可将其作为商标申请注册，目的是要在生产、经营中作为商标使用；其在取得商标注册后，又要求韩国株式会社设在中国的企业不得再使用其商标，其行为构成对韩国株式会社著作权的侵犯。北京公司应承担停止侵害的责任。一审判决认定韩国株式会社与北京公司无法律关系，侵权责任应由王宾承担，是错误的，应予纠正。

韩国株式会社请求赔偿的是案外人延吉奥林匹亚加热器有限公司为申请撤销北京公司已注册商标支出的费用，非因北京公司侵犯其著作权造成的损失。对韩国株式会社为本案诉讼支出的合理费用，可酌情判令北京公司负担。

【核心知识】

外国人、无国籍人的作品根据其作者所属国或者经常居住地国同中国签订的协议或者共同参加的国际条约享有的著作权，受我国《著作权法》保护。

延伸阅读

1. 王本欣：《欧盟〈孤儿作品指令〉法律效力及其制度环境研究》，载《图书情报工作》2015 年第 4 期。
2. 李燕蓉：《外国人作品的著作权保护——（美国）科奇公司诉广州华尼有限公司等侵犯著作权纠纷案评析》，载《科技与法律》2009 年第 5 期。

第5章　著作权的内容

教学目标

识记和理解著作人身权；

识记和理解著作财产权；

了解和识记各个权利的内容及相互之间的区别；

识记著作权的期间。

推荐参考资料

1. 刘春田主编:《知识产权法》(第五版),中国人民大学出版社2014年版,第四章。
2. 吴汉东主编:《知识产权法》(第五版),法律出版社2014年版,第五章。
3. 张玉敏主编:《知识产权法》(第三版),法律出版社2017年版,第七章。
4. 李雨峰:《中国著作权法:原理与材料》,华中科技大学出版社2014年版,第三、四章。
5. 王迁:《知识产权法教程》(第五版),中国人民大学出版社2016年版,第四章。

5.1　著作人身权

知识要点

★著作人身权

著作权自作品创作完成之日起产生,包括著作权人身权和著作财产权。

著作人身权是作者享有的以人身利益为内容的权利,英文为“moral rights”或者“personal rights”,也称著作精神权利。著作人身权具有较强的人身专属性,通常情况下,不得转让、继承或者放弃。我国《著作权法》规定,著作人身权包括四项:发表权、署名权、修改权、保护作品完整权。

★★发表权

发表权是决定作品是否公之于众的权利，即作者决定作品是否公之于众、何时何地以何种方式公之于众的权利。将作品置于公众所知的状态就是公之于众，至于公众是否真正已经知悉该作品，则不在考虑的范围内。

发表权是一次性的权利，一旦行使即用尽。其与著作财产权密切相关，通常都与后者一起行使。由于发表权的关键是看著作权人是否有公之于众的意思表示，不需要著作权人亲自为之，所以发表权可由他人代为行使。作者生前未发表的作品，如果未明确表示不发表，死亡后50年内，其发表权可由继承人或者受遗赠人行使；没有继承人又无人受遗赠的，由作品原件的所有人行使。

★★署名权

署名权是表明作者身份，在作品上署名的权利。署名权的内容包括：作者有权决定是否在作品上署名，是署真名还是署假名，以及署名的顺序等。任何人未经作者同意，不得擅自改变作品的署名方式，作者也有权禁止未参加创作的人在自己的作品上署名。[1]当作者是多人时，署名的顺序有约定从约定，无约定的可以按照创作作品付出的劳动、作品排列、作者姓氏笔划等确定署名顺序。

★★修改权

修改权是指自己修改或者授权他人修改作品的权利。侧重在对作品的内容和表现形式做局部改动。

★★保护作品完整权

保护作品完整权，即保护作品不受歪曲、篡改的权利。“歪曲”是指故意改变事实或内容，“篡改”是用作伪的手段改动他人作品。这是一项“禁止权”，主要禁止以下两种方式对作品进行歪曲和篡改。一种是对作品进行了改动；另一种是虽然未改动作品本身，但是对作品进行了不恰当的使用，而损害了作者的名誉。修改权与保护作品完整权是对同一问题的两个方面的保护。

法律与规范链接

▲ 必读法条

《著作权法》第10条

---

〔1〕 吴汉东主编：《知识产权法》（第五版），法律出版社2014年版，第73页。

《著作权法实施条例》第17条

△ **延伸法条**

《最高人民法院关于审理著作权民事纠纷案件适用法律若干问题的解释》(法释〔2002〕31号)第9条、第11条

《保护文学和艺术作品伯尔尼公约》第2条、第6条

典型案例

王巨贤与绍兴市水利局其他著作权权属侵权纠纷案〔1〕

【案情概述】

2005年5月,王巨贤将其创作的《康乾驻跸图》等十一幅绘画作品交付浙江东方现代文化艺术有限公司(以下简称东方公司),参与绍兴市龙横江整治鹿湖园雕塑工程竞标。中标后经王巨贤授权,东方公司组织钱士元等人根据王巨贤绘制的十一幅画稿创作完成《康乾驻跸碑》等十一幅雕塑作品。该十一幅雕塑作品安置于绍兴市龙横江鹿湖园景区内。

2008年6月10日,王巨贤以东方公司侵犯其署名权为由向浙江省绍兴市中级人民法院提起著作权侵权之诉。该院判决认定王巨贤系涉案十一幅雕塑作品的绘画作者,鉴于王巨贤在该案中放弃对《秦皇巡越》等八幅挂壁木雕署名的诉讼请求,判令东方公司应对《勾践围鹿》《越人驯鹿》雕塑作品署名"绘画为王巨贤",将《康乾驻跸碑》雕塑第二段说明文字改为"碑由东方公司设计制作,王巨贤绘画,钱士元雕刻"。2009年6月30日,一审法院依法采取强制措施执行该生效判决,在相关雕塑作品上署名"绘画为王巨贤"。

2009年1月,绍兴市水利局委托上海世纪出版股份有限公司(学林出版社)出版《绍兴龙横江·鹿湖园》旅游图册,学林出版社遂委托神采公司印刷、新华书店上海发行所发行涉案旅游图册,发行定价为每册128元,印数为2000册。该旅游图册中使用了《康乾驻跸碑》等十一幅雕塑作品的摄影图片。王巨贤于2010年5月14日以绍兴市水利局在涉案旅游图册中未就涉案雕塑作品为王巨贤署名为由,向一审法院诉请判令绍兴市水利局、神采公司:1.收回已出版发行的涉案旅游图册,并予没收;2.重印涉案旅游图册2000册,并在图册中载明《康乾驻跸碑》等十一幅雕塑

〔1〕 最高人民法院民事判决书(2013)民提字第15号。

作品的绘画者为王巨贤;3. 在《中国旅游报》等四家报刊上登报声明绘画者为王巨贤,并向王巨贤赔礼道歉;4. 承担王巨贤支出的律师费6000元、调查费670元及本案诉讼费用;5. 承担连带责任。

一审法院于2010年11月13日作出(2010)浙绍知初字第39号民事判决认为,《康乾驻跸碑》等十一幅雕塑作品设置在绍兴龙横江鹿湖园公园内,而绍兴龙横江鹿湖园公园是对外开放供人们游玩休息的地方,属于室外公共场所。《康乾驻跸碑》等十一幅雕塑作品已融入周围环境之中,成为公园景观的一部分,可以供游人随意观赏,拍照留影,其艺术作品本身就具有长期的公益性质。判决:驳回王巨贤的诉讼请求。

王巨贤不服,向浙江省高级人民法院提起上诉,二审法院审理认为,王巨贤系《康乾驻跸碑》等十一幅雕塑作品的绘画者,绍兴市水利局应在涉案旅游图册中指明王巨贤的作者身份,王巨贤的上诉请求与理由部分成立,应予支持。判决如下:1. 撤销一审法院民事判决;2. 绍兴市水利局于本判决生效之日起30日内,在《中国旅游报》、《绍兴晚报》上刊登《绍兴龙横江·鹿湖园》旅游图册中《康乾驻跸碑》等十一幅雕塑作品的绘画者为王巨贤的声明。如逾期不执行,本院将在上述两份报纸上公布本判决主要内容,费用由绍兴市水利局承担;3. 绍兴市水利局于本判决生效之日起10日内,给付王巨贤6670元;4. 驳回王巨贤的其他诉讼请求。

绍兴市水利局不服向最高人民法院申请再审,最高人民法院指令浙江省高级人民法院再审本案。再审维持浙江省高级人民法院(2011)浙知终字第35号民事判决。

绍兴市水利局不服上述再审判决,向最高人民法院提出申诉。最高人民法院另查明,在王巨贤起诉东方公司侵权的案件中,王巨贤提交了涉案十一幅雕塑作品的照片,照片显示《康乾驻跸碑》碑记斜铺于该雕塑前方地面。当时碑记记载:东方公司设计制作,潘鸿海主创,王巨贤绘画,钱士元雕刻。该案系2008年6月10日起诉,11月28日结案。该案判决中认定,该署名方式系2007年10月修改而成。该案判决另查明:诉讼期间,经实地勘验,原在清晏楼的《秦皇巡越》等八幅挂壁木雕已不在鹿湖园景区使用,王巨贤放弃对八幅挂壁木雕要求署名的诉讼请求。

【关键问题】

绍兴市水利局应否在其出版的旅游图册中指明王巨贤系相关雕塑作品的绘画作者?

【简要评论】

1.《康乾驻跸碑》碑记中有王巨贤的署名,绍兴市水利局有义务为王巨贤署名。

本案涉及的十一幅雕塑作品，最初除《康乾驻跸碑》碑记署名为“东方公司设计制作，潘鸿海主创”外，其余均未署名。2007年10月，上述碑记修改为“东方公司设计制作，潘鸿海主创，王巨贤绘画，钱士元雕刻”。在对《康乾驻跸碑》进行拍照时，碑记亦应同时出现在照片上，绍兴市水利局对碑记所记载的署名情况应能了解。绍兴市水利局关于其拍摄的对象是碑，而非碑记，在碑记上署名不等于在碑上署名的主张，不符合客观事实。故关于《康乾驻跸碑》，绍兴市水利局有义务为王巨贤进行署名。

2. 关于其余十幅雕塑，虽然旅游图册出版时并没有王巨贤为绘画作者的署名，但考虑到绍兴市水利局的特殊地位，且其应当知道王巨贤为涉案雕塑的原绘画作者，因而有义务为王巨贤署名。

涉案十一幅雕塑位于绍兴鹿湖园景区，绍兴市水利局作为鹿湖园的建设单位和管理单位，其出版的涉案旅游图册又是对该工程、景观的全面介绍，绍兴市水利局的法律地位不同于其他对室外艺术作品进行临摹、摄影的任意的社会公众，其注意义务更高。而且该图册中对所附图片均有专门文字介绍，十分便于署名，图册中涉及的其他作品也基本均有作者署名。

关于《秦皇巡越》等八幅木雕，原悬挂于清晏楼内，且涉案旅游图册对清晏楼的介绍着重提及“八位来绍帝王的木雕”，可见该八幅木雕是清晏楼的主要景观和特色所在。虽然诉讼期间，八幅木雕已不在鹿湖园景区使用。作为鹿湖园的管理单位，绍兴市水利局称其对清晏楼八幅木雕作品被移除不再使用等情况一概不知，该辩解不符合常理。加之2007年12月《绍兴晚报》的报道中即提及就王巨贤鹿湖园雕塑署名纠纷询问过水利部门有关人员，以及该报纸及《绍兴日报》等其他媒体对该案纠纷的报道，绍兴市水利局对于其管理范围内的鹿湖园景区上述关于雕塑署名权的纠纷应当知晓。绍兴市水利局作为鹿湖园景区的管理单位，在2009年1月出版本案中所涉专门介绍该景区的旅游图册时以及图册筹备过程中，要求其对于景区内雕塑作品相关著作权纠纷保持关注，并在已有生效判决认定的情况下，按照判决认定的内容进行署名，并未赋予绍兴市水利局不合理的或者过重的义务。

【核心知识】

在未区分室外艺术作品本身署名情况的前提下，一概认定对室外艺术作品进行合理使用时需指明原始绘画作者身份，是对《著作权法》相关规定的理解有不当之处。本案中，鉴于绍兴市水利局并非任意的社会公众，其作为景区的管理者，在出版全面介绍景区的旅游图册时，对于景区内雕塑等作品的权利状况应负有更高的注意义务。且综合案件事实，《康乾驻跸碑》碑记上有署名，而其余作品虽本身未署名，但绍兴市水利局应当知晓王巨贤为涉案十一幅雕塑作品的绘画作者，故其应当在相关报纸上刊登声明，指明王巨贤为相关绘画作者。

延伸阅读

1. 李雨峰：《精神权利研究——以署名权和保护作品完整权为主轴》，载《现代法学》2003 年第 2 期。
2. 刘金萍：《论著作人身权的产生》，载《政法论丛》2016 年第 4 期。
3. 刘有东：《论作品修改权》，载《现代法学》2010 年第 3 期。
4. 李杨：《论遗作发表权的"行使"和"保护"——兼谈〈著作权法（修订草案送审稿）〉第 24 条的立法完善》，载《北京社会科学》2015 年第 5 期。

5.2 著作财产权

知识要点

★著作财产权（2012 年卷三第 17 题、2015 年卷三第 16 题、2015 年卷三第 17 题、2012 年卷三第 62 题）

著作财产权，亦称著作权中的"经济权利"，是作者和其他著作权人享有的以特定方式利用作品并获得经济利益的专有权利。[1]它与著作人身权一并组成著作权的全部内容。我国著作财产权包括复制权、发行权、出租权、展览权、表演权、放映权、广播权、信息网络传播权、摄制权、改编权、翻译权、汇编权等。著作权人可以许可他人行使这些权利，也可以全部或者部分转让这些权利，并依照约定或者法律有关规定获得报酬。

★★复制权

复制权是指以印刷、复印、拓印、录音、录像、翻录、翻拍等方式将作品制作一份或者多份的权利。它是著作财产权中最基本、最核心的权利。一般来说，复制的行为是使作品相对稳定和持久地在有形物质载体上再现。

---

〔1〕 王迁：《知识产权法教程》（第五版），中国人民大学出版社 2016 年版，第 123 页。

★★发行权

发行权是以出售或者赠与方式向公众提供作品的原件或者复制件的权利。考虑到作品经著作权人许可进入流通领域,著作权人据此已获得相应的经济利益,社会公众对它再次传播将有利于文化繁荣发展,因此发行权在首次销售之后即用尽,我们称为“发行权穷竭”。

★★出租权

出租权是指有偿许可他人临时使用电影作品和以类似摄制电影的方法创作的作品、计算机软件的权利。出租权的对象仅限于以上两类作品形式,其他类型的作品不享有出租权。同时,当计算机软件不是出租的主要标的时,软件著作权人也不能享有出租权。

★★展览权

展览权是公开陈列美术作品、摄影作品的原件或者复制件的权利。美术作品和摄影作品的传播方式主要是即时的视觉呈现,公开陈列将对它们产生重要影响。其他类型的作品不享有展览权。此外,美术作品的交易往往伴随着原件与作品著作权人相分离。由于著作权保护的是表达,作品的原件仅仅是该作品的物质载体,所以,美术作品原件所有权的转移,不视为作品著作权的转移。但为了便于原件所有人发挥美术作品的价值,法律规定原件所有人享有美术作品原件的展览权。

★★表演权

表演权是公开表演作品,以及用各种手段公开播送作品的表演的权利。早期,音乐、戏剧等作品主要依赖演奏者或表演者的现场表演来传播,但随着录音录像技术的发展,用技术设备传播作品愈加普遍,法律应当对新情况进行回应。现在的表演权包括两种类型:一种是“公开表演作品”,即活表演,是演员直接或者借助技术设备以声音、表情动作公开再现作品;[1]另一种是“用各种手段公开播送作品的表演”,即机械表演,是借助录音机、录像机等技术设备将自然人的表演公开传播。

★★放映权

放映权是通过放映机、幻灯机等技术设备公开再现美术、摄影、电影和以类似摄制电影的方法创作的作品的权利。放映权是专门针对以上三类作品的传播特性而设置,仅限于此三类作品享有。

---

〔1〕 张玉敏主编:《知识产权法》(第三版),法律出版社2017年版,第114页。

★★广播权

广播权是以无线方式公开广播或者传播作品，以有线传播或者转播的方式向公众传播广播的作品，以及通过扩音器或者其他传送符号、声音、图像的类似工具向公众传播广播的作品的权利。概括起来，广播权控制三种对作品的广播行为：无线广播、以无线或有线方式转播、公开播放接收到的广播。[1]

★★信息网络传播权

信息网络传播权是以有线或者无线方式向公众提供作品，使公众可以在其个人选定的时间和地点获得作品的权利。凡是符合该项权利要件的电子环境下的网络都属于信息网络传播环境，不仅限于我们常用的互联网。信息网络传播权控制的是交互式传播行为，受众可以自主选择时间和地点。如果受众无法自主选择，则不是信息网络传播权控制的范围。

★★摄制权

摄制权是以摄制电影或者以类似摄制电影的方法将作品固定在载体上的权利。把作品设置成电影或电视剧是作品传播时非常重要的方式，对著作权人的财产利益影响巨大。因此，著作权人有权自行摄制或许可他人摄制其作品。

★★改编权

改编权是指改编作品，创作出具有独创性的新作品的权利。改编是一种再创作，新作品脱胎于原作品。人类用以表达自己思想情感的形式多种多样，有些形式相互之间是可以转换的。[2]例如文字作品改编成视听作品，交响乐改编成摇滚乐等。改编能够帮助原作品不断丰富并传播，也可能会把原作品改得面目全非，侵犯原作者的著作人身权。所以，法律赋予著作权人以改编权来控制这一行为。

★★翻译权

翻译权是指将作品从一种语言文字转换成另一种语言文字的权利。鉴于翻译是语言文字上的转换，所以其一般涉及文字作品、口述作品、电影作品等作品，美术作品、乐曲等通常不涉及翻译权。[3]

★★汇编权

汇编权是把作品或者作品的片段通过选择或者编排，汇集成新作品的权利。例如某出版社通过精心挑选，编成《当代短篇小说集》一书，此书就是汇编作品，应

---

〔1〕 王迁：《知识产权法教程》（第五版），中国人民大学出版社 2016 年版，第 145 页。

〔2〕 刘春田：《知识产权法》（第五版），中国人民大学出版社 2014 年版，第 82 页。

〔3〕 吴汉东：《知识产权法》（第五版），法律出版社 2014 年版，第 78 页。

该征得著作权人的许可。

★★其他权利

除以上所列著作财产权,我国《著作权法》还规定了兜底条款,即"应当由著作权人享有的其他权利"。设置此条款的原因在于,人类社会发展至今,传播技术和手段日异月新,人们对作品的使用方式也不断变化,而法律具有一定的滞后性,那些立法者无法预知的,但对著作权人的财产利益产生影响的新情况需要得到规制。

法律与规范链接

▲ 必读法条

《著作权法》第10条

△ 延伸法条

《信息网络传播权保护条例》

《最高人民法院关于做好涉及网吧著作权纠纷案件审判工作的通知》(法发〔2010〕50号)

典型案例

天津市宁河县泽安商贸有限公司与深圳市盟世奇商贸有限公司侵犯著作权纠纷案[1]

【案情概述】

原告盟世奇公司诉称:深圳华强公司出品的动画片《熊出没》,自2012年1月在央视少儿频道播出后,深受观众喜欢,片中动画形象"熊大""熊二""光头强""蹦蹦"等家喻户晓,华强公司享有《熊出没》动画片影视剧作品及上述动画形象美术作品的全部著作权。

2012年4月2日,华强公司将《熊出没》卡通形象授权给盟世奇公司使用,授权范围是中国大陆独占性(专有)使用上述形象生产、销售毛绒玩具,并有权就未经许可使用上述形象生产、销售毛绒玩具的行为进行维权。后来,盟世奇公司发现泽安商贸公司未经许可,擅自销售"熊大"动画形象美术作品的毛绒玩具商品,侵犯了盟

---

〔1〕 (2015)津高民三终字第0018号。

世奇公司享有的复制权、发行权、财产报酬权，给盟世奇公司造成了经济损失。要求判令：1. 泽安商贸公司停止销售侵犯盟世奇公司“熊大”美术作品著作权的毛绒玩具商品；2. 赔偿盟世奇公司经济损失及合理开支共计 3 万元并承担诉讼费。

被告泽安商贸公司辩称：1. 盟世奇公司不是涉案“熊大”美术作品著作权的权利人，不具有诉讼主体资格。涉案“熊大”美术作品是职务作品，权利人应该是职务作品的作者，而不是华强公司；2. 涉案标的是毛绒玩具，《著作权法》规定的复制权不包括把毛绒材质加工成毛绒玩具的方式。法律规定的发行权是以出售或者赠与方式向公众提供作品的原件或者复印件，泽安商贸公司对侵犯了具体哪种权利存在质疑；3. 泽安商贸公司在购进、销售被控侵权商品时不知道该商品上他人享有著作权；4. 泽安商贸公司是从正规渠道进货，可以说明被控侵权商品的来源，要求免责。

天津市第二中级人民法院综合考虑《熊大》卡通形象的知名度、使用时间、商业价值等因素，酌情确定泽安商贸公司赔偿盟世奇公司经济损失及为制止侵权支出的合理开支共计 1 万元。泽安商贸公司不服一审判决，向天津市高级人民法院提起上诉。

二审查明，单幅美术作品《熊大》由李明、丁亮于 2011 年 1 月 15 日创作完成，华强公司以职务作品的著作权人的身份于 2011 年 11 月 21 日取得单幅《熊大》动漫美术作品的著作权登记证书，登记号为 2011F050461。版权保护中心留存的档案材料主要内容包括：1. 由李明、丁亮于 2011 年 7 月 28 日出具的《作品说明书》，载明：该作品是为大型长篇三维喜剧动画片《熊出没》而开发的角色，该角色形象的绘制方法是以线条、色彩手绘创作初稿，然后以 Maya 三维软件进行角色最终造型渲染图制作，该作品由李明和丁亮两人共同创作完成，该作品属于职务作品，著作权归属于华强公司；2. 分别由李明、丁亮于 2011 年 7 月 28 日出具并加盖华强公司印章的《著作权归属证明》，载明李明、丁亮于 2008 年 3 月加入华强公司，在本单位工作期间参与了《熊大》作品的创作，该作品属于职务作品，著作权归单位所有。

《熊大》动漫美术作品登记证书中载明的彩色图片表明该作品的设计特征是：以动漫方式表现的一只虚构的熊的形象，熊体呈棕色，熊身较胖，上肢长下肢短；脖颈部以下胸部以上呈现月牙形双尾翼图案；熊头部上窄下宽，两只棕色小耳朵位于头顶部；头面部特征为：大眼睛，眼睛处于头上部三分之二处，镶嵌在白色底框中，眼眶呈粉红色，白色眼仁，绿色眼珠，眼珠较小，眼珠中间镶嵌黑色圆点；酒红色鼻子较大呈凸起的椭圆形状；嘴巴较大，采用拟人化的双唇形态特征，双唇凸起；鼻子和嘴巴镶嵌在白色寿桃形图案中。

2011年1月25日,李明、丁亮创作完成《熊大》共十二幅美术作品,华强公司以职务作品著作权人的身份于2012年12月20日取得《熊大》(共十二幅)美术作品著作权登记证书,登记号为国作登字2012F00078966。

二审法院认为被告侵犯了原告的著作权,判决驳回上诉,维持原判。

【关键问题】

1.盟世奇公司是否取得了将美术作品《熊大》卡通形象用于毛绒玩具产品的著作权专有使用权?

2.泽安商贸公司是否侵犯了被上诉人盟世奇公司的上述专有使用权?

【简要评论】

一、盟世奇公司取得了将美术作品《熊大》卡通形象用于毛绒玩具产品的著作权专有使用权

首先,由李明、丁亮于2011年1月15日创作完成的《熊大》卡通形象属于《著作权法》所称的美术作品。在后取得的《熊大》(共十二幅)美术作品著作权登记证书所加载的十二幅美术作品也只是表达了单幅《熊大》动漫美术作品所表现的卡通形象的不同动作姿态,《熊大》动漫美术作品的独创性特征应当以单幅《熊大》动漫美术作品的表达方式予以确定,保护期限也应当以该单幅《熊大》动漫美术作品的保护期限予以确定。

其次,《熊大》动漫美术作品的著作权属于华强公司。根据《熊大》动漫美术作品登记证书及《作品说明书》的记载,此作品系由李明和丁亮两人共同创作完成的职务作品,其著作权归华强公司所有,且该作品仍然在保护期内。

最后,盟世奇公司取得了将美术作品《熊大》卡通形象用于毛绒玩具产品的著作权专有使用权,可以提起本案诉讼。盟世奇公司提交华强公司出具的《授权证明书》,证明其已经取得了美术作品《熊大》卡通形象著作权人的专有许可,许可其在毛绒公仔玩具上专有使用《熊大》等卡通形象,并可以自己的名义维权。盟世奇公司实际生产了"熊大"毛绒玩具,通过该正版毛绒玩具的防伪验证码进行查询,证实该玩具系华强公司授权生产,因此,可以认定《授权证明书》是华强公司真实意思表示,盟世奇公司依据《授权证明书》取得了在中国大陆境内,将美术作品《熊大》卡通形象用于毛绒玩具产品的著作权专有使用权,华强公司与盟世奇公司已经形成了许可使用合同关系,使用期限自2013年4月2日起至2016年12月31日。

二、泽安商贸公司侵犯了盟世奇公司的著作权专有使用权

根据《著作权法》关于复制权和发行权的规定,盟世奇公司依据授权通过生产

毛绒玩具产品再现《熊大》美术卡通形象的特征属于对复制权的行使，而对毛绒玩具的销售则属于对发行权的行使。

（一）以毛绒玩具为载体再现《熊大》动漫美术作品的独创性特征属于对该动漫美术作品的复制

《熊大》动漫美术作品是为华强公司发行的三维喜剧动画片《熊出没》开发的角色形象，该角色形象的绘制方法是以线条、色彩手绘创作初稿，然后以 Maya 三维软件进行角色最终造型渲染图的制作，该渲染图依然是以平面方式表达的艺术造型。而经过华强公司授权，盟世奇公司生产的"熊大"毛绒玩具及被控侵权商品是以立体方式表达的造型。虽然，由平面到立体的复制并不属于《著作权法》列举的复制方式，但是，该条款通过使用"等方式"的用语并没有穷尽复制的方式。判断某种行为是否构成对受保护作品的复制，关键在于判断新的载体中是否保留了原作品的基本表达，同时没有通过发展原作品的表达而形成新作品，如果最终表达载体再现了被保护作品或其具有独创性的特征并加以固定，且没有形成新的作品，就应当属于《著作权法》规定的复制。

比较盟世奇公司发行的"熊大"毛绒玩具与上述《熊大》动漫美术作品，不同之处仅在于前者酒红色鼻子呈凸起的心形，后者呈椭圆形；前者双唇微张呈月牙形，双唇中间为黑色月牙形，后者双唇凸起，双唇中间颜色不明显，其他设计特征均相同。可以认定盟世奇公司发行的"熊大"毛绒玩具基本再现了《熊大》动漫美术作品的独创性特征，该毛绒玩具系通过对《熊大》动漫美术作品的复制形成的新的作品载体。

将被控侵权商品与上述《熊大》动漫美术作品的独创性特征相比较，不同之处仅在于前者酒红色鼻子呈凸起的倒心形，后者呈椭圆形；前者双唇微张呈月牙形，双唇中间为黑色月牙形，后者双唇凸起，双唇中间颜色不明显，其他设计特征均相同。将被控侵权商品与盟世奇公司发行的熊大毛绒玩具设计特征相比较，不同之处在于前者眼珠呈浅绿色，酒红色鼻子呈凸起的倒心形，眼眶和嘴唇呈浅粉色；后者眼珠呈绿色，酒红色鼻子呈心形，眼眶和嘴唇呈粉色，其它设计特征基本相同。因此，可以认定被控侵权商品复制了盟世奇公司发行的"熊大"毛绒玩具的所有设计特征，盟世奇公司发行的"熊大"毛绒玩具再现了《熊大》动漫美术作品的独创性特征，被控侵权商品亦以毛绒玩具为载体再现了《熊大》动漫美术作品的独创性特征，应当认定制作被控侵权商品是以毛绒玩具为载体再现了《熊大》动漫美术作品的独创性特征属于对该动漫美术作品的复制。

（二）泽安商贸公司侵犯了盟世奇公司享有的专有发行权

被控侵权商品系通过对《熊大》动漫美术作品进行复制而来。《著作权法》第10条第6项规定，侵犯发行权是指未经许可以出售或者赠与方式向公众提供作品的原件或者复制件的行为。本案中，泽安商贸公司未经专有著作权人盟世奇公司许可销售通过对《熊大》动漫美术作品进行复制而形成的被控侵权商品，侵犯了盟世奇公司的专有发行权。现有证据只能证明泽安商贸公司实施了未经许可的发行行为，不能证明泽安商贸公司实施了未经许可的复制行为，经二审法院释明，盟世奇公司在二审审理期间放弃该项主张，法院予以支持。

【核心知识】

未经授权销售有专有使用权的复制品侵犯了专有发行权，应当承担停止侵权、赔偿损失的民事责任。

延伸阅读

1. 李雨峰：《论追续权制度在我国的构建——以〈著作权法〉第三次修改为中心》，载《法律科学》2014年第1期。
2. 冯晓青、付继存：《著作权法中的复制权研究》，载《法学家》2011年第3期。
3. 管育鹰：《版权领域发行权用尽原则探讨》，载《法学杂志》2014年第10期。
4. 郑重：《重塑著作权人与使用者的利益平衡：以〈著作权法〉第三次修改对技术措施的合理规制为视角》，载《中国法学》（英文）2017年第3期。
5. 金海军：《论书信上的物权、著作权与隐私权及其相互关系——从“钱钟书书信拍卖案”谈起》，载《法学》2013年第10期。
6. 焦和平：《“机械表演权”的法源澄清与立法完善——兼论我国〈著作权法〉第三次修改》，载《知识产权》2014年第4期。

5.3 著作权的期限

知识要点

☆**著作权的期限**（2013年卷三第17题）

著作权的期限是指著作权受法律保护的时间界限。保护期届满，作品进入公共领域，任何人都可以自由无偿利用。由此著作权人的利益和公众利益得以平衡，科学和文化的繁荣才能获得源源不断的动力。

★著作人身权的保护期

著作人身权中的署名权、修改权、保护作品完整权的保护期不受限制。著作权人死亡后由继承人、受遗赠人或著作权行政管理部门保护。

发表权具有特殊性，法律规定发表权的保护期为作者终生及其死亡后50年，截止于作者死亡后第50年的12月31日；合作作品的发表权，截止于最后死亡的作者死亡后第50年的12月31日。法人或者其他组织的作品、著作权（署名权除外）由法人或者其他组织享有的职务作品，电影作品和以类似摄制电影的方法创作的作品、摄影作品，发表权的保护期为50年，截止于作品首次发表后第50年的12月31日。如果作品自创作完成后50年内未发表，法律就不再保护，目的是为促进作品进入公共领域。

★著作财产权的保护期

自然人的作品，除摄影作品外，著作财产权保护期间采用死亡起算主义。即著作财产权的保护期为作者终生及其死亡后50年，截止于作者死亡后第50年的12月31日；如果是合作作品，截止于最后死亡的作者死亡后第50年的12月31日。

法人或者其他组织的作品、著作权（署名权除外）由法人或者其他组织享有的职务作品，电影作品和以类似摄制电影的方法创作的作品、摄影作品，其著作财产权的保护期为50年，截止于作品首次发表后第50年的12月31日。但作品自创作完成后50年内未发表的，法律不再保护。

当作品的作者身份不明时，其著作财产权的保护期截止于作品首次发表后第50年的12月31日。一旦作者身份确定后，就适用一般自然人的著作财产权期间。

法律与规范链接

▲ 必读法条

《著作权法》第20条、第21条

《著作权法实施条例》第17条、第18条

△ 延伸法条

《计算机软件保护条例》第14条

《与贸易有关的知识产权协定》第12条

《保护文学和艺术作品伯尔尼公约》第7条

典型案例

上海美术电影制片厂有限公司、武汉新金珠宝首饰有限公司著作权权属、侵权纠纷、商业贿赂不正当竞争纠纷案[1]

【案情概述】

上海电影制片厂(即原上海美术电影制片厂,以下简称美影厂)组织人员分别于1961年、1964年创作完成动画片《大闹天宫》上、下集,该动画片的美术设计署名为张光宇、张正宇,动画设计署名包括严定宪等人。该动画片分别于1962年、1963年和1978年获得捷克斯洛伐克第十三届卡罗维发利国际电影节的"短片特别奖"、中国第二届大众电影"百花奖"的"最佳美术奖"和英国伦敦国际电影节"本年度杰出电影"等荣誉。该动画片中出现了大量的"孙悟空"美术形象。

2016年2月1日,美影厂委托的律师事务所到公证处保全证据。公证过程显示:在"天猫"互联网站内存在名称为"新金旗舰店"的网店,该网店的网页上有"2016猴年贺岁金钞"的商品广告,广告中使用了"美猴王贺岁金"、"源自经典动画《大闹天宫》美猴王形象"、"深入脑海的荧屏形象,传递几代人美好回忆与祝福"、"美猴王经典作揖形象寓意喜庆祥瑞五只小猴环绕周围欢乐气氛跃然金钞之上"、"美猴王经典形象寓意喜庆祥瑞怀抱寿桃象征万寿无疆"、"美猴王经典形象手拿水果与小猴子们嬉戏象征家和万事兴",并配有"孙悟空"形象摆出数种动作的美术图案。新金公司销售的"2016猴年贺岁金钞"系向深圳明丰珠宝首饰有限公司订制、采购。上述两公司签订的《加工购销合同》从2014年10月1日起,有效期为3年。

【关键问题】

"孙悟空"美术作品的著作财产权是否在《著作权法》规定的保护期内?

【简要评论】

动画片《大闹天宫》既是美影厂主持并组织人员创作的电影作品,又是美影厂享有著作权的法人作品。该电影作品中大量使用的"孙悟空"美术形象既是电影作品的组成部分,又可单独作为美术作品使用。结合动画片《大闹天宫》的法人作品属性、创作过程及本案其它证据综合判断,该电影中可单独作为美术作品使用的众多"孙悟空"图案亦属美影厂享有著作权的法人作品。

《著作权法》第21条第2款规定:"法人或者其他组织的作品、著作权(署名权

---

[1] (2017)鄂民终71号。

除外)由法人或者其他组织享有的职务作品,其发表权、本法第十条第一款第(五)项至第(十七)项规定的权利的保护期为五十年,截止于作品首次发表后第五十年的12月31日,但作品自创作完成后五十年内未发表的,本法不再保护。”根据上述法律规定,对美术作品“孙悟空”享有的复制权、发行权、信息网络传播权等权利受《著作权法》保护的期限应当截止于上述美术作品首次发表后第50年的12月31日。因此,新金公司开始宣传、销售商品“2016猴年贺岁金钞”的时间是否在上述美术作品的相关著作权保护期限内,是确定新金公司行为是否侵害上述美术作品著作权的关键。

根据上述创作过程及获得相关荣誉的时间判断,动画片《大闹天宫》上集的发表时间不迟于1962年。因此,将1962年作为动画片《大闹天宫》上集的发表年份,动画片《大闹天宫》上集的复制权、发行权、信息网络传播权等权利保护期限最迟于2012年12月31日截止。随着动画片《大闹天宫》上集的发表,使用于动画片中的大量“孙悟空”美术形象作为美术作品也被一并发表,对其著作权的法律保护期限也应同时开始并同时结束。

美影厂公证取得网络证据及商品实物证据的时间均为2016年2月,新金公司与深圳明丰珠宝首饰有限公司形成《加工购销合同》法律关系亦是在2014年10月,上述两个时间均晚于2012年12月31日。

因此,不论新金公司向深圳明丰珠宝首饰有限公司订制、采购,并以自己名义宣传、销售的商品“2016猴年贺岁金钞”及网络广告中是否使用了与动画片《大闹天宫》中“孙悟空”美术形象相同或近似的美术图案,均不构成对动画片《大闹天宫》中“孙悟空”美术形象的复制权、发行权、信息网络传播权等权利的侵害。

【核心知识】

尽管电影节的评委在评选时可能是特定人群,但美影厂并未举证证明电影作品《大闹天宫》参选后,公众不能通过其他方式观看到此电影作品。法人的美术作品著作财产权利的保护期为50年,截止于作品首次发表后第50年的12月31日。

延伸阅读

1. 何华:《著作权保护期限研究三题》,载《法商研究》2012年第4期。
2. 罗莉:《版权保护期限的是与非》,载《法学》2005年第11期。
3. 冯晓青:《著作权保护期限制之理论思考》,载《北京科技大学学报》(社会科学版)2006年第3期。

第6章　著作邻接权

教学目标

了解和识记著作邻接权的概念、特征；
识记和理解表演者权的主体、客体及内容；
识记和理解录音录像制作者权的主体、客体及内容；
了解和识记广播组织权、版式设计权的主要内容。

推荐参考资料

1. 刘春田主编:《知识产权法》(第五版),中国人民大学出版社2014年版,第六章。
2. 吴汉东主编:《知识产权法》(第五版),法律出版社2014年版,第七章。
3. 冯晓青主编:《知识产权法》(第二版),中国政法大学出版社2014年版,第七章。
4. 王迁:《知识产权法教程》(第五版),中国人民大学出版社2016年版,第七章。

6.1　邻接权的概念和渊源

知识要点

☆著作邻接权的概念

从字面上理解,著作邻接权指的是与著作权相邻、相关的一些权利。“著作邻接权”一词的英文是“Neighboring Rights”,又可以称为“作品传播者权”。邻接权这一制度设立的主要目的是保障作品传播者所享有的权利。在某项作品被创作完成之后,绝大部分作者都希望自己的作品能够被公众接触和欣赏,并得到他们的肯定,而这一项工作离不开传播者们的努力。传播者在传播作品过程中,将自身的技能和对作品的理解,反映在其传播活动之中,使作品有了别具一格、异于其他人的风格,这种劳动应受到法律保护。在我国《著作权法》中,著作邻接权包括表演者权、录制者权、版式设计权和广播电视组织权等四项权利。

邻接权与著作权密切相关,但他们之间却有着难以逾越的鸿沟。邻接权与著作权的区别在于:第一,享有权利的主体不同。著作权的主体通常是创作作品的人,包括自然人、法人以及其他组织。而邻接权的主体主要是作品的传播者,即表演者;录音、录像制作者以及电台、电视台广播电视组织等。第二,两者所保护的对象不同。著作权旨在保护具有独创性的文学、艺术和科学作品;邻接权保护的对象是不构成作品的其他劳动成果,[1]主要是传播者在传播作品的过程中所产生的劳动成果。第三,两项制度的内容有差异。著作权的内容主要包括两方面的权利:人身权,即发表权、署名权、修改权、保护作品完整权等;财产权,即复制权、发行权、出租权、展览权、表演权、放映权、广播权、信息网络传播权以及改编、翻译、汇编权等。而邻接权的内容主要包括表演者对其表演所享有的权利、录音录像制作者对其制作的音像制品的权利、广播电台与电视台组织对其广播的节目信号的权利、出版者对其出版的图书和期刊的版式设计享有的权利等。

☆邻接权的由来

大约在19世纪末至20世纪初这几十年中,随着第二次工业革命的逐步进行,电力和新的通信方式的产生,使录音录像和无线电传播技术有了质的飞跃。在此之前,人们对表演的认识还停留在表演者们的现场演出上,但随着科学技术的发展,当这些表演能够通过物质得以存储、保存下来的时候,大量的音像制品开始涌入市场,在很大程度上代替了表演者的现场表演,这严重波及表演者的权益和经济效益。与此同时,当有些人意识到唱片业可以获得暴利时,"盗版业"以迅雷不及掩耳之势疯狂滋生,无数唱片制作者因其唱片被别人私自复制、传播而遭受巨大的损失。每当出现新的社会现象和社会问题时,必有法律对其进行规制,邻接权制度应运而生。

20世纪初,英国率先扛起改革的大旗,首次将唱片保护制度引入版权法中,之后,其他国家也相继设立了邻接权保护制度。如意大利、波兰、西班牙、墨西哥、奥地利纷纷效仿英国增加了对艺术表演者、唱片制作者的保护条款。从20世纪后期开始,邻接权的重要性逐渐被各国所认知,对其进行立法保护已是大势所趋。各个国

---

[1] 王迁:《知识产权法》(第五版),中国人民大学出版社2016年版,第197页。

家对于邻接权保护采用的手段不一，有的国家通过运用禁止不公平竞争法或合同法去保护，有的国家则通过刑事赔偿的手段来保护，但大多数国家是通过知识产权法来加以保护。[1]

将邻接权作为知识产权法上的一项制度进行保护，又可以细分为两种方式：一种是通过专门的法律法规进行保护，像巴西等国家就是采用这样的方式；而另一种是根据邻接权与著作权之间的密切联系，将其作为著作权法的内容来进行保护，德国、日本等大多数国家采用的此种方式。我国采用的是第二种方式，《著作权法》明确规定保护与著作权有关的权益。与著作权有关的权益是指：出版者对其出版的图书和期刊的版式设计享有的权利，表演者对其表演享有的权利，录音录像制作者对其制作的录音录像制品享有的权利，广播电台、电视台对其播放的广播、电视节目享有的权利。[2]目前，我国加入的有关邻接权的国际条约大约有：《保护录音制品制作者防止未经许可复制其录制品公约》、《世界知识产权组织表演和录音制品条约》和《视听表演北京条约》。须指出的是，鉴于《视听表演北京条约》应在30个缔约方交存批准书或加入书3个月之后方可生效，由于目前交存批准书或加入书的国家仍不满30个，所以该条约尚未生效。

6.2 表演者权

知识要点

☆表演者权的概念

按照《罗马公约》对表演者权的描述来看，表演者权是指表演者依法对其表演所享有的权利。我国《著作权法》第四章从权利的主体、客体、内容、保护期限等多方面对表演者权进行规定。

★表演者权的主体

何谓表演者？《罗马公约》第3条规定，表演者或演奏者是指演员、歌唱者、演奏者、舞蹈演员和其他表演、歌唱、背诵、朗诵、演奏或以别的方式表演文学或艺术作品的人。“继《罗马公约》对表演者进行规定后，各个国家也对其进行了界定，比如

---

〔1〕 张今等：《著作权法》，北京大学出版社2012年版，第102页。

〔2〕 参见《著作权法实施条例》第26条。

德国的著作权法就将表演者定义为通过表演、演唱、演奏或者其他方式将各种作品或民间艺术表现出来的人,或者是参与上述表演活动的人。我国《著作权法实施条例》第5条规定:"表演者,是指演员、演出单位或者其他表演文学、艺术作品的人。"此条对表演者的范围进行了严格的限定。相较之下,一些国家赋予了表演者更为广泛的内涵,表演者还包括对非作品进行表演的人。例如法国在1985年颁布的著作权法中就将一切杂技演员、马戏演员、木偶戏的表演人员等都纳入邻接权的保护范围;还有巴西,巴西属于足球大国,在他们看来,运动员在球场上的表现不亚于表演者的表演,所以应该赋予这些足球运动员相同的权利,使运动员在球场上的表现像表演者的表演一样受到法律的保护。

★表演者权的客体

表演者权的客体是表演,指的是演奏乐曲、上演剧本、朗诵诗词等直接或者借助技术设备以声音、表情、动作公开再现作品的行为。世界上没有一模一样的两片树叶,同样地,由于受到外界或内心各种因素的影响,表演者的每一场演出都会不尽相同。所以无论表演者进行了多少次表演,也无论表演的内容形式是否一致,表演者对每一次的演出都享有表演者权。比如说周杰伦在北京演唱了一首《青花瓷》之后又在上海进行了相同的演唱,那么周杰伦对这两场表演都享有表演权。如果北京某电视台经周杰伦的授权享有了直播其北京演出的权利,但并不理所当然地就享有对周杰伦在上海演出进行直播的权利。

★表演者权的内容

表演者权涵盖了人身权利和财产权利。最初,《罗马公约》并未规定表演者的人身权利。后来,随着《世界知识产权组织表演和录音制品条约》的出现,表演者人身权的相关规定才第一次被郑重确定。从该条约第5条规定来分析,表演者对其现场表演或以录音、录像制品录制的表演有权要求承认其表演者的身份;有权反对任何对其表演进行有损其名声的歪曲、篡改或其他修改的行为。[1]表演者对其表演享有的人身权在强调作者权的法国和德国都有明确规定,主要体现为对表演者姓名、身份的尊重以及禁止他人对表演者的表演进行歪曲和篡改。

我国《著作权法》将表演者所享有的相关人身权和财产权都规定在其中。其内容如下:

---

〔1〕 胡开忠:《〈世界知识产权组织音像表演条约〉及其对我国著作权立法的影响》,载《知识产权》2012年第5期。

1. 表演者的人身权利

(1)表明表演者的身份。这项权利也可以被称为身份权,与作者的署名权有点类似。即无论是实况演出,还是通过制作录音、录像或拍摄电影、电视进行表演,表演者都有权向公众表明其表演者的身份,表演者有权自行决定是否公布其真名、艺名、化名、笔名,也有权自行决定不公布其名字。不仅如此,表演者还有权阻止他人冒名顶替其表演者的身份,或根本没有参与表演却以表演者自居的行为。

(2)保护表演形象不受歪曲。表演形象是表演者自身在对作品进行揣摩理解后,通过形体、动作、表情、声音等一系列方式所创造的形象,在一定程度上反映了表演者的人格魅力。当表演形象被不断删改、剪切之后,表演形象可能就会被歪曲;或者将这一形象放到其他场合之中,也会扭曲表演形象所要表达的原意。比如将武松的形象用作强身健体药品的广告,就歪曲了表演者的艺术形象。

需要注意的是,表演形象与表演者形象一字之差,却有本质的区别。前者属于邻接权的内容,由《著作权法》保护;后者是公民人身权的内容,由民法加以调整。表演者人身权与著作人身权相同,都没有保护期限的限制,受到法律的永久保护。

2. 表演者的财产权利

《罗马公约》将许可他人播放或传播其表演、许可他人录制其未被录制的表演、许可他人复制录有其表演的录制品规定为表演者的财产权利。对表演者权利的规定,对录音制品制作者权利的规定,以及对广播组织权利的规定,也都充分体现了版权法律的经济特征。[1]我国《著作权法》第38条第1款第3项至第6项明确规定了表演者的财产权利。

(1)许可他人从现场直播和公开传送其现场表演,并获得报酬。“现场直播”,指表演者在进行演出时,广播电台、电视台将其表演的现场情况直播出去。广播组织的这种行为往往会大大影响表演者以后表演的上座率和票房收入,因此为了保障表演者的经济收益,各国著作权法纷纷制定了保护表演者现场直播的权利。我国《著作权法》规定,电台、电视台要想将表演者的现场表演等向公众直播和公开传送时,必须要得到表演者的明确授权,并向表演者支付相应的报酬。

(2)许可他人录音录像,并获得报酬。将表演通过录音录像固定下来的权利属于表演者,表演者可以自行录制,也可以将录制的权利授权给别人。这一方面促进了表演者所表演作品的传播,另一方面会直接减少现场观看表演的上座率,从而影

---

[1] 李明德:《版权产业与知识经济》,载《知识产权》2000年第1期。

响表演者的经济利益。所以尚未得到表演者的明确授权就对他人的表演进行录音录像,是侵犯表演者权的行为。

(3)许可他人复制、发行录有其表演的录音录像制品,并获得报酬。通过复制、发行录有表演者表演的音像制品,可以实现表演者更大的经济利益。在很多情况下,表演者会将该项权利授权给他人,从中直接获得收益。目前,复制、发行录音录像制品已成为表演者获得财产利益的主要手段。他人对录有表演者表演的音像制品进行复制、发行,应经过表演者的许可,并支付相应的报酬。一般情况下,为便于传播,表演者会同时将录制、复制、发行的权利一同授权给他人,但实质上表演者享有的各项权利是相互独立的。

(4)许可他人通过信息网络向公众传播其表演,并获得报酬。伴随着信息网络技术的快速发展和普及,信息网络传播成为作品扩散的一种主要方式。计算机信息网络传输技术,不仅方便、低廉、快速地实现了对作品及表演活动的复制、再现,使观众可以在其任意选定的时间、地点,反复观看或再次通过信息网络传播表演者的表演,这极大地威胁了表演者的经济利益。因此,将录有表演者表演的音像制品通过网络信息技术传播要征得表演者的同意,并支付相应的报酬。

★表演者权的保护期限

表演者表明身份和保护表演形象不受歪曲两项权利属于人身权利,保护期限不受限制,受到法律永久的保护。表演者的财产性权利的保护期为50年,截止到该表演发生后到第50年的12月31日。

★表演者权与表演权的关系

表演者权与表演权不能混为一谈,表演者权是表演者对自己的表演活动享有权利。表演权属于著作财产权的内容,是著作权人享有的对其作品进行表演的权利,他可以自行表演自己的作品,也可以许可他人表演自己的作品,并收取报酬。当表演者通过一定的方式表演自己的创作作品,表演权和表演者权均存在,只不过权利主体一致而已。

法律与规范链接

▲ 必读法条

《著作权法》第37条、第38条、第39条

《著作权法实施条例》第26条、第33条、第34条

△ **延伸法条**

《德国著作权法》第 74 条、第 75 条、第 77 条、第 78 条

《法国知识产权法典》第 212 条

《日本著作权法》第 90 条、第 91 条

典型案例

芦菲与平昌县人民政府、周莉萍、平昌县文化馆侵害表演者权纠纷案[1]

【案情概述】

2012 年 6 月，平昌县文化馆（以下简称文化馆）邀请聂正罡等人到平昌采风创作歌唱平昌的歌曲。同年 10 月，聂正罡将歌词、曲谱、音乐伴奏及芦菲演唱的歌曲小样通过网络传给了文化馆。而后，文化馆根据聂正罡提供的歌曲小样组织制作了 MTV，并将该歌曲的演唱者署名为周莉萍。文化馆将该 MTV 提供给平昌县人民政府网、平昌文化网、平昌县旅游网、平昌县电视台进行播放。2014 年 4 月 25 日，由平昌县人民政府等单位承办的四川省第五届乡村文化旅游节开幕式在平昌举行。开幕式中关于文艺表演的相关事宜均由文化馆具体组织、策划和实施。在开幕式上，周莉萍受文化馆的邀请和安排，参与了此次开幕式的文艺表演，并演唱了歌曲《江口水乡》，屏幕注明的演唱者是周莉萍，但在表演过程中，播放的是芦菲演唱的歌曲小样，周莉萍在舞台上进行表演。2014 年 4 月底，芦菲向四川省旅游局反映周莉萍假唱侵权之事，要求予以赔偿。文化馆得知后，组织人员对芦菲反映的歌曲《江口水乡》被假唱的事件进行协调处理。2014 年 5 月 13 日，芦菲与文化馆达成调解协议，芦菲领取了 15 万元的赔偿费用。芦菲认为，文化馆、平昌县人民政府、周莉萍存在侵权行为，诉请人民法院判令：1. 文化馆、平昌县人民政府立即停止侵害，在侵权范围内消除影响，恢复名誉，公开赔礼道歉；2. 文化馆、平昌县人民政府赔偿芦菲经济损失 500 万元；3. 文化馆支付自使用原告作品之日起一年的使用费 50 万元；4. 由文化馆、平昌县人民政府、周莉萍支付芦菲因维权所支出的律师等费用 5.3 万元；5. 文化馆、平昌县人民政府、周莉萍承担本案的全部诉讼费。

【关键问题】

芦菲是《江口水乡》歌曲小样的演唱者，享有表演者权。文化馆在制作 MTV，

---

[1] （2016）川民终 900 号。

向相关网站提供歌曲视频，具体组织旅游节开幕式文艺演出活动中，使用了芦菲演唱的《江口水乡》歌曲小样，而未表明芦菲就是该歌曲的演唱者，侵犯了芦菲作为表演者应当享有的表明表演者身份的权利，以及许可他人通过信息网络向公众传播其表演，并获得报酬的权利。

【简要评论】

随着网络经济的发展，围绕网络发生的各类纠纷逐渐增多。在网络环境下，每个人包括政府部门的角色不是固定的，可能是一个网络消费者，也可能是一个网络服务商，更有可能在无意间成为一个网络著作权侵权行为的参与者。本案被告便是在意识不强，审查不严的情况下，导致了侵权行为的发生。行为发生后，各方积极应对，妥善处理，与权利人达成调解协议，并实际履行。鉴于权利人的损失已经实际得到赔偿，故诉讼中权利人的重复权利要求未能得到支持。本案的审理给知识产权人以及相关社会公众都是一个提醒，权利是应受他人尊重和法律保护的，但是权利也不是绝对的，它是有界限的。各方均应遵守法律的规定，才能达到知识产权人权利保护和满足社会公众文化需求之间的平衡，最终实现社会主义文化和科学事业的发展和繁荣。

延伸阅读

1. 李雨峰：《著作权法》，厦门大学出版社 2006 年版。
2. 原晓爽：《表演者权利研究》，法律出版社 2010 年版。
3. 李菊丹：《表演者权保护研究》，载《知识产权》2010 年第 3 期。

6.3 录音录像制作者权

知识要点

★录音录像制作者权的主体

录音录像制作者权，又被称为录制者权，是录制者对自身所制作的录音、录像制品享有的各项权利。这里的录制者具体指的是首次将声音或图像固定在介质中并制作成录音录像制品的人。这里之所以强调“首次”，是因为早在《罗马公约》里就有了录制者的相关定义，指首次将他人的表演或声音录制并固定在某些存储介质中的自然人或法人。由于第一次录制的制作者在制作过程中付出了大量的投资和劳动，如选择作品材料，选择演员，运用何种录制技术对表演进行录制等，并通过一系列劳动将这些表演或声音固定到录制品中，供大众查看和欣赏。一份录音录像制品的完成承载着首次录制者大量的心血和创造性劳动，是录制者的创新能力、风险投资与专业技能相结合的产物。然而复制录制品却十分简便，只需一台设备加上若干空白录音带、录像带就可轻而易举地进行。而复制品和原始制品的效果几乎是一样的，如果让首次录制者和其他复制者享有同等的权利保护，不利于唱片和电影业的可持续发展。因此，享有权利并受法律保护的应该是首次录制者。我国《著作权法实施条例》第 5 条也明确规定了录音录像制作者权的主体是录制品的首次制作人。

★录音录像制作者权的客体

录制者权的客体主要是录音、录像制品。但录制者权的客体不是一成不变的，随着科学技术的不断发展，从早期的唱片制作者制作的粗纹唱片起，到后来的录音磁带和激光唱片，再后来画面也能录下来，从而使得录制者权的客体范围不断扩大。

录音制品，根据《罗马公约》第 3 条第（乙）项的规定，是指任何对表演的声音和其他声音的专门录音。我国法律规定，录音制品是对任何表演的声音或其他声音进行记录的录制品。这样看来，录音制品并不局限于表演的声音，像对动物的嘶鸣声，呼啸的风声等自然界的声音进行录制也是录音制品，录音制品的具体形式主要有磁带、CD 等。

录像制品是指电影作品和以类似摄制电影的方法创作的作品以外的任何有伴音或者无伴音的连续相关形象、图像的录制，包括表演形象的原始录制品和非表演形象的原始录制品，后者如自然风光和动物世界的原始录制品。对于录像制品，国际公约及许多国家的法律不尽相同，争议颇大。录像制品与电影作品的制作方式流程大体一致，因此，许多国家将录像制品统一归入电影作品中。例如，美国《版权法》第 101 条规定："电影是由一系列相关影像构成的音像作品。这些影像同伴音（如果有的话）一起连续播放，产生动感。"而在大陆法系国家，由于录像制品达不到电影作品独创性的高度，因此，大多数国家在电影作品之外还规定了录像制品的保护。如《德国著作权法》第 95 条将录像制品描述为"不能作为电影著作保护的连续画面或连续音像"。我国《著作权法实施条例》第 5 条对录像制品的定义是，电影作品和以类似摄制电影的方法创作的作品以外的任何有伴音或者无伴音的连续相关形象、图像的录制品。不难看出，我国现行立法对录像制品和电影作品是明确区分的。当前，正值《著作权法》修改中，在《著作权法（修订草案送审稿）》中取消了对

“录像制品”的规定,将其作为“视听作品”保护。

★录音录像制作者权的内容

录制者权是录制者对其制作的录音录像制品所享有的权利,与表演者权不同,录制者权主要集中在许可权和取得报酬权这两项财产权上。根据我国《著作权法》第42条的规定,主要是以下四项权利:

(1)复制权。是指录制者享有自己复制或许可他人复制自己录制品的权利,即禁止或许可他人以一切直接或间接的方式复制其录音制品的权利。由于录制品是录制者耗费大量劳动的产物,录制品的复制发行量直接关系到录制者的切身利益,为保护其合法权益,法律赋予录制者复制权,这项权利是录制者享有的一项最基本的权利,它可以控制对录制品的后续利用行为。

(2)发行权。是指录制者享有自己发行或许可他人发行自己录制品的权利,即以出售或赠与方式向公众提供录音、录像制品的行为。随着科学技术的飞速发展,录音录像制品的复制变得十分简便,为了保护录制者的辛苦劳动成果,法律规定录制者有权对录制品的复制和发行活动进行控制,防止损害录制者的利益和避免盗版情况的发生。

(3)出租权。是指录制者享有自己出租和许可或禁止他人出租其音像制品的权利。对音像制品进行出租可以使公众支付更少的费用去查阅和欣赏到录音、录像制品,虽然便利了大众,但录制者本身能够获取的收益会随着出租市场的活跃而不断减少流失。为此许多国家为了保护录制者的利益,纷纷设立了出租权。如《日本著作权法》也规定,唱片制作人享有通过向公众租赁唱片复制品,将唱片提供给公众的专有权。我国在2001年《著作权法》修改时,依据TRIPS协议规定了录制者对音像制品享有出租权。赋予录制者出租权,则出租音像制品须取得录制者的许可并向其支付报酬。

(4)信息网络传播权。指录制者享有许可他人通过网络传播自己作品并获取报酬的权利。

★录音录像制作者与著作权人、表演者的关系

世界上没有绝对的权利,在享有权利的同时,必然会伴随相应的义务。录制者在享有上述权利时,同样也要承担某些义务。首先,在使用他人作品进行录音录像时,必须取得著作权人许可,并支付相应报酬;其次,录音录像制作者对演绎作品进行录音录像时,一般应当取得原著作权人和演绎作者的双重许可,并支付相应报酬;最后,在使用他人已经合法录制成录音制品的作品进行制作时,仅需要向著作权人支付报酬即可，著作权人声明不得使用的除外。因为已经合法录制的录音制品在首次制作时已经取得了著作权人的同意，所以他人再进行录制时就无须经过著作权人的授权。这是《著作权法》第40条规定的特殊情况，属于“法定许可”的情形。值得注意的是，由于各项权利之间相互独立，取得其中某项权利并不意味着其他权利也被许可使用，所以被许可人在复制、发行、通过信息网络向公众传播录音录像制品时，还应当根据法律的规定分别取得著作权人许可，并支付报酬。

录制者与表演者之间的关系表现在录制者录制录音录像制品时，主要还是对表演活动的录制。我国《著作权法》第41条对此有明确的规定，要求录制者在录制表演活动时，应当同表演者签订合同，并支付报酬。录制者复制、发行、通过信息网络向公众传播录音录像制品，必须同时取得著作权人和表演者双重许可。这也提醒传播者，将其制品置于市场、网络中传播时仅仅取得录制者的许可是不够的，必须同时取得著作权人、表演者和录制者三方的许可才是合法的。

法律与规范链接

▲ **必读法条**

《著作权法》第40条、第41条、第42条

《著作权法实施条例》第4条

△ **延伸法条**

《德国著作权法》第85条、第86条

《日本著作权法》第96条、第97条

典型案例

北京鸟人艺术推广有限责任公司诉北京华远西单购物中心股份有限公司侵犯录音录像制作者权和作品专有使用权纠纷案[1]

【案情概述】

“彝人制造”组合为原告鸟人公司的签约艺人，1999年底原告以其享有专有使

---

[1] 参见北大法宝/司法案例/案例与裁判文书/正文阅读，载 http://www.pkulaw.cn/case/ptnl_117449294.html。

用权的歌曲为内容，制作了《彝人制造》首张专辑的录音制品，并授权他人出版发行了录音带，同时在出版物上载有著作权保护声明。其后，原告发现被告西单购物中心在市场上销售涉案的盗版录音带，非法抢占了属于原告独占的市场，使原告在其后授权他人出版的正版录音带严重滞销，给原告造成了重大的经济损失。原告认为，被告违反音像制品管理的有关规定，从事销售非法及盗版出版物的经营活动。且录音带属于无法鉴定生产来源的传统音像载体，除被告提供的进货渠道外，其盗版根源无从查找。被告的上述行为严重侵犯了原告对涉案的10首歌曲作品的专有使用权，及作为录音制作者的许可他人复制、发行并获得报酬的权利，其侵权故意明显，给原告造成的经济损失严重。

【关键问题】

根据被告提供的租赁合同证实，原告购买被控侵权的录音带的场所的承租人是被告，而且被告为此出具了购物发票，因而足以认定被告是该录音制品的销售者。被告销售的《彝人制造》录音带，收录了原告享有录音制作者权的歌曲。该录音带与原告许可他人出版、发行的正版录音带从包装和防伪标志上看都存在差异，而且被告未就其销售的录音制品提供合法来源证明，故可以认定该录音制品为侵权复制品。

【简要评论】

就本案而言，被告未经原告许可，销售原告享有专有使用权和录音制作者权的录音制品的复制品，其主观上存在过错，客观上给原告造成了损害后果，其行为构成对原告享有的专有使用权和录音制作者权的侵犯。因此，被告应就其侵权行为承担相应的法律责任，包括停止侵权、赔礼道歉和赔偿损失。

延伸阅读

1. 张伟君：《假如王菲不能再翻唱〈传奇〉浅析制作录音制品法定许可制度的存与废》，载《电子知识产权》2015 年第 4 期。
2. 王迁：《论“制作录音制品法定许可”及在我国〈著作权法〉中的重构》，载《东方法学》2011 年第 12 期。
3. 张伟君：《录音制品制作者的广播权和表演权应该缓行》，载《电子知识产权》2007 年第 10 期。

6.4　广播组织权

知识要点

★广播组织权的主体

广播组织权指的是广播组织对其向公众播放的节目信号所享有的权利。这里所说的"广播组织"主要指向不特定公众播送声音、图像信号的广播电台、电视台及有线广播组织等。但是,广播组织权的主体并不是从一开始就如此广泛的,像录制者权一样,主体的范围也是随着科学技术的不断进步而慢慢扩展开来的。《罗马公约》规定,广播组织指的是通过无线手段向公众传播声音或图像信号的单位。公约这里所说的广播组织仅仅指的是无线广播电台和无线电视台。随着有线广播等技术的飞速发展,一些国际公约和国家的著作权法已经将有线广播组织纳入广播组织权的行列之中。我国《著作权法》虽然没有明确指出广播组织包含有线和无线广播组织,但根据我国《广播电视管理条例》第 8 条第 2 款对广播电台、电视台下的定义,指的是采编、制作并通过有线或者无线的方式播放广播电视节目的机构,再结合我国《著作权法》不断向国际靠拢的发展趋势,我国享有广播组织权的组织既包括无线广播组织,也包括有线广播组织。

★广播组织权的客体

广播组织权的客体主要指的是广播组织向公众发射的节目信号。王迁教授认为,广播组织权的客体并非节目,而是载有节目的信号。[1]而我国《著作权法实施条例》第 26 条将广播组织权的客体界定为广播电台、电视台播放的广播、电视或广播、电视节目。这一规定很容易使人产生歧义,认为广播电台、电视台播放的节目本身就是广播组织权的客体。实际上,有的节目是电台、电视台自己以类似摄制电影的方法制作电视剧、电视综艺节目等,属于创作作品,应享受著作权保护,而非用广播组织权来保护;有的节目是他人制作的音像制品,则可以通过录音录像制作者权来保护。明确广播组织权的客体是节目信号,可以避免混淆著作权、录音录像制作者权和广播组织权的界限。

---

〔1〕 王迁:《论广播组织转播权的扩张——兼评〈著作权法修订草案〉》(送审稿),载《法商研究》2016 年第 1 期。

★广播组织权的内容

与录音录像制作者权相类似，广播组织权也是财产权利。《罗马公约》和TRIPS协定为广播组织划定了三项基本权利：转播权、录制权和复制权。我国《著作权法》对于广播组织权做出的规定与上述二者的规定大同小异。具体而言，广播电台、电视台有权禁止未经其许可的下列行为：

（1）广播电台、电视台有权禁止他人未经许可，将其播放的广播、电视转播。这里的“转播”指的是一个广播组织同时播放另一个广播组织的广播、电视节目。重点在于“同时”，如果是将其他组织的节目录制下来再进行播放，则不能称为“转播”。法律之所以这样规定，是因为擅自转播其他组织的节目会对其他组织造成严重的经济利益损失。广播组织播放的广播、电视，有的需要取得作品著作权人和录像制作者的许可并支付报酬，有的则需要向体育竞赛主办方支付费用，如果被擅自转播的话，会导致该广播组织的收视率下降，广告收益也会随之降低。所以，有必要赋予广播组织这一项权利来阻止其他广播组织的擅自转播行为。

（2）广播电台、电视台有权禁止他人未经许可将其播放的广播、电视录制在音像载体上，以及复制音像载体。录制权指的是广播组织享有自己录制或者授权他人对其节目进行录制的权利，其他任何广播组织未经许可，不得将其播放的广播、电视节目录制在音像载体上。广播组织享有的复制权是指广播组织有权自己复制或许可他人将已固定在载体上的广播节目进行复制。例如，中央电视台在对奥运会进行直播，而某地方电视台将该直播录制下来制作成光盘，复制出售，这就侵犯了中央电视台的广播组织权。

上述权利保护期为50年，截止于该广播、电视首次播放后第50年的12月31日。

★广播组织与著作权人、表演者与录制者的关系

广播电台、电视台对他人的作品和录音录像制品的需求量非常大，处理好双方的权利义务关系，能够更好地维持双方的合作关系，促进长远发展。

《著作权法》赋予了著作权人发表权和广播权，那么著作权人就有了许可他人发表和广播其作品的权利，电台、电视台等广播组织为了获得更多的观众、实现更大的广告收益，会寻求与著作权人的合作。正是基于这样的关系，广播电台、电视台播放著作权人未发表的作品，应当取得著作权人许可。著作权人同意将自己的作品以电台、电视台播放的方式公之于众的，应当与电台、电视台签订许可使用合同。[1]

---

〔1〕 胡开忠：《广播电台电视台播放作品法定许可问题研究——兼论我国〈著作权法〉的修改》，载《知识产权》2013年第3期。

但如果是播放已发表作品，因为作品已经发表，向大众公开，广播组织就没有必要再因为作品发表问题去征求著作权人的许可，只需要向其支付报酬即可。需要注意的是，这里并不包括电影作品和以类似摄制电影的方法创作的作品、录像制品。对于这些作品，广播组织须取得制片者或者录像制作者的许可，并支付报酬；播放他人的录像制品，还应当取得著作权人许可，并支付报酬。

广播电台、电视台如果要对表演者的表演进行现场直播的话，考虑到表演者的现场直播权和表演者表演的作品的著作权，必须同时要取得表演者和表演作品的著作权人的双重许可。当然，如果相关作品已经发表，则适用法定许可，可以不经表演作品的著作权人的许可，但是应向其支付报酬。

法律与规范链接

▲ 必读法条

《著作权法》第43条、第44条、第45条、第46条

《著作权法实施条例》第26条、第27条

△ 延伸法条

《日本著作权法》第99条、第100条

《俄罗斯联邦民法典》（著作权部分）第1329条

典型事例

嘉兴华数电视通信有限公司诉中国电信股份有限公司嘉兴分公司侵害广播组织权纠纷案[1]

【案情概述】

2010年1月1日黑龙江电视台授权东银公司代表其就黑龙江卫视频道开展全国县级单位的覆盖工作，包括合同的谈判、签署、费用的支付等，授权期限为2010年1月1日至2010年12月31日。后东银公司与浙江华数传媒网络有限公司签订频道合作合同，约定东银公司授权浙江华数传媒网络有限公司代理的嘉兴华数公司在其营运的区域内传输其频道信号的权利是专有性的，即东银公司承诺在本合同

---

〔1〕 参见北大法宝/司法案例/案例要旨/正文阅读，载 http://www.pkulaw.cn/case/payz_120851344.html。

约定的区域内和合作期限内，不再授权嘉兴华数公司以外第三方通过电视网络以及互联网传输黑龙江卫视频道电视节目信号的权利。黑龙江电视台向嘉兴华数公司出具授权书载明："黑龙江电视台享有黑龙江卫视各节目的著作权和播映权，拥有黑龙江卫视之电视节目信号通过有线、无线、卫星等方式发射、传输、接入等的法定权利。现授予嘉兴华数公司为数字电视信号接收以及传输的唯一合法机构。授权期限为2010年7月20日至2011年7月19日止。黑龙江电视台授权嘉兴华数公司在其营运的区域内的传输其频道信号的权利是专有性的，嘉兴华数公司有权对第三方非法传播黑龙江卫视节目信号的行为以嘉兴华数公司的名义采取诉讼等法律行动。"

2011年3月23日下午，嘉兴市天誉公证处工作人员随同原告委托代理人先后前往位于嘉兴市安乐路的嘉兴开心客栈和嘉兴市放鹤洲花园17幢盛陵的家，对其收看的电视频道节目的内容及过程进行证据保全，并出具了两份公证书。公证书记载：电视屏幕上出现中国电信的画面，屏幕左上角显示"中国电信"，右上角显示"bstv百视通"，画面中间显示"电信宽带十周年，千万用户大提速，速到当地电信营业厅，劲享更多惊喜实惠"并对这个画面进行了拍照。在公证书所附照片均显示在分类频道上黑龙江卫视编号为032。嘉兴华数公司认为，嘉兴电信公司的上述行为侵犯了嘉兴华数公司的广播组织权。

【关键问题】

嘉兴电信公司利用ip网络把来源于黑龙江电视台的广播节目通过iptv宽带业务应用平台传送到用户机顶盒和电视机的终端，是否侵犯嘉兴华数公司自黑龙江电视台授权而来的转播权？

【简要评论】

iptv即交互式网络电视，是一种利用宽带有线电视网，集互联网、多媒体、通信等多种技术于一体，向用户提供包括数字电视在内的多种交互式服务的崭新技术，其与传统广播电视的最大区别在于通过网络进行传输。嘉兴华数公司根据黑龙江电视台的授权可以自己的名义就广播组织权受侵害提起诉讼，嘉兴电信公司通过互联网转播了黑龙江电视台的广播节目，但根据现行法律的规定，尚不能将嘉兴电信公司通过网络转播黑龙江电视台节目信号的行为视为《著作权法》第45条规定的"转播"行为。

延伸阅读

1. 胡开忠、陈娜、相靖：《广播组织权保护研究》，华中科技大学出版社2011年版。

2. 王迁:《广播组织权的客体——兼析“以信号为基础的方法”》,载《法学研究》2017年第1期。
3. 刘文杰:《互联网时代广播组织权制度的完善》,载《环球法律评论》2017年第5期。

6.5 版式设计权

知识要点

★版式设计权的概念

版式设计权,又称出版者权,是出版者对于自己所出版发行的图书、期刊等的版式设计享有特定的权利。版式设计权是邻接权中颇为特殊的一种权利,不仅《罗马公约》中没有版式设计权的相关规定,很多外国的法律也没有类似的规定。有些国家对于图书、报纸和期刊的版式设计是将其纳入外观设计法予以保护。

版式设计权的客体主要是版式设计,版心、用字、排版、行间距、标点等各项版面布局的要点都包含在版式设计之中。[1] 版式设计是出版者精心设计出来的劳动成果,应当受到保护。《著作权法》第36条规定,出版者有权许可或者禁止他人使用其出版的图书、期刊的版式设计。这意味着未经出版者的许可,他人不得出版相同版式的出版物,否则将会侵犯出版者的版式设计权。比如,某出版社对《红楼梦》的版式精心设计之后出版,那么其他出版社再出版《红楼梦》就不能以相同的版式进行出版。

版式设计权的保护期为10年,截止于使用该版式设计的图书、期刊首次出版后第10年的12月31日。

★版式设计权和专有出版权之间的关系

版式设计权仅仅指的是对版式设计的权利,人们很容易将其和“专有出版权”混为一谈。我国《著作权法》第31条规定,图书出版者对著作权人交付出版的作品,按照合同约定享有的专有出版权受法律保护,他人不得出版该作品。通过对比,版式设计权和专有出版权之间的差别十分明显。其主要体现以下几个方面:首先,版式设计权属于邻接权范畴,是一种法定的权利,而从专有出版权的规定来看,它的主要来源是合同的约定或者来自著作权人的授予或许可。其次,两项权利的客

[1] 胡康生:《中华人民共和国著作权法释义》,法律出版社2002年版,第148页。

体有很大区别，版式设计权的客体是版式设计，需要投入出版者选择、编排等劳动；而专有出版权的客体则是出版行为，如出版、发行、改编行为等。最后，两项权利的效力范围不同。版式设计权是对世权，出版者有权禁止他人使用其版式设计。而专有出版权是相对权，是双方在签订合同的时候约定的，主要对合同双方有约束力，他人如果复制、发行出版者享有专有出版权的作品的，则不会侵犯出版者依据合同享有的专有出版权；著作权人如果将出版者享有专有出版权的作品又许可他人复制、发行的，则是违约行为，而不是侵权行为。从以上几点不难看出，版式设计权和专有出版权并不是同一种权利。

法律与规范链接

▲ 必读法条

《著作权法》第30条、第31条、第34条、第35条、第36条

《著作权法实施条例》第26条、第30条

△ 延伸法条

《日本著作权法》第80条

典型案例

华文出版社诉北京东方友人经济信息咨询有限公司等侵犯版式设计权纠纷案[1]

【案情概述】

华文出版社称，2001年1月，该社依据与东方友人公司所签《授权出版协议》出版了《洋话连篇宝典》(上、下册)一书。2002年10月，该社在世界知识书店和知英识语公司分别购得《洋话连篇宝典》(上、下册)图书和套装礼盒(内含图书及录音带)各一套。该图书均是用未经改版的原初盘制作的，除两处文字、一处标题符号外，其他版式与该社出版的正版书完全相同。原初盘只有该公司和东方友人公司能够取得，东方友人公司通过与北京电视艺术中心音像出版社(简称音像出版社)签订协议，将盗版图书和录音带捆绑销售，并提供给知英识语公司1.5万套用于销

---

〔1〕(2004)二中民终字第11223号。

售。该社对《洋话连篇宝典》一书的版式所享有的与著作权有关的权利受到了侵犯，因此起诉要求法院判令：1. 东方友人公司、知英识语公司、世界知识书店停止侵权；2. 销毁侵权图书；3. 在全国性媒体上公开赔礼道歉；4. 连带赔偿经济损失。

上述事实，有华文出版社与东方友人公司签订的协议、《洋话连篇宝典》礼盒及同名图书、东方友人公司与知英识语公司所签协议及进退货单、公证书以及双方当事人的陈述等在案佐证。但是华文出版社未就东方友人公司依据"原初盘"印制《洋话连篇宝典》的事实提供证据。

【关键问题】

华文出版社是否享有版式设计权？

【简要评论】

华文出版社作为《洋话连篇宝典》一书的实际出版者，对该书的版式付出了劳动，有权排除他人使用其所出版的图书的版式。当其指控他人侵犯该权利时，应当就他人存在侵权行为承担举证责任。鉴于华文出版社未就东方友人公司掌握"原初盘"并使用该盘复制《洋话连篇宝典》提供证据，而且该社有"原初盘"，东方友人公司确有从该社购进《洋话连篇宝典》图书上、下册的事实，因此现有证据不足以证明东方友人公司实施了侵犯华文出版社版式设计权的行为，华文出版社要求东方友人公司承担侵权责任，缺乏依据。

延伸阅读

1. 何怀文：《版式设计的著作权法保护：排版劳动与审美表达——兼评吉林美术出版社诉海南出版社再审案》，载《华东政法大学学报》2015 年第 9 期。
2. 王国柱：《期刊版式设计权的立法定位与制度解析》，载《编辑学报》2014 年第 6 期。
3. 吕炳斌：《著作权法关于版式设计权的修改研究》，载《中国出版》2012 年第 20 期。

第 7 章　著作权和邻接权的变动

教学目标

了解和识记著作权许可使用的概念、特征以及各类合同；
了解和识记著作权转让；
识记和理解著作权转让和许可使用的区别；
了解和识记著作权继承的内容；
了解和识记著作权消灭的形式。

推荐参考资料

1. 刘春田主编:《知识产权法》(第五版),中国人民大学出版社 2014 年版,第七章。
2. 吴汉东主编:《知识产权法》,法律出版社 2014 年版,第九章。
3. 张今主编:《著作权法》,北京大学出版社 2012 年版,第七章。
4. 王迁:《知识产权法教程》(第五版),中国人民大学出版社 2016 年版,第四章。

7.1　著作权的许可使用

知识要点

★著作权许可使用的概念

著作权的许可使用是指在一定地域范围、一定期限内,著作权人通过合同将其著作财产权中的一项或者多项权利许可他人使用,并收取一定费用的行为。在著作权许可使用合同中,著作权人是许可人,对方当事人则是被许可人。在现实生活中,著作权人所享有的财产权利并非均由著作权人自己去行使,这正是实现著作权的客观需要。不是每个人都有创作作品的能力，也不是每个著作权人都有条件行使自己的财产权。正是由于社会分工的存在，著作权人将某些著作财产权许可给他人使用并收取一定费用，不仅能为著作权人实现经济利益，而且能够将自己的作品进一步的推广和传播，实现"双赢"。

★著作权许可使用的特征

著作权许可使用主要有以下两项特征：

（1）著作权许可使用并不改变著作权的权利归属。在著作权许可使用关系中，被许可人享有的权利，是基于著作权人与之签订的许可使用合同，著作权仍归属于著作权人，被许可人只是在一定时限和一定区域内可以行使某项或多项著作财产权，权利本身并没有发生转移。

（2）被许可人行使著作财产权受合同的约束。被许可人是基于许可使用合同而取得的权利，在行使权利时就必须遵循合同的约定，即著作权人许可了哪些权利、在何时何地行使以及行使的方式，被许可人都只能在该合同约定的有效范围内行使权利，不得擅自超出界限，更不能再许可他人行使。

★著作权许可使用合同的主要类型

1. 根据作品的使用形式来划分主要有表演合同、改编合同、出版合同等。

2. 根据授权的主体可划分为作者合同和集体许可合同。所谓作者合同就是著作权人自己或代理人与被许可人签订著作权许可使用合同。而集体许可合同是指著作权集体管理组织将著作财产权许可给他人使用，我国《著作权法》第 8 条规定，著作权人和与著作权有关的权利人可以授权著作权集体管理组织行使著作权或者与著作权有关的权利。集体管理组织得到授权后，就可以以自己的名义许可他人使用作品。

3. 根据著作权许可使用的性质可以分为专有使用权许可和非专有使用权许可。在专有许可的情况下，在一定时间和地域内使用作品，任何人包括许可人本人都不能在相同时间和地点以相同方式使用著作权人的作品。著作权专有许可使用类似于《专利法》中的独占实施许可和《商标法》规定的独占使用许可。[1] 如果合同没有约定或者约定不明的，视为被许可人有权排除包括著作权人在内的任何人以同样的方式使用作品。除合同另有约定外，被许可人许可第三人行使同一权利，必须取得著作权人的许可。因此如果双方要签订非专有使用权合同，必须要在合同中

---

〔1〕 王迁：《知识产权法教程》（第五版），中国人民大学出版社 2016 年版。

进行明确约定。著作权的非专有使用权合同一般可以分成以下两类：

(1)排他许可合同，这指的是除许可人和被许可人以外，排斥一切其他人再对作品进行使用。排他许可使用权合同仅仅排斥合同双方以外的第三人。一旦出现第三人侵权的情况，许可人和被许可人均有理论上的诉权寻求司法救济。

(2)普通许可合同，这是指著作权人除了可以将作品的使用权利许可给被许可人以外，也可以将同样的权利许可给第三人。这样的合同对于著作权人来说可以将著作财产权的使用发挥到极致，使自己的收益巨大化。对于被许可人来说，除了签订合同是有明确授权以外，在行使著作财产权的过程中受到第三人的侵害时，被许可人不能以自己的名义向法院提起诉讼，而需要通过向许可人反映情况，再由许可人向法院提起诉讼。

法律与规范链接

▲ 必读法条

《著作权法》第 24 条、第 25 条、第 27 条、第 28 条

《著作权法实施条例》第 23 条、第 24 条、第 25 条

△ 延伸法条

《德国著作权法》第 31 条

典型案例

颜永华诉南京市鼓楼区至乐书社等著作权许可使用合同案[1]

【案情概述】

2000 年 12 月 2 日，颜永华作为著作权人与至乐书社签订约稿合同一份，约定颜永华授予至乐书社在合同签字之日起 5 年内以图书形式出版《题型优化设计与解题方法》的专有使用权。在上述期限内，颜永华还授予至乐书社下列从属权利，即把该著作的专有使用权转授第三方以其他形式使用的权利。作者于 2001 年 3 月 31 日前交付原稿，至乐书社在图书出版后 30 日内一次性支付稿酬。合同签订后，颜永华约请若干教师撰写丛书，并将稿件交付给了湖南师范大学出版社。

---

[1] (2004)苏民三终字第 072 号。

2001年6月11日，出版社(甲方)与至乐书社(乙方)签订图书包销合同一份，双方约定：丛书一经甲方出版，乙方即包销5000套(不得退货)；乙方分两次付清书款，乙方向作者支付整套丛书稿酬(支付办法由丛书图书出版合同规定)，用抵第一次书款，余款年底付清。

2001年7月初，颜永华出具了相应的授权委托书，内容为：兹委托至乐书社蔡言先生全权代表本人与湖南师范大学出版社洽谈《中学各科知识精讲与实力训练丛书——题型优化设计与解题》之化学的出书事宜并签署相关协议。之后，至乐书社代表原告方与出版社签订了图书出版合同。合同抬头甲方为作者，乙方为出版社，合同签字方为至乐书社和出版社。合同内容为：作者方将该丛书的出版发行专有使用权授予出版社，稿酬标准为每千字53元，全部稿酬由至乐书社先行代为垫付。2001年，丛书全部出版，至乐书社仅支付了部分稿酬。诉讼中，撰稿人同意颜永华作为本案著作权财产权利的代表人。

【关键问题】

如何对约稿合同进行定性，以及图书出版合同的主体是谁？

【简要评论】

(1)关于约稿合同的定性问题，从约稿合同内容看，颜永华授予至乐书社在合同签字之日起5年内以图书形式出版丛书的专有使用权。也就是说，在一定时期内，颜永华将《题型优化设计与解题》的出版权许可给了至乐书社，该合同应认定为出版权许可合同。至于作品是否已实际完成，不影响当事人签订此类合同，法律对此也无禁止性规定。

(2)关于图书出版合同的主体问题。颜永华等作者出具授权委托书的行为表明约稿合同中的图书出版权已被其收回，双方通过授权委托书将约稿合同的内容进行了变更，至乐书社代表颜永华等著作权人，故出版合同主体应当是出版社和作者，出版合同的抬头也印证了这一点。

(3)根据法律规定，出版社应当依约定支付稿酬。至于至乐书社，虽然其在图书出版合同中盖章，但其仅负先行代为垫付稿酬的义务，是一种代为履行的行为。故在至乐书社不履行垫付义务时，颜永华等只能向出版社主张权利，出版社也应对至乐书社的不履行承担合同义务。

延伸阅读

1. 熊琦：《著作权集中许可机制的正当性与立法完善》，载《法学》2011年第8期。

2. 杨明:《著作权许可中的公示公信——从对〈中华人民共和国著作权法修改草案〉第57条的质疑谈起》,载《法商研究》2012年第4期。
3. 张平:《网络环境下著作权许可模式的变革》,载《华东政法大学学报》2007年第3期。

7.2 著作权的转让和继承

知识要点

☆著作权的转让

著作权的转让,是指著作权人通过合同的方式,将著作财产权中的一项或者几项权利转让给他人所有的法律行为。

★著作权转让的特征

著作权转让具有以下几项特征:

(1)著作权转让的对象仅限于著作财产权。根据著作人身权的专属性和著作财产权的可分离性,著作权的转让仅仅指著作财产权的转让。

(2)著作权转让会导致著作权主体的变更。著作权人将著作权的部分或者是全部转让给他人,受让人成为作品的著作权人之一,从而使著作权的主体发生了改变。由于著作财产权之间相互独立,可以部分转让,那么就会发生同一作品之上有数个著作权人的情况。这种财产权的转让不同于财产法中的财产转让,后者财产发生转让,财产的所有权就转移给了受让人,原所有人就会丧失权利主体的资格。而著作权的部分转让,转让人可以和数个受让人对同一作品各自享有不同的著作财产权,实现利益共享。

(3)著作权的转让与作品载体所有权归属无关。作品载体是有形之物,载体的所有权是有形财产权,而著作权是独立的无形财产权,二者之间没有联系,是相互独立的。因此,作品载体所有权的转移并不会导致著作权的转移,著作权依旧属于著作权人。当然,美术作品的展览权除外,归作品所有人享有。比如,齐白石先生将自己画的一幅大虾戏水图送给了某位收藏家,这其中只有这幅画的所有权、展览权转移给了收藏家,而这幅画的著作权仍然属于齐白石先生。

★著作权转让与著作权许可的区别

著作权大致有两种利用方式:一是著作权的许可使用,二是著作权的转让。两者的性质完全不同。首先,二者之间最大的区别就是权利归属是否发生转移。著作权的许可使用实际上就是著作权人给予被许可人使用作品的权利，被许可人取得的是作品使用权，而著作权权利归属并没有发生改变；著作权的转让则是把著作权转让给了受让人，使受让人也成为著作权的主体或主体之一。其次，在著作权的许可使用中，由于被许可人的使用权是基于双方的合同产生的，被许可人在使用作品时在使用的时间、地点和方式上处处受到合同限制，而且除非著作权人明确授权外，也不能再将作品许可给第三人使用；著作权的转让就不存在这些限制，受让人对于转让的权利有相当独立的自主权，可以自己使用，也可以许可或者转让给第三人使用。此外，除了签订专有使用权合同外，签订非专有使用权的被许可人在使用权利过程中受到第三人侵害时一般不能以自己的名义向法院提出诉讼；但在著作权转让中，受让人本身就是著作权人之一，当其著作财产权受到侵害时，能以自己的名义向法院提起诉讼。

☆著作权的继承

著作权的继承是指在作者死后，其作品的著作权由其继承人按照法定的程序进行继承，继承人成为新的著作权人。根据我国《著作权法》第 19 条的规定，著作权属于公民的，公民死亡后，其本法第 10 条第 1 款第 5 项至第 17 项规定的权利在本法规定的保护期内的，依照继承法的规定转移。从该条规定不难看出，只有著作权中的财产权利能够被继承。《继承法》第 3 条第 6 款也规定，公民的著作权、专利权中的财产权利可以作为遗产来对待，在公民死亡后可以被继承人所继承。著作财产权继承主要有四种方式：法定继承、遗嘱继承、作者遗赠以及订立遗赠抚养协议转移。[1]其中主要的继承方式是前两种，法定继承是直接按照法律规定的继承人范围、继承顺序、遗产分配规则来继承。遗嘱继承是按照遗嘱人生前所留下的符合法律规定的遗嘱的内容确定著作权由谁来继承。

至于著作人身权，在作者死亡后，其著作权中的署名权、修改权和保护作品完整权由作者的继承人或者受遗赠人保护，并不是由继承人或者受遗赠人享有。著作人身权虽然无法被继承，但是继承人或受遗赠人甚至是行政管理部门可以保护这些权利，在这些权利受到他人不法侵害之时，向法院提起诉讼。而发表权较为特殊，作者生前未发表的作品，如果作者未明确表示不发表的，作者死亡后 50 年内，其发表权可由继承人或者受遗赠人行使；没有继承人又无人受遗赠的，由作品原件的所有人行使。

---

〔1〕 刘亚萌：《浅析国歌的著作权问题》，载《时代报告》2012 年第 4 期。

法律与规范链接

▲ **必读法条**

《著作权法》第18条、第25条

《著作权法实施条例》第15条、第17条

△ **延伸法条**

《德国著作权法》第28条

《美国版权法》第201条

典型案例

任某诉严某著作权转让纠纷案

【案情概述】

任某和严某同为某大学建筑系的老师，双方同为副教授。2009年年初，为参加在北京举行的建筑师大会，任某刻苦钻研出了几篇专业论文，正准备寄给大会组委会时，严某觉得任某论文水平不错，请求任某将其中几篇论文转让他，并向任某支付人民币1万元为报酬，但要求与任某签一份转让协议，约定这几篇论文从支付报酬之日开始，将几篇论文上的权利全部转让给严某，即买断，任某同意。2009年3月10日，任某收到严某1万元报酬，同时将论文稿交给严某，双方在转让协议上签字。几天后，严某将论文以自己的名义发给了建筑师大会组委会。2009年年底，参加建筑师大会的严某的这几篇高质量论文得到了不菲的奖励，第二年严某被学校升为正教授。任某得知消息后，一怒之下将严某诉至法院，状告其侵犯著作权，要求法院判决：1. 两人之间的转让协议无效；2. 论文署名作者为原告任某；3. 让严某返还自己的论文，自己将1万元返还给严某；4. 严某赔偿任某经济损失2万元；5. 学校将严某的正教授职称撤销；6. 诉讼费用由严某负担。

【关键问题】

原告任某诉称，严某是使用了他的论文才获了奖，被告严某并没有参与创作，作者应为原告，论文所得的各种奖励均应归自己所有。被告严某辩称，他与原告间有转让协议，双方都知道这些论文的转让是双方自愿的，他支付报酬后取得论文的一切权利合情合理合法，所获各项奖励应归自己所有。

【简要评论】

原告任某和被告严某签订的论文转让协议系双方真实意思的表示,协议中一切权利全部转让依法应理解为著作权中人身权和财产权的转让。依照我国有关法律法规的规定,人身权是不能转让的,故转让协议中只有关于财产权的部分有效,人身权仍应归作者即原告所有。根据《著作权法》第 9 条、第 10 条、第 11 条之规定:1. 转让协议部分有效,部分无效,即协议中关于财产权的部分有效,关于人身权的部分无效;2. 论文的署名权归原告,被告不得在论文上署名;3. 被告赔偿原告经济和精神损失人民币 1 万元;4. 驳回原告的其他诉讼请求。

延伸阅读

1. 来小鹏:《著作权转让比较研究》,载《比较法研究》2005 年第 5 期。
2. 黄玉烨:《论我国著作权转让登记公示制度——从著作权的“一女多嫁”谈起》,载《法律科学》2005 年第 5 期。
3. 董美根:《论版权转让登记的对抗效力——评著作权法修改草案(送审稿)第 59 条》,载《知识产权》2016 年第 4 期。

7.3　著作权的质押

知识要点

☆著作权质押的概念

著作权质押是指债务人或者第三人依法将其著作权中的财产权出质,将该财产权作为债权的担保,债务人不履行债务时,债权人有权依法以该财产权折价或者以拍卖、变卖该财产权的价款优先受偿。[1]2010 年,我国《著作权法》进行第二次修订时仅涉及到两个条文,其中一个条文便是关于著作权质押的规定。著作权质押是为担保债权的顺利实现而设立的,它的性质属于权利质权,根据我国《担保法》第 79 条的规定,以依法可以转让的著作权中的财产权进行出质的,出质人与质权人应当订立书面合同,并向其管理部门办理著作权质权登记,质押合同自记载于著作

〔1〕 参见《著作权质押合同登记办法》第 2 条。

权质权登记簿时生效。出质人不得转让或者许可他人使用,但经出质人与质权人协商同意的可以转让或者许可他人使用。出质人所得的转让费、许可费应当向质权人提前清偿所担保的债权或者向与质权人约定的第三人提存。从这里可以看出,著作权质押的最大特点就是以著作财产权利为质押标的进行设置的。

★著作权质押应具备的要件

虽然我国法律允许著作权进行质押,但是由于作品的种类以及著作财产权的种类众多,这使现实生活中以著作财产权进行质押会出现很多问题。为避免纠纷的出现,设置著作权质押应当具备以下几个条件:

(1)出质人必须是著作权人。不管是真正意义上的原始著作权人,还是通过合法渠道取得著作权的人,出质人都应该是著作权的合法所有人,才有资格将自己的著作财产权用作出质标的。

(2)作为出质标的的著作财产权必须合法有效。著作财产权毕竟不是真正意义上的"物",所以与普通的动产质押有很大区别。当其作为质押标的时,不仅要求权利的来源合法,更要受到权利时限和地域的限制。著作财产权是有保护期限的,如果以其作为标的进行质押,必须不能超过保护期限。此外,著作财产权还有地域限制,除国际条约或国际间的双边或多边协议约定外,一旦在受保护的地域之外行使权利,就会导致权利无法受到其他地域的认可或保障,在这种情况下将权利出质,很难对其进行保护,会损害到债权人的利益。

(3)为保护债权的顺利实现,著作权人的权利行使应该受到限制。著作财产权不是普通的财产,只是具有财产性质的权利,其价值浮动很大,特别容易受到影响。如果在财产权利质押期间,作品的作者滥用自己的权利,导致财产价值减少,将损害债权人的合法利益,债权无法顺利实现。因此,在财产权利质押期间应对作者的权利行使有所限制。

★邻接权的许可使用、转让和质押

邻接权具有财产性质,也可以进行许可使用、转让和质押等。我国《著作权质权登记办法》第 3 条规定,《著作权法》规定的著作权以及与著作权有关权利中的财产权可以出质。虽说邻接权与著作财产权一样可以进行转让、质押等变动,但也有细微的差别,毕竟邻接权并不是真正意义上的著作权,属于广义上的,而邻接权本身多是基于著作权而产生,要依附于著作权,所以在进行变动时,不能侵犯原著作权人的权利。

法律与规范链接

▲ **必读法条**

《著作权法》

第26条 以著作权出质的，由出质人和质权人向国务院著作权行政管理部门办理出质登记。

《担保法》第75条、第79条、第80条

△ **延伸法条**

《担保法》第70条、第71条

《著作权质权登记办法》第3条

典型事例

珠海两家软件企业金山、同望质押知识产权融资千万[1]

珠海金山软件股份有限公司（以下简称金山公司）和同望科技有限公司（以下简称同望公司）用企业著作权作为质押，获得珠海市商业银行1500万元和500万元贷款，金山公司、同望公司因此抓住了新产品研发和市场拓展的发展机遇。

珠海的这两家软件企业在发展的关键时刻，靠"质押知识产权"赢得宝贵的资金，企业获得快速发展。靠知识融资的成功实践，对中小型高新企业启示颇多。

珠海商业银行大胆创新，在控制信贷风险的前提下，大胆尝试以计算机软件著作权作为质押方式，给金山公司和同望公司放流动资金贷款，不仅支持了软件企业和珠海软件产业的发展，而且为银行培植了优质客户，获得了良好的经济效益和社会效益。如今，这两家企业都如期偿还了贷款本息，表明这两笔贷款的操作是非常成功的。

珠海市商业银行在计算机软件著作权质押贷款的操作上，采取指定专门部门和专业的信贷骨干经办；严格按照信贷程序对软件企业及其拥有自主知识产权的产品与市场进行详细的调研；指定有知识产权评估资格的资产评估事务所进行评估；做好质押登记和强化贷后管理等五个步骤。

---

〔1〕《珠海首吃"螃蟹" 著作权质押融资开国内先河》，载华夏经纬网：http://www.huaxia.com/xw/alxw/2002/229726.html，最后访问日期：2018年3月15日。

在银行推行新举措的同时，珠海市政府也出台了一套完善的贷款贴息政策，每年拿出数千万元的财政资金贴息指标，用于支付包括相当一部分中小软件企业在内的高新技术企业的贷款利息，鼓励企业积极向银行贷款。

“企业贷款，政府贴息”政策成为银企合作的“红娘”，直接推动了知识产权转化为有形资产的力度与珠海软件产业的发展。

延伸阅读

1. 谢黎伟：《著作权质押的困境和出路》，载《现代法学》2010 年第 6 期。

2. 郭玉军、李云超：《文化企业著作权质押融资法律问题研究》，载《武汉大学学报》（哲学社会科学版）2014 年第 5 期。

3. 陈文学、高圣平：《著作权质权登记程序研究——兼及〈著作权质押合同登记办法〉的修改》，载《学术研究》2011 年第 2 期。

7.4 著作权的消灭

知识要点

☆著作权消灭的概念

著作权消灭，是指发表权和著作财产权中的某项或多项权利不复存在或是与权利主体相分离，使权利人不再享有著作财产权的一种现象。署名权、修改权以及保护作品完整权这三项著作人身权是专属于作者且不受期限限制的，所以此三者谈不上消灭的问题。因而我们所说的著作权消灭准确地说是指发表权和著作财产权的消灭。

★著作权消灭的类型

著作财产权作为一种财产性权利，与民法上的财产有相类似的地方，也有不同的地方。比如，著作财产权会因为超过法律保护期限而消灭，但民法上的财产不会；而同样作为“财产”，二者皆可以抛弃的方式消灭。根据著作权的概念性质，可以大致将著作权的消灭分成绝对消灭和相对消灭。

（1）绝对消灭

绝对消灭是指真正意义上的著作权消灭。也就是说，当发生著作权绝对消灭之时,权利人或者继受人即不再享有发表权和著作财产权中的某项或全部权利。让著作权绝对消灭的方式有很多,比如,权利人可以明确表示抛弃某些或者全部权利;再有就是各项财产权利特定的法律保护期届满;还有作品原件消灭且没有复制品的情况下,当著作权的客体消失,著作权赖以产生的基础不复存在,那么著作权也随之消灭。

(2)相对消灭

著作权相对消灭指的是著作权没有消失,但与原权利人相分离。主要是指著作权转让。在著作权转让中,作品上的权利并没有消失,只是拥有这些权利的主体发生了变更。因此,对于原权利人来说,将著作权转让之后,权利的主体不再是自己,而是换成了别人,就相当于自己的著作权发生了消灭。

典型案例

王××诉上海××广播电视制作有限公司著作权转让纠纷案〔1〕

【案情概述】

2006年10月24日,王××与上海××广播电视制作有限公司签订著作权转让合同,约定双方就上海××广播电视制作有限公司受让王××已经创作的电视剧剧本《闯荡西班牙》(以下简称《闯剧》)之事宜达成一致意见并订立合同。"合同第一条:上海××广播电视制作有限公司同意受让《闯剧》的著作权,并有权根据剧情或市场等需要,对剧名进行重新命名,但不影响王××的原作者署名权。剧名如有变更,合同将不受影响并继续有效……合同第六条约定王××的担保义务为:《闯剧》系王××独自创作,不含有任何侵犯他人版权的内容;《闯剧》从未转让给任何第三方或第三人,也未曾作为抵押财产或其他财产转移给任何第三方或第三人,也未曾赠与任何第三方或第三人;上海××广播电视制作有限公司依据本合同享有《闯剧》的专有使用权、版权,自本合同生效之日起,王××不得自行行使、也不得向任何第三方或第三人转让以及不得授权任何第三方或第三人行使上述专有权、版权等。合同第七条约定海××广播电视制作有限公司的义务和权利为:应以适当形式标明《闯剧》原作者即王××的姓名;按时支付《闯剧》的转让费……"

2008年9月16日,上海××广播电视制作有限公司向王××发函,称双方于

---

〔1〕参见上海市文学艺术联合会、上海市知识产权研究所编:《2010上海文艺知识产权年度报告》,上海文化出版社2011年版。

2006年10月24日在上海签订剧本著作权转让合同，在上海××广播电视制作有限公司依合同支付相关转让费用时，法克托屯公司向上海××广播电视制作有限公司提示该公司于2006年9月12日在巴塞罗那签订该剧本著作权转让合同，且说明该公司已支付王××50%的转让费用，对于该剧本已形成重复转让。因此，上海××广播电视制作有限公司拒绝向王××支付相关转让费用的义务。于是，王××将上海××广播电视制作有限公司告上法庭，要求其支付转让费以及承担违约责任。

【关键问题】

王××作为电视剧剧本《闯荡西班牙》的创作人，享有包括转让权在内的多项著作权，但在其将作品转让后即丧失对该作品享有的著作权中的部分权利，即部分著作权消灭，不得再次进行转让。因此即使现已拍摄的电视剧即为原告创作的《闯荡西班牙》，由于该剧本的著作权已经属于法克托屯公司，原告已不享有相应的权利，被告的使用无须向王××支付费用。

【简要评论】

近年来著作权重复转让的问题日益突出，著作权的重复转让从根本上违反了民法的诚实信用原则，属于一种民事上的欺诈行为，法律应予禁止。一旦发生著作权消灭，不得再次进行转让。在签订著作权转让合同时一定要明确转让的著作权的权利内容、权利归属以及在发生权属纠纷时的解决办法。

法律与规范链接

▲ 必读法条

《著作权法》

第20条 作者的署名权、修改权、保护作品完整权的保护期不受限制。

延伸阅读

1. 梅甚实：《浅谈著作权消灭的原因》，载《中南政法学院学报》1990年第1期。
2. 滕桂艳：《国际商法》，武汉理工大学出版社2009年版，第八章。

第8章　著作权和邻接权的限制

教学目标

了解和识记著作权限制的类型；
识记和理解著作权合理使用的概念和具体情形；
识记和理解著作权法定许可的含义和具体情形。

推荐参考资料

1. 吴汉东:《著作权合理使用制度研究》,中国政法大学出版社2005年版。
2. 李雨峰:《中国著作权法原理与材料》,华中科技大学出版社2014年版,第六章。
3. 朱理:《著作权的边界:信息社和著作权的限制与例外研究》,北京大学出版社2011年版,第六章。
4. 王清:《著作权限制制度比较研究》,人民出版社2007年版。

8.1　著作权限制概述

知识要点

★著作权限制的类型

著作权的限制主要是指著作权人除了享有对作品的权利,还要在作品利用层面对社会履行相应的义务。广义的著作权限制主要有三种:时间、地域、权利限制。法律规定某些著作权在一定期限内受到法律保护,超过该期限即不再受法律保护,即为时间限制;著作权仅在某一国家才具有效力,超出该地域就无法得到保护,即为地域限制。但是,我们通常所说的著作权限制是指狭义上的,即仅指权利限制。

主要包括合理使用和法定许可。

我国《著作权法》对于著作权限制的规定在第22条和第23条。第22条详细举出了12种情况,即他人在利用该作品的时候,既不需要向著作权人支付报酬,也不需要经过他们的许可,此谓“合理使用”。法定许可是一种非自愿许可,主要规定在第23条。此外,邻接权也参照第22、23条的规定进行适用。对著作权的限制是各国著作权法通行的做法。比如,《日本著作权法》规定在某些情况、某些场所下不侵犯他人著作权行为的规定。《美国版权法》虽然没有明确举出哪些无须取得同意且无需付费的“合理使用”情形,但为判断行为是否构成“合理使用”提供了四个要件。不仅如此,《美国版权法》还列举了多项无需取得许可只要求付费的情形,也就是所称的“法定许可”。

★对著作权进行限制的原因

著作权是财产权,是一种私权,它与所有的私权一样,只有在例外的情况下才受到限制和剥夺。〔1〕《著作权法》的主要目的是保护著作权人的合法利益,并将作品进行传播,使公众能够获得作品。但凡事皆有两面性,法律在为著作权人设置多项权利以此鼓励社会公众进行创作的同时,也为了能让更多公众能够接触和使用作品而对著作权人设立了许多限制条款。其主要原因如下:

(1)保障创作者、传播者、使用者三方共赢。《著作权法》一方面为创作者设置了多项权利以资鼓励,让创作者通过自身的创造性劳动取得一定收益,以促使更多人投入到创作中,为公众提供更多优秀的作品;另一方面,《著作权法》通过设定一些义务来限制著作权,便于作品能够更广泛地传播,使社会公众能够得到科学文化方面的福利,丰富他们的精神世界。如果仅强调对著作权的保护,那么创作者会轻而易举地对作品传播和使用进行限制,不利于作品的流传,也无法使大众从中受益。所以《著作权法》为力求达到这三者的平衡,促进科学文化事业的繁荣而做出了如此规定。

(2)为后来者的创作提供源泉。虽然说创作者创作的作品都是自己独立完成的智力成果,但是绝大多数不可避免地会利用到前人的作品或者成果。当一部作品被创造出来,基本上与之前的许多作品有着不可分割的联系,引用借鉴是不可避免的。任何作品的完成不仅是创作者的智力劳动,更是全社会集体智慧的结晶。这就要求法律在保护著作权的时候要留有余地,才能促进更多新作品的出现和传播。

---

〔1〕 李琛:《论我国著作权法修订中“合理使用”的立法技术》,载《知识产权》2013年第1期。

(3)为了实现私权与公益的平衡。没有哪一项权利是绝对的,《著作权法》正好体现了权利的相对性,既要授予创作者以权利,使之能够控制自己作品的使用和传播,又能够使大众获取作品,兼顾社会利益。为了实现这一目标,《著作权法》构建了著作权限制这一重要机制,以期达到私权和公益间的利益平衡。

8.2　著作权的合理使用

知识要点

☆合理使用概述

合理使用是指在法律规定的范围内使用他人的作品,无须取得著作权人的同意,也不用向其支付报酬的一种行为。通俗地讲就是"白用但不滥用"。著作权是法律给予作者的一道保护屏障,虽然保护功能强大,但是也不能过于绝对,否则会导致著作权人对著作权的滥用和垄断,损害社会公共利益。当发生著作权侵权时,如果被控侵权方能够证明其行为属于合理使用情形的话,就可以成为合法的抗辩理由。

秉持着著作权保护与限制并重的原则,合理使用他人的作品必须满足以下要件:

(1)合理使用的作品必须是他人已经向公众发表的作品。发表权属于作者一项重要的著作权,如果使用他人未发表的作品时将其公之于众,将会侵害到作者的发表权。

(2)使用他人作品要符合法定情形。《著作权法》第22条明文列举了12种合理使用的法定情形,若没有其他的特殊情况,使用者只有在这12种情况下使用作品才属于"合理使用",无须征得许可,也无须付费。

(3)合理使用他人作品必须要标明"来处",且不能影响该作品的正常使用,也不得不合理地损害著作权人的合法利益。虽然是对作品的免费使用,但是也要尊重作者,在使用该作品时,必须要把作品的来源、出处、作者的身份等进行表明。与此同时,不能影响或限制作者对该作品的正常使用。

★合理使用的具体情形

我国《著作权法》第22条直接指明了12种使用他人作品无须征得许可且无须付费情形,具体如下:

(1)为个人学习、研究或者欣赏,使用他人已经发表的作品。首先,这里的"个人"可以稍作扩大解释,包括个人、家庭范围内使用,但不包括大众;其次,这里的使用也仅限于学习、研究和欣赏,不能够将其进行出租、买卖以及其他营利性的活动;最后,只能使用他人已经发表的作品,未发表的作品不存在合理使用。

(2)为介绍、评论某一作品或者说明某一问题,在作品中适当引用他人已经发表的作品。有些时候,作者或多或少会引用到他人的作品,或者为了表明自己的观点使用他人的作品进行佐证,这就是本项所规定的"适当引用"。对于"适当引用"我们可以从三个层面上进行分析:首先,"适当"意味着不能过度,如果是大段甚至整篇地"引用",则可能涉嫌抄袭或者剽窃;其次,作品本身是以作者的观点为主,引用为辅,不能够本末倒置,剽窃别人作品;最后,引用的作品必须要标明作品的出处以及作者的身份等信息。

(3)为报道时事新闻,在报纸、期刊、广播电台、电视台等媒体中不可避免地再现或者引用已经发表的作品。现在公众对知识信息的需求量非常大,报纸、期刊、广播电台、电视台等媒体所播报的时事新闻,是社会大众能够获取外界信息的重要来源之一。比如一则新闻在报道画展时,可能无法避免地会呈现他人享有著作权的作品。如果这种情形会侵犯他人著作权,那么新闻媒体将很难发展,公众能够获取信息的途径也会越来越少。

(4)报纸、期刊、广播电台、电视台等媒体刊登或者播放其他报纸、期刊、广播电台、电视台等媒体已经发表的关于政治、经济、宗教问题的时事性文章,但作者声明不许刊登、播放的除外。这里的"时事性文章"必须是关乎政治、经济、宗教等问题的文章。这些作品的内容往往是有关国家政治外交、经济体制与发展等涉及国家或公众利益的重要事件,为了让社会大众能够更快、更清晰地了解到这些政策方针,《著作权法》允许转载刊登,前提是作者没有禁止性声明。

(5)报纸、期刊、广播电台、电视台等媒体刊登或者播放在公众集会上发表的讲话,但作者声明不许刊登、播放的除外。一般在公众集会上的讲话都有十分重要的内容,比如国家主席在国际性会议上所作的重要讲话、奥组委领导人在奥运会开幕式上的致辞等,为了扩大这些讲话的影响程度和范围,使更多的人能够获取这类信息,法律特别允许报纸、期刊、广播电台、电视台等媒体进行播报。同样,如果讲话人有禁止性声明的话,还是要遵循作者的意愿,不得进行播报。

(6)为学校课堂教学或者科学研究,翻译或者少量复制已经发表的作品,供教学或者科研人员使用,但不得出版发行。学校、科学研究院等为了让学生获得更多的知识,提升民族整体文化水平,可以对他人作品进行合理使用,但须满足一定的条件。首先,学校课堂指的是公办或民办的幼儿园、小学、中学、大学等课堂教学,而网络、电视授课不包含在内。科学研究是指自然科学、社会科学;其次,侧重点在于"少量",不能大批量复制或翻译,否则也会构成侵权;最后,在使用主体上也仅限于教师或者科研人员,为了教育目的,而不是兜售等营利性目的。

(7)国家机关为执行公务在合理范围内使用已经发表的作品。本条的主体要件很明确,必须是国家机关,主要包含立法、司法、行政、军事等国家机关。而且国家机关使用作品的范围也很狭窄,只有在执行公务时,才构成合理使用的要件。比如说,法院在判决案件的时候,将涉案的作品复制或打印几份供法官和审判员查阅,这就属于合理使用范畴。在满足以上两个条件的情况下,还要符合"合理范围"的构成要件,例如数量有所限制、场所有所限制。

(8)图书馆、档案馆、纪念馆、博物馆、美术馆等为陈列或者保存版本的需要,复制本馆收藏的作品。这类机构往往是为了保护珍贵的文化遗产,避免文物或遗作的损失,对馆藏的作品进行复制,让更多优秀的作品得以传承下去,其目的往往带有公益性质。首先,从实施的对象来说,必须是自身馆内收藏的作品。也就是说,既不能复制其他机构的作品,也不允许其他机构任意复制本馆内的作品;其次,从目的上来看,必须是为了保存版本或陈列作品的需要,其他任何出租、销售等行为都不属于对作品的合理使用;最后,也是最为特殊的一点,本条款是唯一没有指明要求合理使用必须是已经发表的作品的条款,这意味着,这些科学文化机构为了避免好的作品流失,也可以对未发表的作品进行复制。

(9)免费表演已经发表的作品,该表演未向公众收取费用,也未向表演者支付报酬。"免费表演",是指既不向表演者支付报酬,也不向公众收取任何费用的一种非营利性质的活动。为了丰富公众的精神文化活动和业余生活,表演者免费进行表演,不向大众收取演出费,属于合理使用作品的情形。第一,"免费"是双向免费;第二,"免费表演"是一种非营利性质的活动。若商业机构请明星进行免费代言,也没有向公众收费,但是,这出于营利性目的,不属于合理使用的范畴。第三,不得将"免费表演"与义演混为一谈。义演是为了公益事项而筹集资金去表演,表演者没有收取报酬,但是,该表演向观众收费,该表演为单向免费。因此,"免费表演"和义演二者之间有本质区别,义演明显不属于合理使用。

(10)对设置或者陈列在室外公共场所的艺术作品进行临摹、绘画、摄影、录像。构成此种合理使用须满足的条件是,这些作品陈列或者设置的地点是在室外公共场所，比如说广场、公园等地点。这些作品陈列或设置在室外公共场所的主要目的是为了能够让公众随时欣赏、拍照留念等。如果让公众在拍照、临摹、录像时再去向作者征求同意或者支付报酬的话，条件过于苛刻。因此，从公共利益的角度出发，可以对这些陈列设置在室外公共场所的作品进行合理使用。

（11）将中国公民、法人或者其他组织已经发表的以汉语言文字创作的作品翻译成少数民族语言文字作品在国内出版发行。我国是拥有 56 个民族的多民族国家，由于各族生活习惯、地域的巨大差异，导致各民族的精神文化水平也参差不齐，汉族作为中国最大的民族，为了维护国家统一、民族和谐，促进各族共同发展和进步，有必要让少数民族同胞更多了解和学习以汉语言创作的作品，丰富文化知识，提升文化水平。因此，我国法律规定该行为也属于合理使用。需要注意的是，首先，此类作品必须出自中国的公民、法人或者其他组织，外国人或者无国籍人创作的作品不在合理使用的范围之内；其次，此类翻译的作品必须是将汉语言文字创作的作品翻译成少数民族语言文字作品，而不能将少数民族语言文字创作的作品翻译成其他少数民族或者汉语言文字作品进行发行；最后，只能在国内复制发行，不得去国外复制发行，否则，很可能会侵犯著作权。

（12）将已经发表的作品改成盲文出版。盲人是比较特殊的一类群体，出于人道主义考虑，为了使盲人能够正常的学习和汲取文化知识，可以将已经发表的作品改成盲文出版，无须许可，也不用支付报酬，但是须标明作者的姓名、作品的信息等。

我国《著作权法》第 22 条最后一款还规定了 12 种合理使用的情形也适用于对出版者、表演者、录音录像制作者、广播电台、电视台的权利的限制。

法律与规范链接

▲ 必读法条

《著作权法》第 22 条

《信息网络传播权保护条例》第 6 条

△ 延伸法条

《美国版权法》第 107 ~ 122 条

《德国著作权法》第 1 部分第 6 节

《日本著作权法》第 2 章第 5 小节

典型案例

优图佳视公司诉黑龙江东北网络台侵害著作权纠纷案[1]

【案情概述】

原告优图佳视公司是专业图片公司，通过许可他人有偿使用摄影作品获得合理收入。黑龙江东北网络台系域名为dbw.cn网站的主办单位，该网站中使用的图片与原告优图佳视公司编号BVS－P0047648(01－2010－G－00015634)图片一致。原告认为，黑龙江东北网络台未经许可使用原告享有著作权的摄影作品，构成侵权，于是诉至法院，请求判令:1.被告黑龙江东北网络台立即停止侵权;2.判令被告在全国范围内公开赔礼道歉;3.判令被告黑龙江东北网络台赔偿原告经济损失6000元;4.判令被告承担原告为制止侵权而支付的公证费700元，律师费3000元。

被告黑龙江东北网络台辩称，被告的涉案行为系合理使用。被告为了说明文章内容的需要而在网络上引用照片，且只引用了一张照片，应当属于我国《著作权法》规定的合理使用的情形，不应承担侵权责任。

【关键问题】

被告黑龙江东北网络台对原告优图佳视公司享有著作权的摄影图片进行引用是否属于合理使用行为?

【简要评论】

《著作权法》在保护著作权人合法权利的同时，为平衡权利人、作品传播者和公众之间的利益，对著作权人的权利进行了某些限制，著作权法第2章第4节“权利的限制”中对著作权合理使用的各种情形作了明确具体的规定。被告黑龙江东北网络台未经原告优图佳视公司许可，且未支付报酬，在其网站东北网(网站首页网址www.dbw.cn)中使用涉案摄影作品作为文章配图，通过信息网络向公众传播，其涉案行为不是著作权“合理使用”行为，侵犯了原告优图佳视公司对涉案作品享有的著作权中的信息网络传播权，应承担停止侵害、赔偿损失等民事责任。

延伸阅读

1.熊琦:《论著作权合理使用制度的适用范围》，载《法学家》2011年第1期。
2.李琛:《论我国著作权法修订中“合理使用”的立法技术》，载《知识产权》2013年第1期。

---

〔1〕 参见北京市西城区人民法院(2016)京0102民初10118号民事判决书。

3. 李雨峰:《表达自由与合理使用制度》,载《电子知识产权》2006 年第 5 期。
4. 李琛:《著作权基本理论批判》,知识产权出版社 2013 年版。

8.3　著作权的法定许可

知识要点

☆著作权法定许可概述(2011 年卷三第 16 题)

法定许可是指不需要征得著作权人许可,只需要向其支付报酬,就可以在法律规定的范围内使用作品。在使用作品的过程中,须表明作者身份、作品信息等,不能影响著作权人对著作权的享有和使用。著作权的法定许可是除了合理使用以外,对著作权的另一项限制,其许可的范围也与合理使用大不相同。法定许可使用他人作品虽然不需要征得著作权人的同意,但是须向著作权人支付一定报酬。二者之间有着本质的差别,不可混为一谈。

法定许可又被称为"非自愿许可"。一方面,对著作权人的权利在一定程度上有所限制,使用者无须取得著作权许可即可使用其作品;另一方面,公众无须经过繁冗复杂的手续而轻松地使用作品,可以使更多的人能够获得使用机会,大大提升作品的利用率,便于作品传播,著作权人也可以从该项制度中受益。

★著作权法定许可的具体情形

(1)为实现义务教育和国家教育规划的法定许可。我国《著作权法》第 23 条规定,为实施九年制义务教育和国家教育规划而编写出版教科书,除作者事先声明不许使用的外,可以不经著作权人许可,在教科书中汇编已经发表的作品片段或者短小的文字作品、音乐作品或者单幅的美术作品、摄影作品,但应当按照规定支付报酬,指明作者姓名、作品名称,并且不得侵犯著作权人依照本法享有的其他权利。须注意的是,只有为了实施九年制义务教育和国家教育规划而编写出版教科书才能允许法定许可使用,编纂其他教材或者图书不在法定许可使用之列。

(2)报刊转载的法定许可。我国《著作权法》第 33 条第 2 款规定,作品刊登后,除著作权人声明不得转载、摘编的外,其他报刊可以转载或者作为文摘、资料刊登,但应当按照规定向著作权人支付报酬。首先,这里的"转载"是指原封不动,或者只进行文字性删减不改变内容的形式刊登其他报纸已经发表的作品;其次,转载只能在报刊与报刊之间互相转载,既不能是报刊从其他图书或者网络上进行转载,也不能是出版社或者网站将报刊上的内容制作成图书进行出版或者在网上进行传播，这两种都不属于法定许可使用；最后，在进行转载的时候须尊重著作权人的权利，作者声明不得转载的不能转载，在转载的时候也要对作者的身份、作品的信息进行标注和明确。

(3)录音制作者对他人已经合法录制为录音制品的音乐作品的法定许可使用。我国《著作权法》第 40 条第 3 款规定，录音制作者使用他人已经合法录制为录音制品的音乐作品制作录音制品的，可以不经著作权人许可，但应当按照规定支付报酬；著作权人声明不许使用的不得使用。从该条规定来看，这一项法定许可适用的对象仅限于已经被他人合法制成录音制品中的音乐作品，没有被合法录制为录音制品的音乐作品不适用法定许可。比如，一些网络流行歌曲没有被合法录制为录音制品，即使该音乐作品已经被广泛传播，也不能以法定许可为由录制录音制品。此外，即使该音乐作品已被合法录制为录音制品，还须看该音乐作品作者是否有著作权保留声明，如果保留声明，则不能适用法定许可。

(4)广播电台、电视台播放已发表作品的法定许可。广播电台、电视台播放他人已发表的作品，可以不经著作权人许可，但应当支付报酬。这里法定许可适用的对象要是已经发表的作品，如果作品尚未发表，那么就需要征得许可且支付报酬之后，才能使用作品。

(5)广播电台、电视台播放已出版的录音制品的法定许可。我国《著作权法》第 44 条规定，广播电台、电视台播放已经出版的录音制品，可以不经著作权人许可，但应当支付报酬。当事人另有约定的除外。具体办法由国务院规定。对该条的理解为：第一，适用的对象是他人已经发表过的录音制品，不包括录像制品；第二，该法定许可的对象是著作权人，不是录音制品制作者，如果适用法定许可，使用者须向著作权人支付报酬，而不是向录音制作者支付报酬；第三，如果双方就如何约定或者对法定许可使用有分歧，可以参照国务院颁布的具体办法。

法律与规范链接

▲ 必读法条

《著作权法》第 23 条、第 33 条、第 40 条、第 43 条、第 44 条

△ 延伸法条

《韩国著作权法》第 50 条、第 51 条、第 52 条

典型案例

贾志刚与佛山人民广播电台侵犯著作权纠纷案[1]

【案情概述】

2009年5月14日，贾志刚（著作权所有者）与广西师范大学出版社签订出版合同，合同约定著作名称为“说春秋”之一《乱世英雄》、之二《盖世枭雄》、之三《晋楚争霸》、之四《吴越兴亡》、之五《圣贤本色》（暂定名），署名形式为贾志刚著，并将上述图书的专有出版权授予广西师范大学出版社，出版社按版税方式向贾志刚支付著作权使用费。

2012年7月15日，佛山珠江传媒公司与科学文化音像出版社签订出版协议书，该协议约定，作品名称为《谢涛听世界——春秋》，佛山珠江传媒公司授予科学文化音像出版社在中国大陆地区以DVD形式出版本作品的专有使用权，期限为一年。上述作品出版后的首批加工数量为3000套（每套1张/盒）。市场零售价格为每套60元。且佛山珠江传媒公司出具版权证明及授权书称《谢涛听世界——春秋》属其版权所有，其授权科学文化音像出版社出版发行DVD。科学文化音像出版社出版发行光盘《听世界春秋》，ISBN码为978－7－7986－1807－5，ISRC码为CN－A23－12－00639，光盘外包装标注佛山电台出品，演播谢涛，外包装上关于该光盘的简介载明：“佛山电台的著名主持人谢涛历时两年半，不分昼夜，艰苦创作，结合不同的史料，用庄谐并重的演绎方式，一人分饰多角，把春秋的历史说得生动有趣，入木三分。尤其是结合了现代的管理方式和世界政治形式，以古鉴今，让人听起来如同在听身边发生的故事，欲罢不能。”根据鉴定机构出具的鉴定结论，《听世界春秋》中约有122.4万字与《贾志刚说春秋》的表达相同，约占《听世界春秋》全部内容的74%，约占《贾志刚说春秋》全部内容的89%。

【关键问题】

本案是否属于法定许可？

【简要评论】

佛山电台在没有证据表明《听世界春秋》中的相关内容有其他合法来源的前提下，可以认定《听世界春秋》的主要内容来源于《贾志刚说春秋》。且广播电台广播他人已发表的作品时需指明作者姓名和作品名称，且使用时不应对他人的作品加

---

[1] (2015)京知民终字第122号。

以改动，或是仅能容许以播讲为需要的适当改动，而佛山电台在使用权利图书的过程中未给贯志刚署名，且对权利图书的改动使用明显已超过适度的范围，故佛山电台的行为不适用《著作权法》第 43 条第 2 款的规定。综上，佛山电台的行为不属于对作品的法定许可使用，应就其上述侵权行为承担侵权责任。

延伸阅读

1. 管育鹰：《我国著作权法定许可制度的反思与重构》，载《华东政法大学学报》2015 年第 2 期。
2. 王迁：《论“制作录音制品法定许可”及在我国〈著作权法〉中的重构》，载《东方法学》2011 年第 6 期。
3. 张伟君：《默示许可抑或法定许可——论〈专利法〉修订草案有关标准必要专利披露制度的完善》，载《同济大学学报》(社会科学版) 2016 年第 3 期。
4. 蔡元臻：《新媒体时代著作权法定许可制度的完善——以“今日头条”事件为切入点》，载《法律科学》2015 年第 4 期。

第9章　著作权的法律保护

教学目标

理解和识记著作权侵权的构成要件、侵权认定标准；
理解和识记著作权侵权责任承担方式；
理解技术措施和权利管理电子信息的保护途径。

推荐参考资料

1. 李明德:《美国知识产权法》,法律出版社2014年版,第三、四、八、九章。
2. 王迁:《著作权法》,中国人民大学出版社2015年版,第八、九章。
3. 何怀文:《中国著作权法:判例综述与规范解释》,北京大学出版社2016年版,第六、七、九章。

9.1　著作权侵权行为认定

知识要点

★著作权侵权行为(2010年卷三第63题,2011年卷三第62题,2012年卷三第18题,2012年卷三第62题,2013年卷三第62题,2014年卷三第17题,2015年卷三第16题,2015年卷三第17题,2015年卷三第62题)

著作权侵权行为分为两类:

一类是只需要承担民事责任的行为。包括侵害发表权的行为,侵害署名权的行为,侵害他人作品完整权的行为,剽窃他人作品的行为,侵害展览权、摄制权、改编权、翻译权等的行为,侵害获得报酬权的行为,侵害特定作品或制品的出租权的行为，侵害出版权的行为等。

另一类是除了承担民事责任，还因其行为同时可能侵害社会公共利益而因承担行政责任甚至刑事责任的行为。包括侵害复制权、发行权、表演权、放映权、广播权、汇编权、信息网络传播权的行为，侵害出版权的行为，侵害表演者权的行为，侵害录音录像者权的行为，未经许可播放或者复制广播、电视的行为，故意避开或者破坏技术措施的行为，故意删除或者改变权利管理电子信息的行为，制作、出售假冒他人署名的作品的行为。

当著作权人及与著作权有关的权利人遭受侵权时，有权向人民法院提起民事诉讼，可以申请行为保全、财产保全和证据保全措施。专有被许可人在合同约定的期限内，有权排除包括著作权人在内的任何人以同样的方式使用作品；其基于许可合同，能够绝对地行使被许可的著作权，当著作权人在许可范围内再行许可时，被许可人有权以许可合同请求认定在后的许可无效。[1]因此，当第三人侵犯了被许可人对作品的独占使用权时，专有被许可人可以基于自己实体权益受到损害为由提起侵权之诉。而普通的被许可人只是通过许可合同得以合法使用作品，并不享有对作品的独占使用权，无权阻止著作权人使用或者许可第三人使用作品。当第三人侵害作品的著作权时，第三人并未妨碍该普通被许可人使用其作品，因此，普通被许可人不能向第三人提起著作权侵权之诉。

★★著作权侵权的构成要件

行为的违法性是著作权侵权的基本构成要件。只要未经著作权人许可，也没有法律规定的免责理由，擅自实施法律规定的行为，即构成侵权。在具体案件中，法官在判断被告应否承担侵权责任时，不考虑被告有无过错，不要求原告证明被告有过错，也不允许被告主张自己无过错而免责。只要审理查明，被告的行为与原告损害之间存在因果关系，即可判决被告承担侵权责任。[2]

★★侵权判定原则

认定著作权侵权遵循的是“接触＋实质性相似”的原则。

接触是指侵权行为人存在接触过著作权作品的可能性，这里只要求权利人证明侵权人存在接触著作权作品的可能性，不要求证明其有实际接触。如果著作权

---

〔1〕 董美根：《英美法系与大陆法系中版权被许可人诉权问题比较研究——以〈侵权责任法〉为出发点》，载《知识产权》2011年第8期。

〔2〕 吴伟光：《著作权法研究——国际条约、中国立法和司法实践》，清华大学出版社2013年版，第560页。

作品在侵权行为发生前已经公开广为发行、展览、表演等,可以认为被控侵权人有接触著作权作品的可能性。司法实践中,当“只存在少许接触可能性”的情况时,不能当然认为侵权行为人存在接触可能性,比如仅在小范围内发行的书刊,被控侵权人不可能接触过该书刊,或接触该书刊的可能性极低,在此情况下则不能当然认定“存在接触可能性”成立。

实质性相似的判断依据“三步法”:

第一步,将侵权作品与著作权作品中不受《著作权法》保护的思想抽离出来;

第二步,将侵权作品与著作权作品中属于公共知识的内容,比如历史事件、有限表达、非独创性内容等过滤掉;

第三步,针对侵权作品与著作权作品剩下的内容部分进行对比,判断在经过抽象过滤后,二者的内容是否实质性相似。

司法实践中,判断实质性相似还可以从其他方面着手:如在文字作品侵权纠纷案中,判断与著作权作品相似的部分在侵权作品中的所占比例,所占比例越高,构成实质性相似的可能性越大;当著作权作品中存在不符常理的“错处”时,而该“错处”同时出现在了侵权作品中,由此也可认定二者构成实质性相似。判断是否实质性相似的主体是相同领域的普通观察者。

★★★侵犯信息网络传播权的行为

互联网使作品传播成本空前降低,“集体侵权”现象变得非常普遍;作品的高保真复制得以实现,防止盗版的屏障消失;作品的非商业性传播对著作权利益的影响巨大。〔1〕具体来说,侵犯信息网络著作权的行为主要包括网络内容提供商的直接侵权行为,以及网络服务提供商的共同侵权和间接侵权行为。

网络内容提供商是指自行采集和上传作品内容的服务商〔2〕。普通使用网络的用户也可能是网络内容提供者。网络内容提供商未经著作权人许可,将作品上传到互联网,向社会公众提供的行为是直接侵犯著作权人信息网络传播权的行为。

网络服务提供商是指不上传内容,对网络用户提供网络接入、传输、存储、搜索等网络服务的服务商。当网络服务提供商与网络内容提供商未经著作权人许可,以分工合作的方式,共同提供受《著作权法》保护的作品时,网络服务提供商与网络内容提供商构成直接侵犯著作权的共同侵权人。

更多的情况下,网络服务提供商仅提供自动接入、自动传输、信息存储空间、搜

〔1〕 孙昊亮:《网络环境下著作权的边界问题研》,法律出版社 2017 年版,第 52 ~54 页。
〔2〕 崔国斌:《著作权法原理与案例》,北京大学出版社 2014 年版,第 753 页。

索、链接、文件分享等技术服务，这时网络服务提供商可能构成间接侵权。网络服务提供商的间接侵权行为包括帮助侵权和教唆侵权。帮助侵权是指网络服务提供商明知或者应知网络用户利用网络服务侵害著作权人的信息网络传播权，未采取删除、屏蔽、断开链接等必要措施，或者提供技术支持等帮助行为。教唆侵权是指网络服务提供商以言语、推介技术支持、奖励积分等方式诱导、鼓励网络用户实施侵害信息网络传播权行为。

权利人认为其服务所涉及的作品、表演、录音录像制品，侵犯自己的信息网络传播权或者删除、改变了自己的权利管理电子信息的，可以向该网络服务提供者提交书面通知，要求网络服务提供者删除该作品、表演、录音录像制品，或者断开与该作品、表演、录音录像制品的链接。网络服务提供者接到权利人的通知书后，应当立即删除涉嫌侵权的作品、表演、录音录像制品，或者断开与涉嫌侵权的作品、表演、录音录像制品的链接，并同时将通知书转送提供作品、表演、录音录像制品的服务对象；服务对象网络地址不明、无法转送的，应当将通知书的内容同时在信息网络上公告。这就是“通知 + 删除”规则，又称“避风港规则”。

除了基本的规则，《信息网络传播权保护条例》规定以下情况时，网络服务提供者不承担赔偿责任：

1. 提供网络自动接入服务的网络服务提供者，向指定的服务对象提供该作品、表演、录音录像制品，且未选择或未改变所传输的作品、表演、录音录像制品，并防止指定的服务对象以外的其他人获得的，不承担赔偿责任。

2. 提供自动存储服务网络服务提供者，根据技术安排自动向服务对象提供，未改变自动存储的作品、表演、录音录像制品，不影响提供作品、表演、录音录像制品的原网络服务提供者掌握服务对象获取该作品、表演、录音录像制品，在原网络服务提供者修改、删除或者屏蔽该作品、表演、录音录像制品时，根据技术安排自动予以修改、删除或者屏蔽的，不承担赔偿责任。

3. 提供信息存储空间，明确标示该信息存储空间是为服务对象所提供，并公开网络服务提供者的名称、联系人、网络地址，未改变服务对象所提供的作品、表演、录音录像制品，不知道也没有合理的理由应当知道服务对象提供的作品、表演、录音录像制品侵权，未从服务对象提供作品、表演、录音录像制品中直接获得经济利益，在接到权利人的通知书后，删除权利人认为侵权的作品、表演、录音录像制品的网络服务提供者不承担赔偿责任。

4. 提供搜索或者链接服务，在接到权利人的通知书后，断开与侵权的作品、表演、录音录像制品的链接的，不承担赔偿责任；但是，明知或者应知所链接的作品、表演、录音录像制品侵权的，应当承担共同侵权责任。

★著作权侵权抗辩

1. 合理使用抗辩

合理使用是对于著作权人专有权的限制，是私人利益与公共利益平衡的调节器。在合理使用情形下，行为人只要指明著作权人姓名、作品名称，可不经著作权人许可、不向著作权人支付报酬地使用著作权人的作品。上文已有详细阐释，此处不再赘述。

2. 合理来源抗辩

出版者的出版物侵犯他人著作权的，出版者在证明自己已尽合理注意之义务的情况下，可以免予承担损害赔偿责任，但出版者仍需承担停止侵权等民事责任。

法律与规范链接

▲ 必读法条

《著作权法》第47条、第48条、第53条

《最高人民法院关于审理侵害信息网络传播权民事纠纷案件适用法律若干问题的规定》（法释〔2012〕20号）第4条、第6条、第7条、第8条、第10条、第12条

△ 延伸法条

《信息网络传播权保护条例》第20条、第21条、第22条、第23条

《最高人民法院关于审理著作权民事纠纷案件适用法律若干问题的解释》（法释〔2002〕31号）第19条、第20条

《侵权责任法》第36条

典型案例

北京慈文影视制作有限公司与中国网络通信集团公司海南省分公司侵犯著作权纠纷案〔1〕

【案情概述】

原告慈文公司诉称：2005年9月19日，原告发现被告未经许可在其经营的网

〔1〕 最高人民法院民事判决书（2009）民提字第17号。

站上向公众提供电影《七剑》的在线播放服务，被告的行为严重侵犯了原告权益，并给原告造成重大经济损失。原告请求法院判令：1. 被告立即停止对原告享有著作权之网络传播权的侵害，停止提供涉案电影作品的在线播放服务；2. 被告在其经营的网站主页及《中国电视报》上发表声明，向原告公开赔礼道歉；3. 被告赔偿原告经济损失20万元人民币、为调查被告侵权行为和起诉被告所支出的合理费用3万元人民币，以上金额合计23万元人民币；4. 被告承担本案全部诉讼费用。

被告网通海南公司辩称：答辩人是网络服务提供商(ISP)，不是网络内容服务提供商(ICP)，根据答辩人的服务性质，答辩人在网站上提供的仅是链接服务，而不提供网络信息内容服务。本案中，答辩人也只为用户的浏览器提供了影视天地网址，并不提供该网站的信息内容，也未将涉案电影复制、存储在自己的服务器中直接向公众传播。原告所举证据亦证明，访问者是从答辩人的网站 www. hai169. com 链接进入到播放涉案电影的"影视天地"网站进行访问，是该网站为用户提供了在线播放服务。因此，原告指控的侵权对象应是该网站而不是答辩人，答辩人不存在未经许可传播涉案电影的行为。在2005年1月11日知道原告指控侵权后，被告立即采取措施中断链接，制止侵权内容的存在和传播，已尽相应义务，故依法不承担侵权的民事责任。原告并未就其遭受巨额损失及支出合理费用的事实提供证据证明，其赔偿诉请无事实依据。综上，请求人民法院依法驳回原告的诉讼请求，维护答辩人的合法权益。

法院查明：《七剑》电影作品是由原告与香港华映电影有限公司和韩国宝蓝电影有限公司共同摄制完成的，该作品在大陆地区的著作权属于原告，原告并于2005年10月31日取得国家版权局颁发的该作品的著作权登记证书。2005年9月19日，原告在上网访问被告的网站(网址为：www. hai169. com)时发现，通过点击该网站首页上的"影视频道"，进入"影视天地"(IP 地址：http://221. 11. 132. 112)页面，在"搜索"栏中输入"七剑"，点击"搜索"进入页面，再点击"详情介绍"进入页面，即可看到《七剑》电影介绍的整版页面，依次点击"在线观看A面、B面"，即可在线观看到电影作品《七剑》。同日，原告申请上海市静安区公证处对以上上网的操作过程、路径和终端监视器上显示的页面内容进行公证。并据此于2005年12月14日提起诉讼。

2006年2月9日，被告也在海南省第二公证处申请按照原告上网访问电影《七剑》的过程、路径进行公证，在进入 www. hai169. com 网站首页后，点击首页上方的"影视频道"，即进入"116天天在线"网页，而非原告原进入的"影视天地"网页。被告公证的目的是以此证明:被告在收到起诉状后已经移除了对“影视天地”网站的链接。

另查明:被告为增值电信业务经营单位,服务项目为有偿提供信息服务,其信息服务业务含互联网信息服务业务,经营许可证编号为琼 B2-20040035。

庭审中,原告举证证实被告拥有的 IP 地址的地址段范围为 221.11.128.0 到 221.11.223.255,证明所有在这个段号内的 IP 注册地址都属于被告所拥有,“影视天地”网址 http://221.11.132.112 也在该地址段内,因此不存在链接问题,被告构成侵权。被告认为,国内互联网基础业务主要由中国网通集团和中国电信集团提供,国内的绝大多数互联网站对应的 IP 地址均属于这两大集团,如新浪网的 IP 地址 202.108.33.32 即属于中国网通集团北京市分公司所有,因此,221.11.132.112 虽然属于被告的 IP 地址资源范围,但并不意味着该 IP 地址网站涉嫌侵权也应该由提供网络服务的运营商承担侵权责任,被告不构成侵权。

【关键问题】

网络服务提供商什么情况下将承担侵权责任?

【简要评论】

《著作权法》定义著作财产权的方法,是对受专有权利控制的行为加以界定。[1] 互联网的发展带来一种新的使用作品的方法:由受众在选择的时间、地点使用作品,与该行为相应的,即是信息网络传播权。

由于信息网络传播行为出众的便利性,使互联网上的内容随着互联网的发展得到了极大的丰富,即进入“信息爆炸”时代。无数作品、信息被上传到网络服务器上,而网线的另一端,无数人通过互联网欣赏、下载服务器上的作品。上传人将其不享有著作权的作品上传到网络服务器,即可通过网络服务提供者搭建的平台非法传播作品,给著作权人的利益带来损害。无论是提供作品、还是使用作品,都需要使用网络服务提供者的服务器,因此网络服务提供者是否需要为侵权行为承担责任即成为争议焦点。

非法上传人和网络服务提供商需要共同配合才能完成作品的非法传播,二者的行为互相结合成一个完整的侵权行为,但一般认为由于服务器上的作品数量过于繁杂,网络服务提供者不可能对每一个作品是否为非法上传进行核实,因此我国法律规定,如果权利人发现了非法作品在互联网上传播,并将这一情况通知网络服务提供者,网络服务提供者在收到通知后及时删除非法作品,即认为其不具有侵权

---

〔1〕 王迁:《著作权法》,中国人民大学出版社 2015 年版,第 163 页。

的故意,可不承担侵权责任,这就是"通知+删除"规则,借由这一规则,许多网络服务提供者可以不对其服务器上传播的非法作品承担侵权责任。但相对应的,网络服务提供者享有这一"抗辩理由"的前提是其证明非法作品是由他人上传,并提供非法上传人的身份信息。本案中,被告作为网络服务提供者,无法证明非法作品是由他人上传,也没有提供非法上传人的地址信息,因此其无法通过"通知+删除"规则免于承担侵权责任,应承担侵权责任。

【核心知识】

网络服务提供商通过"通知+删除"规则免于承担侵权责任的前提是证明非法作品是由他人上传并提供非法上传人的身份信息。

延伸阅读

1. 应振芳:《对现行著作权法关于侵权行为及其责任规定的反思》,载《知识产权》2011年第3期。
2. 王迁:《论版权"间接侵权"及其规则的法定化》,载《法学》2005年第12期。
3. 徐铭勋:《中美版权教唆引诱侵权比较研究》,载《知识产权》2013年第6期。

9.2　著作权侵权行为的法律责任

知识要点

★民事责任

《著作权法》规定了承担侵权民事责任的方式有停止侵害、消除影响、赔礼道歉、赔偿损失四类。

停止侵害又被称为行为禁令,指在侵权成立的情况下,著作权人可请求法院责令被控侵权人永久停止有关侵权的一切活动。一般而言,一旦侵权成立,法院通常会应著作权人请求判令停止侵权。但如果法院认为停止有关行为会造成当事人之间的重大利益失衡,或者有悖社会公共利益,或者实际上无法执行时,也可以根据案件具体情况进行利益衡量,不判决停止侵权行为。如果法院不判决停止侵权行为,将通过加大赔偿金额的方式给予权利人一定补偿。

消除影响和赔礼道歉。消除影响是指责令侵权行为人在一定的范围内澄清事实,以消除人们对权利受害人或其作品的不良印象;赔礼道歉是责令侵权行为人在一定的范围内向受害人承认错误,表示歉意。[1] 只有涉及侵犯著作人身权时,法院才会要求侵权行为人承担消除影响和赔礼道歉的责任,如果侵权行为仅仅侵犯了著作财产权,法院一般认为承担停止侵权和赔偿损失就足以弥补权利人因侵权行为所受的损失,不再要求侵权行为人承担消除影响和赔礼道歉的责任。

赔偿损失是侵权行为人赔偿著作权人的主要方式,我国《著作权法》规定损失的主要赔偿标准包括实际损失、违法所得、法定赔偿,而且赔偿额中还应当包括著作权人为制止侵权行为支出的合理开支。在具体实践中,法院还按"许可费倍数"计算赔偿数额,著作权人可以通过证明涉案作品许可费的方式来主张具体赔偿金额。具体来说,首先,实际损失指的是著作权人因侵权行为受到的损失,根据"填平原则",《著作权法》将实际损失列为主要的赔偿方式,通过赔偿将著作权人的利益恢复到发生侵权行为之前的状态。实际损失的计算方式是:权利人因侵权所造成复制品发行减少量或者侵权复制品销售量与权利人发行该复制品单位利润乘积计算。发行减少量难以确定的,按照侵权复制品市场销售量确定。其次,违法所得是指侵权行为人因侵权行为获得的利益,侵权行为人的违法所得应当指的是其因为侵权行为获得的利润,侵权行为与违法所得之间需有因果关系,违法所得应与具体侵权内容之规模相匹配。最后,法定赔偿是原告无法证明实际损失、违法所得和许可费倍数下的一种赔偿方式,我国《著作权法》规定的法定赔偿最高限额为50万元以上,在实际案例中,法官通常会综合侵权行为人是否具有恶意、恶意的程度、是否属于重复侵权等因素确定具体赔偿金额。

损害赔偿应包括著作权人为制止侵权行为支出而定合理开支,合理开支包括权利人支出的合理的律师费、调查、取证的费用等。

★行政责任

侵犯著作权的行为同时对公共利益造成损害的,侵权行为人除需承担民事责任之外,还需承担行政责任。包括停止侵权行为、没收违法所得,没收、销毁侵权复制品,并可处以罚款;情节严重的,还可以没收主要用于制作侵权复制品的材料、工具、设备等。实施行政责任的主体是著作权行政管理部门。在规定行政部门可以对侵权行为进行查处的同时,司法解释亦授予人民法院对该具体行政行为的审查权,如侵权行为人不服行政处罚决定的,可以就具体行政决定向人民法院提起行政诉讼。

---

〔1〕 梅术文:《著作权法:原理、规范和实例》,知识产权出版社2014年版,第350页。

★刑事责任

在某些情况下,侵犯著作权的行为人还需承担罚金和有期徒刑的刑事责任,刑事责任可以单处也可以与其他责任形式合并适用。按照我国法律规定,要求行为人承担刑事责任的行为主要有:未经著作权人许可,复制发行其文字作品、音乐、电影、电视、录像作品、计算机软件及其他作品的;出版他人享有专有出版权的图书的;未经录音录像制作者许可,复制发行其制作的录音录像的;制作、出售假冒他人署名的美术作品的。销售这些侵权复制品的行为人同样也可能需承担刑事责任。

法律与规范链接

▲ 必读法条

《著作权法》第49条

《民法通则》第118条、第130条

《著作权法实施条例》第36条

《最高人民法院关于审理著作权民事纠纷案件适用法律若干问题的解释》(法释〔2002〕31号)第24条、第25条、第26条、第29条

△ 延伸法条

《刑法》第217条、第218条

《关于当前经济形势下知识产权审判服务大局若干问题的意见》(法发〔2009〕23号)

典型案例

贵州大学与北京世纪超星信息技术发展有限责任公司著作权侵权纠纷案〔1〕

【案情概述】

原告李昌奎是《中外职业资格认证和语言考试指南:规划你的职业生涯》(以下简称《指南》)一书的著作权人,《指南》由山东人民出版社于2002年8月出版,全书共计240千字。2005年12月,贵州大学图书馆与超星数图公司签订《数字图书馆共建协

---

〔1〕 最高人民法院民事判决书(2010)民提字第159号。

议书》,约定:超星数图公司以链接或镜像方式建设数字图书馆,负责数据及书目信息的上传、修改、维护,保证“超星数字图书馆”的正常运行,并保证其对“超星数字图书馆”作品的使用已经过相关权利人的授权;贵州大学图书馆负责提供本项目所需的硬件设备与网络环境,不具体参与“超星数字图书馆”的运营;如发生侵犯第三人权利的行为,由超星数图公司承担法律责任,与贵州大学图书馆无关。2005 年 12 月 12 日,超星数图公司向贵州大学出具承诺书称,贵州大学仅负责“超星数字图书馆”项目所需的硬件设备与网络环境及反馈使用者提出的相关信息,并不具体参与“超星数字图书馆”的运营;如贵州大学因使用“超星数字图书馆”引发任何著作权等侵权纠纷,超星数图公司承担全部法律责任及与诉讼有关的一切可能的费用。

超星数图公司是世纪超星公司的下属销售公司。在本案诉讼之前,就涉案《指南》一书的著作财产权纠纷,李昌奎曾五次提起诉讼,请求世纪超星公司、超星数图公司停止侵权,并支付其经济赔偿金。2007 年 10 月 29 日、2007 年 11 月 1 日、2008 年 9 月 8 日,黑龙江省哈尔滨市中级人民法院分别作出(2007)哈知初字第 138 号、(2007)哈知初字第 140 号、(2008)哈知初字第 79 号民事判决;2007 年 12 月 10 日,吉林省长春市中级人民法院作出(2007)长民初字第 118 号民事判决;2008 年 5 月 8 日,山东省济南市中级人民法院作出(2007)济民三初字第 324 号民事判决,判决世纪超星公司、超星数图公司停止侵犯李昌奎《指南》一书著作权的行为,赔偿经济损失共计 39300 元。就《指南》、《职业资格证书时代:40 种职业资格考试介绍》两书,世纪超星公司与超星数图公司已经赔偿李昌奎经济损失 27 万余元。

【关键问题】

如何准确厘定著作权民事纠纷赔偿数额?

【简要评论】

作为无形财产权,著作权侵权经常遭遇同时存在多个侵权行为侵犯同一著作权的情形,在这种情况下,单案的判赔是否要考虑其他案件的判赔,实务界对此一直没有形成统一认识:有的强调案件之间的独立性,认为单案的判赔额不应受其他案件的影响,仅就本案查明的事实进行判赔即可;有的认为著作权作为私权,赔偿应遵循民法中的“填平原则”,在此影响下单案的判赔需综合考虑著作权已经在其他案件中获得的赔偿额。最高人民法院通过本案支持了第二种观点,明确了它对于此类案件的态度,对全国其他法院审理此类案件中统一裁判尺度有积极意义。

【核心知识】

损害赔偿的金额遵循“填平原则”,针对同一侵权事实,权利人在其他案件中已经获得足够的赔偿时，法院在其他关联案件中不再要求侵权人向权利人承担赔偿责任。

延伸阅读

1. 徐铭勋：《论数字环境下著作权行政保护与刑事保护的强化》，载《河北法学》2013 年第 1 期。
2. 吴汉东：《论网络服务提供者的著作权侵权责任》，载《中国法学》2011 年第 2 期。
3. 杜瑞芳：《试析著作权侵权刑事责任的归责条件》，载《法学评论》2003 年第 1 期。

9.3 对技术措施和权利管理信息的保护

知识要点

★技术措施概述

技术措施，是指是指用于防止、限制未经权利人许可浏览、欣赏作品、表演、录音录像制品的或者通过信息网络向公众提供作品、表演、录音录像制品的有效技术、装置或者部件。

技术措施本质上是一种控制他人访问和使用作品的手段，这种手段使通过技术、装置或者组件完成对他人访问或者使用作品的限制或者禁止。具体到数字网络空间，技术措施是采取数字技术对版权作品进行保护的手段，目的是限制或者禁止他人对作品的访问（接触）以及使用（传播）。技术措施是对信息网络传播权侵权的防御，是权利人维护自身权利的事先预防手段。[1] 比如，给数据库、游戏软件加上口令，没有口令的人无法进入；比如给文档建立密码，没有密码的人无法打开文档或者复制、修改文档局部等，通过对作品设置技术措施，著作权人能够达到对作品传播使用的控制。

技术措施的实质是信息网络传播权的行使方式，是权利人针对侵权做出的预防和反应。[2] 单纯的技术措施并不是《著作权法》的保护客体。

〔1〕 骆电、胡梦云：《著作权司法裁判标准与尺度》，法律出版社 2015 年版，第 198 页。
〔2〕 同上注，第 204 页。

★★破坏技术措施的具体行为和例外

破坏技术措施的行为主要有行为人直接故意破坏或避开技术措施；行为人故意制作用于破坏或避开技术措施的工具；行为人故意进口用于破坏或避开技术措施的工具；行为人故意将用于破坏或避开技术措施的工具提供给他人；行为人为破坏或避开技术措施的行为提供技术服务。

从平衡著作权人利益和社会大众利益的角度出发，《信息网络传播权保护条例》还规定了破坏技术措施的免责情形，主要为包括教学科研的必要使用、向盲人提供作品的非营利行为、执行公务、安全测试四个情形，其中前两类情况针对的是只能通过网络渠道获取的作品。但这种免责例外只针对直接破坏技术措施的行为，对于为破坏技术措施提供技术协助等间接破坏行为没有规定免责例外。

★★破坏技术措施的法律责任

针对故意破坏或者避开技术措施的行为，行为人将承担停止侵害、消除影响、赔礼道歉、赔偿损失等民事责任；同时损害公共利益的，行为人将承担停止侵权、罚款、没收用于提供网络服务的计算机等设备等行政责任；构成犯罪的，行为人还将承担刑事责任。

针对制作、进口、向他人提供用于破坏或避开技术措施的工具，以及为他人破坏或避开技术措施的行为提供技术服务的行为，行为人须承担行政责任和刑事责任。具体须承担的行政责任视具体情节有警告、没收非法所得、罚款、没收主要用于避开、破坏技术措施的装置或者部件、没收主要用于提供网络服务的计算机等设备。构成犯罪的，行为人还将承担刑事责任。

★权利管理电子信息的概念

权利管理电子信息，是指说明作品及其作者、表演及其表演者、录音录像制品及其制作者的信息，作品、表演、录音录像制品权利人的信息和使用条件的信息，以及表示上述信息的数字或者代码。根据上述定义，权利管理电子信息主要针对的是以电子形式传播的作品。权利管理电子信息本身不是受《著作权法》保护的客体。

权利管理电子信息可以起到通知使用人该作品的权利归属和许可范围的作用，通过权利管理电子信息，作品流转过程中有可能接触到作品的人可以明确知道其可利用作品的范围——比如是否允许二次传播发行、使用该作品应满足的条件等，以及享有该作品权利的主体，通过这种明确告知的手段，可以使行为人在充分利用作品的情况下避免行为人因对作品权利状况不了解造成的不必要的侵权行为，一旦产生纠纷，权利管理电子信息也可作为证明行为人具有主观过错的证据。

在网络环境下，权利管理电子信息有可能被篡改，而且这种篡改有可能侵害著作权人既有的权利。如对作者姓名的篡改，就侵害了署名权。但对某些内容的修改，如对作品许可条件的修改，传统著作权法就无法规制。因此，产生了对权利管理电子信息保护的必要性。[1]

★★破坏权利管理电子信息的具体行为

破坏权利管理电子信息的行为有：故意删除或者改变通过信息网络向公众提供的作品、表演、录音录像制品的权利管理电子信息，但由于技术上的原因无法避免删除或者改变的除外；通过信息网络向公众提供明知或者应知未经权利人许可被删除或者改变权利管理电子信息的作品、表演、录音录像制品。

★★破坏权利管理电子信息的法律责任

行为人需就破坏权利管理电子信息的行为承担停止侵害、消除影响、赔礼道歉、赔偿损失等民事责任；损害公共利益的，行为人须承担侵权、罚款、没收用于提供网络服务的计算机等设备等行政责任；构成犯罪的，行为人还须承担刑事责任。

法律与规范链接

▲ 必读法条

《信息网络传播权保护条例》第4条、第5条、第12条、第14条、第18条、第19条、第26条

△ 延伸法条

《计算机软件保护条例》第24条

典型案例

北京精雕科技有限公司诉上海奈凯电子科技有限公司侵害计算机软件著作权纠纷案[2]

【案情概述】

原告北京精雕科技有限公司（以下简称精雕公司）诉称：原告自主开发了精雕

---

〔1〕 李雨峰：《中国著作权法：原理与材料》，华中科技大学出版社2014年版，第226页。

〔2〕 (2006)沪高民三(知)终字第110号。

CNC 雕刻系统，该系统由精雕雕刻 CAD/CAM 软件（JDPaint 软件）、精雕数控系统、机械本体三大部分组成。该系统的使用通过两台计算机完成，一台是加工编程计算机，另一台是数控控制计算机。两台计算机运行两个不同的程序需要相互交换数据，即通过数据文件进行。具体是：JDPaint 软件通过加工编程计算机运行生成 Eng 格式的数据文件，再由运行于数控控制计算机上的控制软件接收该数据文件，将其变成加工指令。原告对上述 JDPaint 软件享有著作权，该软件不公开对外销售，只配备在原告自主生产的数控雕刻机上使用。2006 年年初，原告发现被告上海奈凯电子科技有限公司（以下简称奈凯公司）在其网站上大力宣传其开发的 NC－1000雕铣机数控系统全面支持精雕各种版本的 Eng 文件。被告上述数控系统中的 Ncstudio 软件能够读取 JDPaint 软件输出的 Eng 格式数据文件，而原告对 Eng 格式采取了加密措施。被告非法破译 Eng 格式的加密措施，开发、销售能够读取 Eng 格式数据文件的数控系统，属于故意避开或者破坏原告为保护软件著作权而采取的技术措施的行为，构成对原告软件著作权的侵犯。被告的行为使得其他数控雕刻机能够非法接收 Eng 文件，导致原告精雕雕刻机销量减少，给原告造成经济损失。故请求法院判令被告立即停止支持精雕 JDPaint 各种版本输出 Eng 格式的数控系统的开发、销售及其他侵权行为，公开赔礼道歉，并赔偿损失 485000 元。

奈凯公司辩称：其开发的 Ncstudio 软件能够读取 JDPaint 软件输出的 Eng 格式数据文件，但 Eng 数据文件及该文件所使用的 Eng 格式不属于计算机软件著作权的保护范围，故被告的行为不构成侵权。请求法院驳回原告的诉讼请求。

法院经审理查明：告精雕公司分别于 2001 年、2004 年取得国家版权局向其颁发的软著登字第 0011393 号、软著登字第 025028 号计算机软件著作权登记证书，登记其为精雕雕刻软件 JDPaintV4.0、JDPaintV5.0（两软件以下简称 JDPaint）的原始取得人。奈凯公司分别于 2004 年、2005 年取得国家版权局向其颁发的软著登字第 023060 号、软著登字第 041930 号计算机软件著作权登记证书，登记其为软件奈凯数控系统 V5.0、维宏数控运动控制系统 V3.0（两软件以下简称 Ncstudio）的原始取得人。

奈凯公司在其公司网站上宣称：2005 年 12 月，奈凯公司推出 NC－1000 雕铣机控制系统，该数控系统全面支持精雕各种版本 Eng 文件，该功能是针对用户对精雕 JDPaintV5.19 这一排版软件的酷爱而研发的。

精雕公司的 JDPaint 软件输出的 Eng 文件是数据文件，采用 Eng 格式。奈凯公司的 Ncstudio 软件能够读取 JDPaint 软件输出的 Eng 文件，即 Ncstudio 软件与 JDPaint软件所输出的 Eng 文件兼容。

【关键问题】

被告的行为是否构成《著作权法》意义上的破坏技术措施的行为？

【简要评论】

很多计算机软件商业公司会在自己推出的软件上采取一定的技术手段达到控制该软件使用的目的，但此类技术手段是否一概属于《著作权法》意义上的技术措施，则需要结合该技术手段的实际作用来综合判断。本案明确了计算机软件著作权人为保护其软件著作权而采取的技术措施的边界，通过进一步明确软件著作权保护的范围，可达到防止权利滥用，鼓励合法有序的市场竞争，促进技术创新的目的。

【核心知识】

计算机软件著作权人为实现软件与机器的捆绑销售，将软件运行的输出数据设定为特定文件格式，以限制其他竞争者的机器读取以该特定文件格式保存的数据，从而将其在软件上的竞争优势扩展到机器，不属于《著作权法》所规定的著作权人为保护其软件著作权而采取的技术措施。他人研发软件读取其设定的特定文件格式的，不构成侵害计算机软件著作权。

延伸阅读

1. 姚鹤徽、王太平：《著作权技术保护措施之批判、反思与正确定位》，载《知识产权》2009年第6期。

2. 王迁：《对技术措施立法保护的比较研究》，载《知识产权》2003年第2期。

3. 张耕：《略论版权的技术保护措施》，载《现代法学》2004年第2期。

第三编
专　利　法

第 10 章　专利与专利法概述

教学目标

了解专利的概念，专利权主体的概念；
识记专利权的概念和类型，专利权主体的类型；
理解不授予专利权的对象，申请专利的权利与专利申请权，专利制度的作用及我国专利法立法目的；
理解并应用发明、实用新型、外观设计，专利权主体的确定；

推荐参考资料

1. 刘春田主编：《知识产权法》（第五版），高等教育出版社 2015 年版，第十一、十二、十六章。
2. 吴汉东主编：《知识产权法学》（第六版），北京大学出版社 2014 年版，第十、十二、十三章。
3. 张玉敏主编：《专利法》，厦门大学出版社 2017 年版，第一、三、四章。
4. 王迁：《知识产权法教程》（第五版），中国人民大学出版社 2016 年版，第九、十章。
5. 文希凯主编：《专利法教程》，知识产权出版社 2013 年版，第一、二、三章。

10.1　专利的概念和种类

知识要点

☆专利的概念

“专利”一词翻译自英文单词“patent”。从英文词源上看，有“公开”加“需要特别授权”之意。汉语中的“专利”一词，常指专利权；但在不同语境中，也被用来指代“获得专利权的发明创造”等。

★专利权的概念

专利权是指国家通过法定程序授予申请人在法定期限内实施发明创造的排他性权利。与同属于知识产权范畴的著作权不同，获得专利权需要经过向国家提出申请和国家授权两个程序。

★专利的种类

根据专利权保护对象的不同，我国的专利包括发明专利、实用新型专利和外观设计专利三种类型。

10.2　专利权的保护对象

知识要点

☆专利权的保护对象概述

专利权的保护对象，也称作专利权的客体、可专利性主题，是指依法能够获得专利权的智力创造成果。我国专利权的对象是发明创造，包括发明、实用新型和外观设计三种类型。与此同时，《专利法》还规定了不授予专利权的主题：[1]一是不符合发明创造定义的主题，如智力活动的规则与方法、科学发现等；二是基于公共利益或公共政策考虑明确排除的对象，如违反法律、社会公德或者妨害公共利益的发明创造等。

★发明

发明是指对产品、方法或者其改进所提出的新的技术方案，包括产品发明和方法发明。前者是指通过一定的技术方案构造了一种实物或物体，或者实物或装置的整体、零件、材料等；后者是指发明或创造了实现某种技术效果，或解决某种技术问题的程序或步骤，如加工步骤、制造工艺等。区分二者的关键在于，后者的着眼点不仅在于一整套步骤和程序，更在于其中的各行为规则或操作步骤之间存在的"时间"关系，例如两个步骤的发生存在时间上顺序关系；而前者的着眼点在于实物本身。发明的特征包括：

(1)它是一项技术方案，是正确利用自然规律的结果。技术方案是指对要解决的技术问题所采取的利用了自然规律的技术手段的集合。技术手段通常是由技术

---

〔1〕 这一分类仅是为了便利理解，不求分类本身的严谨，如科学发现便可同时归于上述两类之中。

特征来体现的。产品技术方案的特征通常是零件、部件、材料、器具、设备、装置的形成、结构、成分等;方法技术方案的技术特征可以是工艺、步骤、过程以及所采用的原料、设备、工具等。产品技术方案或方法技术方案中,各个技术特征之间的相互关系也是技术特征。〔1〕技术方案的要求表明,发明不是单纯的思想或思维活动,而是通过技术特征体现出来的、可以被他人感知的、具有实施可靠性的技术方案。气味或者诸如声、光、电、磁、波等信号或者能量本身并非技术方案,不属于发明。当然,若利用其性质以解决技术问题的,就属于发明,例如利用磁力克服重力使物体悬浮以减小摩擦力的技术方案、利用能量转换规律将太阳能转换为电能的技术或装置、利用声波对水下目标进行定位的技术等。同样,尽管借助了外在设备或器具,但解决的问题并非技术问题,而是科学问题或心理问题的,也不属于发明。例如,借助望远镜观测并回答宇宙演进,分析其规律;通过言语交流或其他设备,治疗或克服心理障碍等。只有在正确利用自然规律的基础上形成的技术方案,才具有通过实施以解决技术问题的可能性,没有正确利用自然规律的“发明”,也不是专利法上的发明,例如“永动机”。

(2)它是新的技术方案。重复前人成果或现有通用做法,不能称为发明,发明定义中的“新的技术方案”即是此意。

★实用新型

实用新型,是指对产品的形状、构造或者其结合所提出的适于实用的新的技术方案。它与发明的相同之处表现在:二者均是新的技术方案。在技术方案所针对的对象上,存在一定交叉,即均会涉及产品的形状、构造及其结合。就此而言,“凡是属于能够获得实用新型专利权的主题,必定也属于能够获得发明专利权的主题;反之则不然”。〔2〕实用新型的特征是:

(1)它是能够解决技术问题的技术方案。与发明一样,实用新型也是在正确利用自然规律的基础上为解决技术问题而对产品的形状、构造或其结合提出的一系列技术特征的组合,如将圆柱状铅笔形状改造为棱柱以阻碍其滚动等。

(2)它只限于产品,不包括方法。这是实用新型与发明的重要区别。以前述棱柱形铅笔为例,若其权利要求为该棱柱形铅笔形状的加工步骤或方法,则不属于实用新型。产品的形状是指产品所具有的、可以从外部观察到的确定的空间形状。无确定形状的产品,例如气态、液态、粉末状、颗粒状的物质或材料,其形状不能作为实

---

〔1〕 尹新天:《中国专利法详解》,知识产权出版社2011年版,第21页。

〔2〕 同上注,第23页。

用新型产品的形状特征。产品的构造是指产品的各个组成部分的安排、组织和相互关系。

★外观设计

外观设计,是指对产品的形状、图案或者其结合以及色彩与形状、图案的结合所作出的富有美感并适于工业应用的新设计。外观设计与发明、实用新型的本质区别是:它不以解决任何技术问题为必要,而是对于产品的特定构成要素做出了富有美感的新设计。[1]授予外观设计专利权的主要目的在于通过对产品外观的改进,增加对消费者的吸引力,着眼点在于其所产生的视觉性效果。[2]外观设计的特征是:

(1)外观设计限于对工业产品外观的设计。作为外观设计专利保护对象的产品,必须是能够通过工业生产方法稳定、重复再现的工业品。受制于特定地理条件的固定建筑物、桥梁的形状,不能通过工业方法再现的纯手工艺品、农畜产品、自然物,以及在不能通过工业方法重复得到的原材料上进行的新设计,都不能成为外观设计专利的保护对象。

外观设计专利保护对象的产品,限于在使用和销售上具有独立性的整体产品以及可以独立作为其他产品构件的产品零部件,如用于产品零件连接或固定的螺栓、法兰等。产品的不可分割或不能单独出售且不能单独使用的局部设计,不能获得外观设计专利权,例如袜跟、帽檐、杯把等。同理,一组由不同形状的插接块组成的拼图玩具,只能将所有插接块共同作为一项外观设计提出申请。

根据现行《专利法》,申请外观设计专利的对象是负载了外观新设计的工业产品,不能只是抽象出来的外观设计部分。

(2)外观设计是对产品的形状、图案和色彩的设计。外观设计的要素包括:产品的形状,图案,形状和图案,色彩和形状,色彩和图案,色彩、图案和形状。因包含有气体、液体及粉末状等无固定形状的物质而导致其形状、图案、色彩不固定的产品不属于外观设计专利的保护对象;单独针对产品色彩的设计,也不属于外观设计专利的保护对象。包含图形用户界面的产品,属于外观设计专利的保护对象,[3]例如,包括设备操作界面、图标的产品类;但仅仅包含与"人机交互"和"实现产品功能"无关的通电显示界面的产品,不属于外观设计专利的保护对象。

---

[1] 王迁:《知识产权法教程》(第五版),中国人民大学出版社 2016 年版,第 278 页。

[2] 尹新天:《中国专利法详解》,知识产权出版社 2011 年版,第 24 页。

[3] 《国家知识产权局关于修改〈专利审查指南〉的决定》(第 68 号)。

(3)外观设计需富有美感。受《专利法》保护的外观设计应当富有美感。至于美感的评价,则因人而异,但不得违反社会公德。

★不授予专利权的对象(2017 年卷三第 15 题、2013 年卷三第 64 题)

(1)违反法律、社会公德或者妨碍公共利益的发明创造,是指完成方式、内容或专利申请方式违反法律、社会公德或者妨碍公共利益的发明创造。[1]具体包括两类:一是发明创造的公开、使用、制造违反法律、社会公德或者妨碍公共利益的。违反法律是指发明创造本身违反由全国人民代表大会及其常务委员会制定的法律。例如,用于赌博的设备、吸毒器具等。不包括仅其商业实施为法律所禁止的发明创造,如用于国防的武器的生产、销售等。违反社会公德是指违反了公众普遍认为是正当的、并被接受的伦理道德观念和行为准则。例如,带有淫秽图片或照片的外观设计,或者克隆人的方法等。社会公德会因地域和文化背景不同而有差异,此处所指仅限于中国境内。妨碍公共利益是指发明创造的实施或使用会给公众或社会造成危害,或者会使得国家和社会的正常秩序受到影响。例如,所包含文字或图案妨碍国家重大政治事件尊严、宗教信仰或民族感情的发明创造等。二是违反法律、行政法规的规定获取或者利用遗传资源,并依赖该遗传资源完成的发明创造。其中,遗传资源是指取自人体、动物、植物或者微生物等含有遗传功能单位并具有实际或者潜在价值的材料;依赖遗传资源完成的发明创造是指利用了遗传资源的遗传功能完成的发明创造。

(2)科学发现,是指对自然界中客观存在的物质、现象、变化过程及其特性和规律的揭示。尽管科学发现是作出发明创造的前提和基础,但其本身并非改造客观世界的技术方案,不能被授予专利权。

(3)智力活动的规则和方法,是指导人们进行思维、表述、判断和记忆的规则和方法。它没有采用技术手段或者利用自然规律,也未解决技术问题和产生技术效果,不授予专利权。例如,如数学理论和换算方法、仪器或设备的操作说明、计算机程序本身等。当然,若申请专利保护的主题中,既包含了智力活动的规则和方法,又包含技术特征,则就其整体而言,属于可以被授予专利权的对象。例如,“涉及商业模式的权利要求,如果既包含商业规则和方法的内容,又包含技术特征,则不应当依据《专利法》第二十五条排除其获得专利权的可能性。”[2]

(4)疾病的诊断和治疗方法,是指以有生命的人体或者动物体为直接实施对

---

〔1〕 王迁:《知识产权法教程》(第五版),中国人民大学出版社 2016 年版,第 280 页。

〔2〕《国家知识产权局关于修改〈专利审查指南〉的决定》(国家知识产权局令第 74 号)。

象，进行识别、确定或消除病因或病灶的过程。排除此类主题的原因有二：一是出于人道主义的考虑和社会伦理的原因；二是其实施对象为有生命的人体或动物体，无法在产业上利用。在判定时，需要同时具备以有生命的人体或动物体为实施对象以及以治疗为目的两个基本要素。反例如：制造假肢的方法，其直接实施对象为假肢而非有生命的人体；单纯的美容方法、动物屠宰方法以及非以治疗为目的的外科手术方法，其非以治疗为目的；处理人或动物尸体的方法，其既不以治疗为目的，实施对象也非有生命的人体或动物体。同样，用于实施疾病诊断和治疗方法的仪器或装置，以及在疾病诊断和治疗方法中使用的物质或材料属于可被授予专利权的对象。

(5)动物和植物品种。动物和植物品种可以通过《专利法》以外的其他法律法规保护，例如，我国植物新品种通过《植物新品种保护条例》给予保护。动物和植物品种的非生物学生产方法，可以授予专利权。例如，采用辐照饲养法生产高产牛奶的乳牛的方法；改进饲养方法生产瘦肉型猪的方法等。利用各种细菌、真菌、病毒等微生物去生产一种化学物质（如抗生素）或者分解一种物质等的微生物及其方法，可以被授予专利权。

(6)原子核变换方法及所获得的物质。无论是原子核变换方法，还是用该方法所获得的各种放射性同位素，因关系到国家的经济、国防、科研和公共生活的重大利益，不宜为单位或私人垄断，因此不能被授予专利权。

(7)对平面印刷品的图案、色彩或者二者的结合作出的主要起标识作用的设计。平面印刷品主要是指平面包装袋、瓶贴、标贴等用于包装售出的产品或者附着于售出的产品上，不单独向消费者售出的二维印刷品。主要起标识作用是指这些平面印刷品主要用于识别所附产品或服务的来源，并非主要用于增加产品本身的美感以吸引消费者。这类设计与外观设计专利权主要保护富有美感的产品外观不符，同时又更加适宜通过《商标法》保护，故而被《专利法》排除在了保护对象之外。

法律与规范链接

▲ 必读法条

《专利法》第2条、第5条、第25条

《专利法实施细则》第10条

△ **延伸法条**

《日本专利法》第2条、第3条,《日本实用新型法》第2条,《日本外观设计法》第2条

《美国专利法》第100条、第101条、第171条,第15章

《德国专利法》第1条、第1A条、第2条、第2A条

典型案例

何某秀上诉中华人民共和国国家知识产权局专利复审委员会案[1]

【案情概述】

申请人何某秀向国家知识产权局提出名称为"资源整合管理与应用,企业与消费者资源的整合应用"的发明专利申请。国家知识产权局原审查部门以本申请权利要求1保护的方案属于智力活动的规则和方法为由驳回了本申请。何某秀不服,于法定期限内向专利复审委员会提出了复审请求,同时修改了权利要求书。修改后权利要求书如下:"1.一种资源整合管理实现方法,其特征在于,包括以下步骤:将社会上存在的资源根据需要进行功能、共性、领域和范围的整合分类,应用一组数字字符序列串将若干几个资源组内所有成员进行指代,形成一条的线形价值链;通过资源管理服务平台制定管理及价值分配规则,将原始资源或生成资源在价值链上利用管理系统进行统一指向终端一一配置;所述社会上存在的资源包括行业资源、企业资源、消费者资源、地域资源、产品资源、人力资源、服务资源、货币资源和信息资源;所述字符序列串以消费者的积分卡号进行体现;所述线形价值链通过平台服务中心整合社会资源建立全球服务体系;消费者积分管理系统设定消费积分兑现积分值;所述积分管理系统根据各资源组的请求执行积分的兑现和查询工作,平台服务中心利用积分管理系统进行积分的管理和服务工作;系统应用企业成员在日常经营过程中通过积分管理系统给所有持卡来店消费者资源组成员凭卡号积分,利用积分系统完成消费者的积分查询、月底消费者积分汇总工作,并在规定的时间内将积分值传输到平台服务中心,平台服务中心收到积分值后进入积分管理系统进行分配;所述消费者积分管理系统包括积分店系统和积分分配管理系统,所

---

[1] 北京市高级人民法院行政判决书(2016)京行终4655号。

述积分店系统采用多个电脑组成的小型局域网,所述积分分配管理系统采用处于互联网下的,对积分进行分配和管理,数据来源于所述积分店系统;所述资源组内成员可根据实际需要增加数字字符序列串的某个子串长度即可完成价值链的升级。"

何某秀认为:修改后的权利要求1符合《专利法》第25条的规定,理由是:1. 本申请使用数字字符序列串对社会资源进行标识,形成价值链,通过资源管理服务平台进行统一配置,解决了资源整合实施困难且有局限性的问题;2. 本申请结合了软硬件、利用了电脑、互联网和通信技术实现消费者积分的共享和分配,因此本发明的技术方案并非人为的规则。2014年4月,专利复审委员会作出复审请求审查决定,维持国家知识产权局原审查部门作出的驳回决定。何某秀不服该决定并提起诉讼,请求撤销复审请求审查决定。

【关键问题】

本案中资源整合管理与应用的实现方法是否属于能被授予专利权的对象?

【简要评论】

根据《专利法》规定,对于涉及计算机程序的发明专利申请来说,如果解决方案执行计算机程序的目的不是解决技术问题,在计算机上运行计算机程序从而对外部或内部对象进行控制或处理所反映的不是利用了自然规律的技术手段,其获得的也不是受自然规律约束的技术效果,则这种解决方案不属于《专利法》上的技术方案,不属于《专利法》保护的对象。

本案中,申请权利要求1请求保护一种资源整合管理实现方法,权利要求1中对"社会上存在的资源"具体限定了包括行业资源、企业资源、消费者资源、地域资源、产品资源、人力资源、服务资源、货币资源和信息资源,是客观存在的外部的信息,是具有一定社会含义的信息,但并不是《专利法》意义上的技术数据。本申请的资源整合管理就是应用系统规则将资源实施有效的管理和价值分配的一种方法体系,其要解决的是现有的资源整合存在局限性问题,即是社会资源的管理问题,而社会资源的合理整合分配问题并不属于《专利法》意义上的技术问题。将社会资源通过积分卡号的形式进行指代,以及通过积分的方式进行管理,是目前商业经营管理中常见的商业管理规则,并不能构成技术手段。虽然积分通过数据表示,也仅仅是具体的数据表现形式而已,并不是《专利法》意义上的技术数据,也不涉及技术数据的内部或者外部处理过程。根据本申请权利要求的记载可知,通过制定相应的管理规则将社会资源通过积分卡的形式进行整合分配管理,权利要求中并没有采用利用自然规律的技术手段,虽然该资源整合方法中涉及到网络技术内容,但仅是利用了现有网络技术对积分卡实现管理。通过应用数字字符序列串指代资源组内所有成员形成价值链,用制定的管理和价值分配规则整合社会资源,达到不同资源整合效果,也并不是受自然规律约束的技术效果。综上,本申请权利要求1所要解决的问题并不是技术问题、所采用的手段不是技术手段、获得的效果也不是技术效果,因此,不属于专利权所保护的客体。

【核心知识】

在区分智力活动的规则和方法与涉及计算机程序的发明时,应以"技术"二字为核心;仅就此而言,凡是对现有技术作出了技术上贡献的发明创造,都可以成为专利权保护的客体。相反,如果该方案不是"技术"的,则不能得到保护。

延伸阅读

1. 李永红:《涉及人机交互方案的可专利保护问题》,载《专利代理》2017年第1期。
2. 李轲、刘迪:《计算机领域可授予专利权的客体的判断》,载《中国发明与专利》2016年第8期。
3. 郭禾:《外观设计与专利法的分野》,载《知识产权》2015年第4期。
4. 白茹、卞永军:《对〈专利法〉第二十五条一款六项的新思考》,载《电子知识产权》2013年第6期。
5. 李菊丹:《欧洲专利局植物发明专利保护实践及启示》,载《中国生物工程杂志》2013年第5期。
6. 刘银良:《美国商业方法专利的十年扩张与轮回:从道富案到Bilski案的历史考察》,载《知识产权》2010年第6期。

10.3　专利权的主体

知识要点

☆专利权主体的概念

专利权的主体即专利权人,是指依照《专利法》规定取得专利权并承担相应义务的自然人、法人或其他组织。

★"申请专利的权利"与专利申请权(2014年卷三第16题,2011年卷三第17题)

因专利权需经当事人申请和国家依法授予方能取得,而专利申请是否被批准,具有或然性。故《专利法》通过对"申请专利的权利"的规定间接明确了专利权的归属。由此,本节所说的专利权主体,事实上是指有权申请专利进而可能享有专利权的主体。

需要注意的是,《专利法》还明确规定了“专利申请权”,它与“申请专利的权利”不同,是指提交专利申请之后,获得授权之前,申请人所享有的权利:包括决定是否继续进行申请程序、是否转让该专利申请等权利内容。转让专利申请权的,应当依法办理手续。

★专利权主体的类型

(1)发明人或设计人。发明人或设计人是指对发明创造的实质性特点作出了创造性贡献的人。发明人是指发明或实用新型的完成人;设计人是指外观设计的完成人。“创造性贡献”表明,发明人或设计人只能是直接参与发明创造的自然人,法人或其他组织不能成为发明人或设计人;在完成发明创造过程中,只负责组织管理工作或者仅仅为有关物质技术条件的获得和利用提供了方便的人也不是发明人或设计人。

因从事发明创造是一种事实行为,故而未成年人和限制民事行为能力人也可成为发明人或设计人。发明创造是由二人以上合作完成的,合作完成人被称为合作发明人或设计人。合作发明人或设计人必须都为发明创造的实质性特点作出了创造性贡献。

(2)发明人或设计人的单位。发明人或设计人所在的单位,依照法律规定或合同约定,可以就符合条件的发明创造提出专利申请并成为专利权人,但单位不享有专属于发明人或设计人的署名权。

(3)受让人。专利申请权和专利权均可以依法转让。因而,专利申请被受理后,经受让取得该专利申请权的自然人、法人或其他组织,可以依法获得该发明创造的专利权。将专利权依法转让给他人的,他人成为新的专利权人。

☆外国人的中国专利权主体资格

除了依法受让取得专利权外,外国人在符合《专利法》规定的条件下,享有就其作出的发明创造申请取得中国专利权。具体包括两种情形:一是在中国有经常居所和营业所的外国人,其在申请和享有专利权方面与中国人具有同样的待遇;二是在中国没有经常居所或营业所的外国人,其在中国申请专利的,当依照其所属国同中国签订的协议或者共同参加的国际条约,或者依照互惠原则,根据《专利法》的规定、委托依法设立的专利代理机构办理。

★专利权主体的确定(**2012 年卷三第 64 题,2010 年卷三第 62 题、第 65 题**)

(1)专利权主体确定的一般规则。在无法律例外规定和合同约定时,发明创造的完成人有权向国家申请专利,依法成为专利权人。这是创造性智力成果保护的基本设定,正是发明人或设计人创造出了该智力成果,进而推动了技术进步和发展。同时,为保护发明创造完成过程中其他投资者的利益,《专利法》对受委托完成的发明创造、员工在其单位工作过程中完成的发明创造申请专利权的归属作出了规定。

(2)职务发明创造专利权主体的确定。根据现行《专利法》规定,职务发明创造包括执行本单位的任务或主要是利用本单位的物质技术条件所完成的发明创造两种类型。对这两类职务发明创造,其申请专利的权利归属并不完全相同。

因执行本单位的工作任务完成的职务发明创造。该类职务发明创造申请专利的权利属于本单位;申请被批准后,该单位为专利权人。其中,"本单位"既包括与发明人或设计人建立了稳定劳动关系的单位,也包括临时工作单位。"执行本单位的任务"具体包括:首先,在本职工作中作出的发明创造。本职工作的判定,需要结合劳动合同、职务职责范围、工作目标以及实际从事研发或设计工作与职责职务的关联度来加以综合判定。其次,履行本单位交付的本职工作之外的任务所作出的发明创造。该类任务具有临时性,通常以任务书、委托研究为特征。最后,退休、调离原单位后或者劳动、人事关系终止后 1 年内作出的,与其在原单位承担的本职工作或者原单位分配的任务有关的发明创造。判定时,需要同时把握时间性以及发明创造与原单位任务的关联度两个要素。

主要是利用本单位的物质技术条件所完成的职务发明创造。其中,"本单位的物质技术条件",是指本单位的资金、设备、零部件、原材料或者不对外公开的技术资料等。"主要是利用"是指在完成发明创造过程中,全部或大部分利用了本单位的资金、设备、器材或者原材料,并且这些物质技术条件对于发明创造的完成具有实质性影响;或者该发明创造的实质性内容是在本单位尚未公开的技术成果、阶段性技术成果基础上完成的。相反,少量或有偿利用本单位的物质技术条件,或者利用本单位的物质技术条件对发明创造的完成没有实质性影响,都不属于职务发明创造。对于该类职务发明申请专利权利的归属,学说上存在分歧。本书主张,该类职务发明创造申请专利的权利属于本单位,但单位与发明创造的完成人另有合同约定的,从其约定。[1]

---

〔1〕 这一界定涉及如何理解现行《专利法》第 6 条各款之间的关系问题。有主张认为,该条第 3 款与第 1 款规定相互独立,因而第 3 款所规定的"利用本单位的物质技术条件"是指第 1 款规定的"主要利用"之外的情形。

根据《专利法》规定，获得职务发明创造专利权的单位，应当依法对该职务发明创造的发明人或设计人给予奖励；该发明创造实施后，应当对发明人或设计人给予合理报酬。

(3)其他"利用本单位条件完成的发明创造"专利权主体的确定。根据《专利法》规定，这类发明创造为非职务发明创造，其申请专利的权利属于发明人或设计人，但单位与该非职务发明创造的完成人另有约定的，从其约定。

(4)合作发明与委托发明专利权主体的确定。合作发明是指两个以上单位或者个人合作完成的发明创造；委托发明是指一个单位或者个人接受其他单位或者个人委托所完成的发明创造。对于这两类发明创造，除另有协议的以外，申请专利的权利属于完成或者共同完成的单位或者个人；申请被批准后，申请的单位或者个人为专利权人。

法律与规范链接

▲ 必读法条

《专利法》第 6 条、第 8 条、第 10 条、第 16 条、第 17 条、第 18 条、第 19 条

《专利法实施细则》第 12 条、第 13 条，第 76 ~ 78 条

△ 延伸法条

《日本专利法》第 33 条、第 34 条、第 35 条、第 37 条

《美国专利法》第 116 条、第 117 条、第 118 条，第 184 条、第 185 条

《德国专利法》第 6 条、第 7 条、第 25 条

典型案例

陶某诉北京市地铁地基工程公司专利权属纠纷案[1]

【案情概述】

1983 年 1 月，陶某从中国人民解放军基建工程兵六支队副总工程师调任中国人民解放军基建工程兵北京指挥部预制构件厂厂长。1983 年 7 月，该厂改为北京

[1] 最高人民法院中国应用法学研究所编：《人民法院案例选》(分类重排本·2·知识产权卷)，人民法院出版社 2017 年版，第 813 ~ 816 页。

市城市建设总公司构件厂(以下简称构件厂),核准生产经营范围为建筑构件,陶某仍任厂长。在此前后,构件厂运用从国外引进的“小桩技术”,从事一些地基施工方面的经营活动。1984年4月2日,北京市城建总公司将“小桩技术的试验及应用”编入总公司科研、技术革新计划,下达给下属设计院和构件厂,并拨给科研补助费。4月16日,陶某根据自己在中国人民解放军基建工程兵六支队工作时多年从事地基工程施工积累的经验,完成了“在流砂、地下水、坍孔等地质条件下成孔成桩工艺的方案”(后来申请专利的“钻孔压浆成桩法”),并将该技术方案完整地记载在自己几十年来专门记录技术资料的笔记本上。此后,陶某曾多次向构件厂的其他几位领导讲解和演示该技术方案。6月,经上级批准,在构件厂内部成立了北京长城地基公司,陶某兼任经理。9月,北京科技活动中心大楼地基工程施工遇到困难,委托单位请陶某帮助解决。陶某将“钻孔压浆成桩法”技术方案向委托单位进行了讲解,委托单位同意使用此方案。1985年1月5日,构件厂将从河南省郑州勘察机械厂购买的Z400型长螺旋钻孔机运至北京科技活动中心大楼施工工地,并根据国家《工业与民用建筑灌注桩基础设计与施工规程》规定,于3月16日和17日按照陶某的技术方案打了两根桩,经过检验完全合格,陶某的技术方案首次应用成功。之后,该技术方案在保密的情况下多次被应用。1986年1月25日,陶某将其发明定名为“钻孔压浆成桩法”,向专利局申请了非职务发明专利。10月3日,北京长城地基公司改编为与构件厂同级的北京地铁地基工程公司(以下简称地基公司),陶某任经理。1988年2月11日,陶某获得非职务发明专利权。1989年北京市专利管理局应地基公司请求,确认“钻孔压浆成桩法”发明专利为职务发明,专利权由地基公司持有。

陶某对该处理决定不服,诉请法院将该发明专利权归其个人所有。

【关键问题】

如何区分职务发明创造与非职务发明创造?

【简要评论】

根据现行《专利法》第6条、《专利法实施细则》第12条,区分职务发明创造与非职务发明创造时,需要把握几个关键问题:一是发明创造的完成时间。这是判断一项发明创造权利归属的前提,涉及发明人或设计人在作出发明创造时与其本单位的工作任务是否有关。二是发明创造的完成标准。以发明为例,一般是指对现有技术有创造性贡献的技术特征或技术方案的完成时间,并非完成后的技术验证,或微小的优化和完善。三是执行本单位工作任务的判定。核心是职责是否包含了作出发明创造的技术方案，也就是必须与技术方案本身有密切关联，宏观上的管理、部署、指导一般不认定为是具有相关性的工作任务。四是利用了本单位的物质技术条件的判定，对此，前文已有说明。

本案中，首先，陶某提供的“在硫砂、地下水、坍孔等地质条件下成孔成桩工艺的方案”，与其申请专利的“钻孔压浆成桩法”的技术方案相同，因此，完成时间为1984年4月16日。在此之前，陶某并没有利用本单位的物质条件研究该技术方案。1985年3月16日和17日在北京科技活动中心工地打的两根试桩，是对“钻孔压浆成桩法”技术方案的实施，而不是技术方案完成前对技术方案的试验。其次，陶某作为构件厂厂长，其职责范围应当是领导、组织和管理建筑构件的生产与经营。地基施工方面的技术开发不应认为是构件厂厂长的本职工作。1984年4月2日城建总公司下达给设计院和构件厂的任务，是将国际上已有的“小桩技术”在国内推广应用，而不是在“小桩技术”的基础上研究成桩方法方面的新技术。因此，陶某在其多年从事地基工程经验积累的基础上研究出来的“钻孔压浆成桩法”技术方案，不属于单位交付的任务。故本案“钻孔压浆成桩法”发明专利不属于职务发明创造。

【核心知识】

区分职务发明创造与非职务发明创造时，要特别注意“执行本单位的工作职务”“利用本单位的物质技术条件”的认定，一般均要与发明创造的完成有高度相关性。

延伸阅读

1. 刘鑫：《科研管理的新模式：职务发明报告机制的引入与适用——职务发明报告机制的比较研究及其对我国的启示》，载《科学管理研究》2017年第5期。
2. 顾毓波：《我国职务发明制度存在的问题及完善进路》，载《知识产权》2016年第4期。
3. 陶鑫良：《职务发明性质之约定和职务发明报酬及奖励——我国专利法第四次修订中有关职务发明若干问题的讨论》，载《知识产权》2016年第3期。
4. 唐震：《署名人须对专利的实质性特点作出创造性贡献》，载《人民司法》2015年第10期。
5. 王玲、应振芳：《“专利申请权”辨析》，载《电子知识产权》2006年第6期。

10.4　专利制度的作用

知识要点

★专利制度的作用

(1)激励技术创新。通过赋予专利权人在一定期限内实施发明创造的排他性权利,专利制度能够对人们从事技术创新活动产生经济激励,从而使智力资源和资金向技术研发方面积聚,加快技术进步。

(2)促进发明创造的实际应用。专利权人要获得经济回报,最直接的方式就是将发明创造投入实际应用。而且,除技术更新的影响外,专利制度还通过两项重要制度设计,促进发明创造的实际应用。首先,专利权的保护具有一定的期限,若发明创造不尽早投入应用,专利权人的获利期待可能会随着保护期届满而落空。其次,专利权人需要交纳专利维持费,若发明创造不实际投入应用,专利权的保护将使权利人"得不偿失"。

(3)推动技术传播和交流。专利权的取得以向社会充分公开发明创造为条件,这样,不仅直接、有效地推动了新技术信息的传播和交流,而且能够使后来者得以在现有技术之上,开展进一步的研究。

此外,健全的专利保护制度,还有利于引进先进技术、发展对外贸易。

★我国专利法的立法目的

《专利法》的立法目的是指国家在制定和实施《专利法》时希望达到的目标或社会效果,它对专利立法、执法、司法活动以及专利法研究、解释都具有重要的指导作用。《专利法》第 1 条对该法立法目的做出了规定,即为了保护专利权人的合法权益,鼓励发明创造,推动发明创造的应用,提高创新能力,促进科学技术进步和经济社会发展。该目的可具体分解为两个不同的层次,授予并保护专利权是第一层次目的,也被认为是直接目的;"鼓励""推动""提高""促进"是第二层次目的,即通过授予和保护专利权而达到的目的,也被称作最终目的。

法律与规范链接

▲ **必读法条**

《专利法》第 1 条

△ **延伸法条**

《日本专利法》第 1 条

《韩国专利法》第 1 条

典型事例

伽利略扬水灌溉机专利申请案

“陛下，我发明了一种只用很简单的方法和很少的费用，而使用又非常方便的扬水灌溉机械，仅用一匹马的力量，即可使二十个管口不断向外喷水。我费了很大力气，花了很大代价才完成了它。因此像这样的发明，如果变成所有人的共同财产，是不能被容忍的。所以恳求您，除我和我的子孙或从我的后代手中获得这种权利的人以外，在四十年或在规定的期限内，不允许任何人制造和使用我所发明的新机械，即使制造了，也不准使用。如果有人违反，希望陛下考虑处以适当的罚金，将罚金的一部分归我所有。如蒙陛下垂恩，为了社会的福利，我将更热心地将力量倾注于新的发明上，为陛下效劳。”〔1〕

延伸阅读

1. 李晨乐、叶静怡：《专利公开、技术溢出与专利私人价值》，载《中央财经大学学报》2016 年第 9 期。
2. 毛昊：《创新驱动发展中的最优专利制度研究》，载《中国软科学》2016 年第 1 期。
3. 邵培樟：《实施创新驱动发展战略的专利制度回应》，载《知识产权》2014 年第 3 期。
4. 梁志文：《论专利制度的基本功能》，载《吉首大学学报》（社会科学版）2012 年第 3 期。
5. 文礼朋、郭熙保：《专利保护与技术创新关系的再思考》，载《经济社会体制比较》2007 年第 6 期。

---

〔1〕 王迁：《知识产权法学》（第五版），中国人民大学出版社 2016 年版，第 2 页。

第11章　专利权的取得和消灭

教学目标

了解专利审查制度，从宏观上了解专利审查与批准的基本流程，实用新型和外观设计专利的审查程序；

识记申请专利应当提交的文件及其提交、修改与撤回，申请日的确定，专利复审的申请与受理、专利复审的决定及其效力，导致专利权消灭的原因；

理解专利申请的原则，发明专利的审查程序，专利申请的复审；

理解并应用优先权制度，发明专利申请公布后的临时保护，发明、实用新型以及外观设计专利授权的实质条件。

推荐参考资料

1. 刘春田主编:《知识产权法》(第五版),高等教育出版社2015年版,第十三、十四、十五章。
2. 吴汉东主编:《知识产权法学》(第六版),北京大学出版社2014年版,第十四、十五、十七章。
3. 张玉敏主编:《专利法》,厦门大学出版社2017年版,第三、四、五、九章。
4. 王迁:《知识产权法教程》(第五版),中国人民大学出版社2016年版,第九、十二、十三、十四章。
5. 文希凯主编:《专利法教程》,知识产权出版社2013年版,第四、五、六、七、八、九、十章。

11.1　授予专利权的实质条件

知识要点

☆专利授权实质条件概述

能够被授予专利权的发明创造本身需具备一定的条件，才能获得专利权，这些条件习惯上被称作授予专利权的实质条件。《专利法》规定，发明和实用新型应当具备新颖性、创造性和实用性；外观设计应当具有新颖性、具备区别于现有设计的特征（区别性），[1]不得与在先权利相冲突。

★发明、实用新型专利授权的实质条件

★★新颖性

新颖性，是指该发明或者实用新型不属于现有技术；也没有任何单位或者个人就同样的发明或者实用新型在申请日以前向国务院专利行政部门提出过申请，并记载在申请日以后公布的专利申请文件或者公告的专利文件中。简言之，新颖性意味着可以被授予专利权的发明和实用新型必须是新的，既不是现有技术，也不存在抵触申请。

★★★现有技术

现有技术，是指申请日以前在国内外为公众所知的技术；包括申请日以前在国内外出版物上公开发表、在国内外公开使用或者以其他方式为公众所知的技术。这些公开方式习惯上依次简称为出版物公开、使用公开和以其他方式公开，它们均无地域限制，而且不以公众实际知晓为必要。但是，申请日以前虽然存在但公众不能够得知的技术内容，不属于现有技术。例如，因受保密规定或协议约束，或者因社会观念或商业习惯上的保密等情形而处于保密状态的技术内容。此外，现有技术的范围不包括申请日当天公开的技术。

---

〔1〕与发明和实用新型授权条件中直接采用新颖性、创造性的表述不同，《专利法》中外观设计授权条件的表述并未采用类似表述，但从条文表述内容来看，《专利法》第23条第1款所述内容与新颖性无异，对于该条第2款所表述的条件，本书采用“区别性”这一称谓，与有著作所称的“创造性”所指相同。

★★★抵触申请

抵触申请,是对损害新颖性的其他专利申请的习惯称谓,具体包括在申请日以前,由任何单位或者个人就同样的发明或者实用新型向专利局提出并且在申请日以后(含申请日)公布的专利申请文件或者公告的专利文件。抵触申请在新颖性判断中所发挥的作用与现有技术有所区别,相对于抵触申请中公开的技术方案,需要审查的发明创造仍然是"新"的,但因禁止重复授权原则和先申请制的要求,将抵触申请作为在后申请不具备新颖性的特殊情形。

★★★新颖性的宽限期

《专利法》规定,在申请日以前 6 个月内,因下列情形导致申请专利的发明创造被公开的,不丧失新颖性:(1)在中国政府主办或者承认的国际展览会上首次展出的;(2)在规定的学术会议或者技术会议上首次发表的;(3)他人未经申请人同意而泄露其内容的。其中,中国政府承认的国际展览会,是指国际展览会公约规定的在国际展览局注册或者由其认可的国际展览会。规定的学术会议或者技术会议,是指国务院有关主管部门或者全国性学术团体组织召开的学术会议或者技术会议。

★★创造性

创造性,是指与现有技术相比,该发明具有突出的实质性特点和显著的进步,该实用新型具有实质性特点和进步。判断创造性的依据只能是现有技术,这与新颖性判断中还包括抵触申请有所不同。与"新颖性"的关注要点在于发明和实用新型是否与现有技术相同有别,"创造性"的关注要点在于发明和实用新型与现有技术的差异性,或者说是发明和实用新型在现有技术基础之上的进步性、对技术进步的贡献大小。根据《专利法》规定,具备创造性,需要同时满足"实质性特点"和"进步"两个方面。另外,发明和实用新型在创造性要求上有一定差异。

★★★突出的实质性特点的含义

发明应当具有突出的实质性特点,是指对所属技术领域的技术人员来说,发明相对于现有技术是非显而易见的。如果发明是所属技术领域的技术人员在现有技术的基础上仅仅通过合乎逻辑的分析、推理或者有限的试验可以得到的,则该发明是显而易见的,也就不具备突出的实质性特点。

实用新型应当具有实质性特点。与前述"突出的实质性特点"的区别主要体现在现有技术中是否存在"技术启示"方面:在现有技术的领域方面,实用新型着重考虑其所属的技术领域,一般不考虑相近或相关的技术领域;在现有技术的数量方面,一般情况下可以引用一项或两项现有技术评价其创造性,而发明专利则可以引用多项现有技术进行评价。

★★★显著的进步的含义

发明应当具有显著的进步，是指发明与现有技术相比能够产生有益的技术效果。例如，发明克服了现有技术中存在的缺点和不足，或者为解决某一技术问题提供了一种不同构思的技术方案，或者代表某种新的技术发展趋势。

★★★所属领域的技术人员

所属技术领域的技术人员，也可称为本领域的技术人员，是一种假设的“人”，假定他知晓申请日或者优先权日之前发明所属技术领域所有的普通技术知识，能够获知该领域中所有的现有技术，并且具有应用该日期之前常规实验手段的能力，但不具有创造能力。

★★★创造性的判断方法

判断发明相对现有技术是否显而易见时，需要先确定最接近的现有技术，即现有技术中与要求保护的发明最密切相关的一个技术方案；然后以此为基础，确定发明的区别特征和发明实际解决的技术问题；最后判断要求保护的发明对本领域的技术人员来说是否显而易见。如果现有技术在整体上给出了将发明的区别特征应用到该最接近的现有技术以解决其存在的技术问题（发明实际解决的技术问题）的启示，则该发明就是显而易见的，不具有突出的实质性特点。例如，要求保护的发明为减轻建筑物构件重量而用铝制造的建筑构件，若一份对比文件仅明确公开了用轻质材料制造相同的建筑构件，同时在建筑标准中已有明确，铝作为一种轻质材料可作为建筑构件，则该要求保护的发明明显应用了铝材轻质的公知性质，可认为现有技术中存在上述技术启示。

在评价发明是否具有显著的进步时，主要应当考虑发明是否具有有益的技术效果。

★★实用性

实用性，是指该发明或者实用新型能够制造或者使用，并且能够产生积极效果。这意味着授予专利权的发明或实用新型，必须是能够解决技术问题，并且能够在产业上制造或使用。其中，产业作广义理解，包括工业、农业、林业、水产业、畜牧业、交通运输业以及文化体育、生活用品和医疗器械等行业。能够制造或者使用，意味着是符合自然规律、具有技术特征的任何可实施的技术方案。能够产生积极效果，是指发明或者实用新型专利申请在提出申请之日，其产生的经济、技术和社会的效果是所属技术领域的技术人员可以预料到的，这些效果应当是积极的和有益的。

★★★实用性的审查

实用性的审查,不应局限于权利要求书的记载,而应以说明书和权利要求书所公开的整体技术内容为依据;是否具备实用性,与该发明创造是否已经实施无关。实用性的判断,只涉及发明创造本身的性质,不是基于与现有技术相比较的判断。

满足实用性要求的技术方案具有在产业中被制造或使用的可能性,应当具有再现性,其重复实施不依赖任何随机的因素,且具有相同的实施效果。例如,利用独一无二的自然条件的产品、人体或者动物体的非治疗目的的外科手术方法等都不具备实用性。

满足实用性要求的技术方案,还应当能够产生预期的积极效果。明显无益、脱离社会需要的发明或者实用新型专利申请的技术方案不具备实用性。

★外观设计专利授权的实质条件

★★新颖性

新颖性,是指授予专利权的外观设计,应当不属于现有设计;也没有抵触申请。不属于现有设计,是指在现有设计中,既没有与申请专利保护的外观设计相同的外观设计,[1]也没有与涉案专利实质相同的外观设计。其中,现有设计,是指申请日以前在国内外为公众所知的设计,公众知晓的途径与前文所述的现有技术是一样的。

抵触申请,是指任何单位或者个人就同样的外观设计在申请日以前向国务院专利行政部门提出过申请,并记载在申请日以后公告的专利文件中的外观设计专利申请。

★★★外观设计新颖性的审查

在对外观设计专利进行审查时,将进行比较的对象称为判断客体;与涉案专利进行比较的判断客体简称对比设计。外观设计是否具备新颖性的判断,应当基于涉案专利产品的一般消费者的知识水平和认知能力进行评价。这里的一般消费者应当对涉案专利申请日之前相同种类或者相近种类产品的外观设计及其常用设计手法(如设计的转用、拼合、替换等)具有常识性的了解;对外观设计产品之间在形状、图案以及色彩上的区别具有一定的分辨力,但不会注意到产品的形状、图案以及色彩的微小变化。

---

〔1〕 外观设计专利授权实质条件的审查,是在外观设计专利权的无效宣告程序中才会遇到的,故而习惯上称为涉案专利。

外观设计相同，是指涉案专利与对比设计是相同种类产品的外观设计，并且涉案专利的全部外观设计要素与对比设计的相应设计要素相同。其中，外观设计要素是指形状、图案以及色彩。外观设计实质相同的判断仅限于相同或者相近种类的产品外观设计。对于产品种类不相同也不相近的外观设计，不进行涉案专利与对比设计是否实质相同的比较和判断，即可认定涉案专利与对比设计不构成实质相同，例如毛巾和地毯的外观设计一般不进行对比判断。

是否存在抵触申请的判断，应当以对比设计所公告的专利文件全部内容为判断依据。

★★区别性

区别性，是指授予专利权的外观设计与现有设计或者现有设计特征的组合相比，应当具有明显区别。包括两层含义：一是与现有设计相比具有明显区别；二是与现有设计中的两项以上设计方案的设计特征组合相比具有明显区别。前者涉及与相同或近似种类产品的一项现有设计进行比较，以及是否涉及不同种类产品的一项现有设计的转用；后者涉及与两项以上的现有设计的组合相比较。其中，现有设计特征，是指现有设计的部分设计要素或者其结合，如现有设计的形状、图案、色彩要素或者其结合，或者现有设计的某组成部分的设计，如整体外观设计产品中的零部件的设计。

★★★区别性的审查

根据《专利审查指南》规定，区分以下两种情形：

一是与相同或者相近种类产品现有设计进行对比。如果一般消费者经过对涉案专利与现有设计的整体观察可以看出，二者的差别对于产品外观设计的整体视觉效果不具有显著影响，则涉案专利不具备区别性。其中，显著影响的判断仅限于相同或者相近种类的产品外观设计。

二是与现有设计的转用、现有设计及其特征的组合进行对比。判断方法与前文所述的“创造性”的判断类似：即先确定现有设计的内容，然后将现有设计或者现有设计特征与涉案专利对应部分的设计进行对比，在对应部分仅存在细微差别的情况下，判断在与涉案专利相同或者相近种类产品的现有设计中是否存在具体的转用手法的启示，或组合手法的启示。如果存在，则二者不具有明显区别。

★★不得与他人在先权利相冲突

《专利法》规定该条件的目的在于解决实践中出现的外观设计专利权与商标权、著作权等之间的权利冲突问题。其中，在先权利包括商标权、著作权、企业名称权(包括商号权)、肖像权以及知名商品特有包装或者装潢使用权等。

法律与规范链接

▲ 必读法条

《专利法》第 22 条、第 23 条、第 24 条

《专利法实施细则》第 30 条

△ 延伸法条

《最高人民法院关于审理专利纠纷案件适用法律问题的若干规定》(法释〔2015〕4 号)第 16 条

《美国专利法》第 102 条、第 103 条

《日本专利法》第 29 条、第 29 条之 2、第 30 条

《德国专利法》第 3 条、第 4 条、第 5 条

典型案例

藁城市袜不湿垫业有限公司诉国家知识产权局专利复审委员会专利无效行政纠纷案[1]

【案情概述】

涉案争议专利系名称为"除臭吸汗鞋垫"的第 01207388.1 号实用新型专利，申请日为 2001 年 4 月 2 日，授权公告日为 2002 年 2 月 27 日。专利授权公告的权利要求为:1. 一种除臭吸汗鞋垫，其特征是它是由两层防滑层于相对的内面各附设一单向渗透层，其间再叠置粘结吸汗层、透气层、除臭层组成，吸汗层与透气层相邻;2. 根据权利要求 1 所述的鞋垫，其特征是所述的单向渗透层为一层布面;3. 根据权利要求 1 所述的鞋垫，其特征是所述的吸汗层由吸水树脂铺设而成;4. 根据权利要求 1 所述的鞋垫，其特征是所述的除臭层由活性炭铺设而成;5. 根据权利要求 1 所述的鞋垫，其特征是所述的除臭层由在除臭剂浸泡并干燥的织物铺成;6. 根据权利要求 1 所述的鞋垫，其特征是所述的吸汗层和除臭层合并为一层吸汗除臭层，它是由吸水树脂和活性炭混合铺设而成;7. 根据权利要求 1 所述的鞋垫，其特征是所述的透

---

〔1〕 北京市第一中级人民法院行政判决书(2003)一中行初字第 316 号。

气层为尼龙纤维丝网组成;8.根据权利要求1所述的鞋垫,其特征是所述的防滑层为具有凹凸不平外的表面的布面。

本案专利说明书第1页倒数第1行至第3行载明:"本实用新型利用吸汗层和除臭层配合透气层的设计,实现了吸汗、除臭,保持脚部的清洁干爽的使用效果,并且不会对脚部产生任何不良刺激,穿着舒适、透气性好。"第2页第12行载明:"本实用新型中的单向渗透层是一种具有漏斗状孔隙的布面。"

涉案专利授权后,原告藁城市袜不湿垫业有限公司(以下简称袜业公司)向被告专利复审委员会提出无效宣告请求,认为根据申请日前存在的下列附件,本案专利权利要求1至8不具备创造性,权利要求1和2的"单向渗透层"不可能实现,不具备实用性。原告提供附件如下:

附件1:名称为"一次性用吸水防潮鞋垫"的实用新型专利说明书,其第3页载明:"它是由上面层、吸水层和下面层组成。上面层从上往下又由布面层和干纸浆层组成;吸水层用浆丙烯酸钠盐吸水剂铺成一层;下面层从上往下又由干纸浆层和布面层组成,下面层亦可是一塑料纸层。其中布面的外表可使鞋垫耐磨和保持鞋垫外形;聚丙烯酸钠盐为吸水剂,可吸收鞋内水汽而使鞋内保持干燥;干纸浆层可使吸水剂聚丙烯酸钠盐保持层状,并使鞋垫挺直和富有弹性。"

附件2:河北省藁城市珍誉工艺品有限公司企业标准q/gzy01－2001《物理除臭鞋垫》复印件6页,发布日和实施日为2001年3月6日;其在藁城市技术监督局备案日期为2001年3月9日。

附件4[1]:名称为"高效除臭鞋垫"的实用新型专利说明书,其中载明:"图1至图3为实施例1—厚型舒适型鞋垫示意图。面层1采用涤纶面料制成,除臭层2、4采用无纺布制成,其上分别有用软质胶紧密附着的能长期的发射红外线的粉状精密半导体材料5、6如铬、铁、锰、硅等。抗菌除湿层3中的弹性尼龙网7上用软质胶紧密附着活性炭8。面层1、除臭层2、抗菌除湿层3、除臭层4依次排列并用缝纫线9连接成一体。"

附件5:名称为"抗菌除臭鞋垫及其生产工艺和设备"的发明专利申请公开说明书;该专利权利要求1为"一种抗菌除臭鞋垫,为层状结构,其特征在于层状结构包括表层和底层,表层为抗菌无纺布层;在该抗菌除臭鞋垫的正面和反面有凸起状结构"。权利要求2为"根据权利要求1所述的抗菌除臭鞋垫,其特征在于底层由二

---

〔1〕 原告在被告无效宣告口头审理中,当庭表示放弃以附件3作为无效证据。

至四层普通无纺布层组成；抗菌无纺布层和普通无纺布层相互之间被热压为一体；凸起状结构可以是棱形凸起，也可以是方块状凸起或网格状凸起”。

附件6：名称为“活性炭除臭鞋垫”的实用新型专利说明书，其中载明：“本实用新型主要由上层、次层、中层、下层等部分组成，其上层、次层、下层为织物层，中层为经活性碳处理的吸附层。本实用新型与已有的药物鞋垫相比，除臭效果好，具有对皮肤无损伤刺激，不抑制生理排汗、不导致菌群紊乱等特点……”

针对上述无效宣告请求，第三人提交意见陈述书，认为原告提供的证据不足以破坏本案专利的创造性，并且强调附件2为企业内部保密资料，不会对外公开，不是有效对比文件，而且认为该标准内容并未披露本案专利产品的构成、生产方法。

2003年1月20日，被告作出无效宣告请求审查决定，维持本案专利权有效。原告不服，诉至法院。

【关键问题】

1. 附件2企业标准记载的内容是否构成本案专利的现有技术？

2. 本案专利权利要求1和要求2是否符合《专利法》规定的实用性？

3. 附件1、附件4至附件6是否破坏本案专利的创造性？

【简要评论】

1. 现有技术是指申请日以前在国内外为公众所知的技术，核心是公开。虽然存在但公众客观上不能够、或无法得知的技术内容，不属于现有技术。

本案中，判断附件2企业标准记载的内容是否构成本案专利的现有技术，需要确定其是否构成《专利法》意义上的公开。《标准化法》等相关法律对企业标准的发布方式及范围没有明确规定。附件2企业标准虽然标明了发布及实施日期，也办理了备案手续，但此“发布”及“备案”与“专利法”意义上的公开并不等同。原告若不能提供证据证明该企业标准已向社会公众公布，并且在本案专利申请日之前已处于任何公众想要得知即可得知的状态，附件2便不能视为在申请日前已公开，其记载的内容亦不构成现有技术。

2. 根据《专利法》第22条第4款之规定，判断实用性的关键是要看专利技术方案是否能够在产业中实施并且能够产生积极效果。

本案专利权利要求1所述的一种除臭吸汗鞋垫，包括两层防滑层，在两层防滑层的内面各附设一单向渗透层，其间再叠置粘结吸汗层、透气层、除臭层组成，吸汗层与透气层相邻。权利要求2进一步限定的附加技术特征是单向渗透层为一层布面。本案专利说明书说明单向渗透层是一种具有漏斗状孔隙的布面。不难看出，权利要求1和要求2所述的技术方案能够在产业中实施，其实施能够达到本案专利旨在"减少日常生活中脚部排汗的异味，并可保持鞋内经常干燥，防止脚疾"的目的，能够产生有益的技术效果。因此，权利要求1和要求2具有实用性。

3. 根据《专利法》第22第3款规定，实用新型是否具备创造性的评价首先需要确定现有技术的范围，然后找到对比文件所公开的技术方案与涉案专利技术特征之间的区别技术特征，最后判断区别技术特征对于本领域普通技术人员而言是否显而易见。此外，如果一项独立权利要求具备创造性，则不再审查该独立权利要求的从属权利要求的创造性；反之，则反是。

本案中，将本案专利权利要求1与附件1和附件4至附件6分别进行比较，附件1没有公开本案专利权利要求1所述的"单向渗透层""透气层"和"除臭层"等结构特征，附件4至附件6均未公开本案专利权利要求1所述的"单向渗透层"和"透气层"这两个结构特征。而且，附件1和附件4至附件6均未公开本案专利权利要求1进一步限定的各层之间位置关系及吸汗层与透气层相邻等技术特征。那么，相对于上述附件，本案专利权利要求1所述的技术方案是否具备创造性呢？首先，本领域的普通技术人员依据其具备的专业知识应当能够理解本案专利权利要求1所述的"单向渗透层"含义，即脚汗从一方向渗入后不会反向渗出，并且本案专利说明书亦描述了本案专利的单向渗透层是一种具有漏斗状孔隙的布面。其次，本案专利权利要求1所述的技术方案，不仅限定了防滑层、单向渗透层、吸汗层、透气层及除臭层等各层的功能，还限定了各层之间的位置关系，从而使其所述的除臭吸汗鞋垫能够实现说明书载明的发明目的，即利用吸汗层与除臭层配合透气层的设计，实现了吸汗、除臭，保持脚部的清洁干爽的使用效果，并且不会对脚部产生任何不良刺激，穿着舒适、透气性好。针对本案专利权利要求1与附件存在的区别技术特征，附件1和附件4至附件6均未给出任何技术启示，本领域的普通技术人员在上述附件的基础上，需要付出创造性劳动才能得出本案专利权利要求1所述的技术方案。综上，相对于上述附件，本案专利权利要求1具有实质性特点和进步，具备创造性。鉴于权利要求2至要求8均从属于权利要求1，在权利要求1具备创造性的基础上，权利要求2至要求8也具备创造性。

【核心知识】

1.《专利法》所规定的现有技术与申请日以前存在的技术并不完全等同，如保密的技术，就不属于《专利法》规定的现有技术。

2. 实用性，是指该发明或者实用新型能够制造或者使用，并且能够产生积极效果。

3. 发明和实用新型是否具备创造性的判断核心是，确定现有技术中是否给出了将发明创造所具有的区别于现有技术的技术特征应用到该最接近的现有技术以解决其存在的技术问题(发明实际解决的技术问题)的启示。

延伸阅读

1. 管荣齐:《对实用新型实质条件改革的思考》，载《知识产权》2015 年第 9 期。
2. 刘东华、刘晓海、黄国群:《专利创造性判断模型实证研究》，载《科学学研究》2015 年第 5 期。
3. 杨德桥:《美国专利法上的专利实用性判断标准研究》，载《知识产权》2015 年第 5 期。
4. 寇飞、周明新:《现有技术公开不充分对新颖性/创造性评价的影响》，载《中国发明与专利》2014 年第 8 期。
5. 张爱国:《我国外观设计保护创造性要求之检讨与重设》，载《法商研究》2014 年第 3 期。
6. 管荣齐:《我国专利实质条件的改进建议》，载《知识产权》2013 年第 10 期。

11.2　专利的申请

知识要点

★专利申请原则

(1)书面原则。申请人为获得专利权所需履行的各种法定手续都必须以书面形式办理，包括纸质形式，也包括电子文件形式。以口头、电话、实物形式办理的，或者以传真、电报、电子邮件等通信手段办理的，不产生法律效力。

(2)禁止重复授权原则与先申请原则。禁止重复授权原则，是指同样的发明创造，只能授予一项专利权。先申请原则，也称为先申请制，是指两个以上的申请人分别就同样的发明创造申请专利的，专利权授予最先申请的人。若两个以上的申请人同日分别就同样的发明创造申请专利的，应当在收到国务院专利行政部门的通知后自行协商确定申请人。申请人期满不答复的，其申请被视为撤回；协商不成，或者经申请人陈述意见或进行修改后仍不符合《专利法》关于禁止重复授权的规定的，两件申请均予以驳回。

考虑发明和实用新型专利授权的不同程序，以及二者相互可能构成同样的发明创造的实际，《专利法》规定了禁止重复授权原则的例外：同一申请人同日对同样的发明创造既申请实用新型专利又申请发明专利，先获得的实用新型专利权尚未终止，且申请人声明放弃该实用新型专利权的，可以授予发明专利权。适用该规定的前提条件是，申请人应当在申请时分别说明对同样的发明创造已申请了另一专利，未说明的，不适用该例外规定。发明专利申请经审查没有发现驳回理由，国务院专利行政部门应当通知申请人在规定期限内声明放弃实用新型专利权。申请人声明放弃的，国务院专利行政部门应当作出授予发明专利权的决定，并在公告授予发明专利权时一并公告申请人放弃实用新型专利权声明。申请人不同意放弃的，国务院专利行政部门应当驳回该发明专利申请；申请人期满未答复的，视为撤回该发明专利申请。实用新型专利权自公告授予发明专利权之日起终止。

（3）单一性原则。一件专利申请只能限于一项发明创造，不允许将两项以上发明创造合在一起提出一件专利申请。不符合单一性原则的，申请人可以在规定期限内依法向国务院专利行政部门提出分案申请。《专利法》还基于便利专利授权机关审查和公众检索使用专利技术的考虑，规定了单一性原则的下列例外：

属于一个总的发明构思的两项以上的发明或实用新型，可以作为一件申请提出。“属于一个总的发明构思”，是指两项以上的发明或实用新型具有相同或相应的特定技术特征；也就是说，它们应当在技术上相互关联，且包含一个或者多个相同或者相应的特定技术特征。其中，特定技术特征是指每一项发明或者实用新型作为整体，对现有技术作出贡献的技术特征。例如，就一种化合物 X 及其制备方法和应用的专利申请中，包含三项权利要求：“1. 一种化合物 X；2. 一种制备化合物 X 的方法；3. 化合物 X 作为杀虫剂的应用。”可以看出，化合物 X 是这三项权利要求的相同技术特征。这件申请是否具备单一性，取决于化合物 X 是否属于特定技术特征。若是，则该件申请就具备单一性；若否，即权利要求 1 不能被授予专利权，因为权利要求 2 和 3 之间的相同技术特征是不能被授予专利权的化合物 X，权利要求 2 和 3 之间就不具有相同或相应的特定技术特征，因而缺乏单一性。

用于同一类别并且成套出售或者使用的产品之上的两项以上的外观设计，可以作为一件申请提出。具体是指：（1）两件以上产品属于国际外观设计专利分类表中同一大类。（2）两件以上产品相互独立且习惯上同时出售或同时使用并具有组合使用价值；例如由床罩、床单和枕套等组成的多套件床上用品习惯上同时出售，由咖啡杯、咖啡壶、牛奶壶和糖罐总成的咖啡器具习惯上同时使用。（3）各产品的设计构思相同，具体是指对各产品的形状、图案或者其结合以及色彩与形状、图案的结合所作出的设计是统一的。例如，若咖啡壶以兰花图案为设计题材，而咖啡杯以熊猫图案为设计题材，则不能认为设计构思相同。

★申请发明和实用新型专利应提交的文件

申请发明或实用新型专利均需提交请求书、说明书及其摘要和权利要求书等文件。

(1)请求书。请求书中应当写明发明或实用新型的名称、发明人的姓名、申请人的基本信息，委托专利代理机构的，还包括专利代理人及代理机构的基本信息，申请文件及附加文件清单等。

(2)说明书。说明书应当对发明或实用新型做出清楚、完整的说明，以达到使本领域的普通技术人员能够据此理解、实施该发明创造的程度。说明书应当包括：发明或实用新型的名称；技术领域，即要求保护的技术方案所属的技术领域；技术背景，即对发明或者实用新型的理解、检索、审查有用的背景技术；发明内容，即发明或者实用新型所要解决的技术问题以及解决该技术问题采用的技术方案，相对现有技术所具有的有益效果；附图说明，即对说明书中所出现的附图所作的简略说明；具体实施方式，申请人认为实现发明或者实用新型的优选方式。

(3)说明书摘要。它是对说明书公开内容的概述，应当写明发明或者实用新型的名称和所属技术领域，并清楚地反映所要解决的技术问题、解决该问题的技术方案的要点以及主要用途。

(4)权利要求书。它是专门用来记载权利要求的文件。在申请专利阶段，权利要求书是专利授权机关判定是否授予专利权的基本依据；在获得专利权后，权利要求书是确定权利边界，处理侵权纠纷的基本依据。权利要求书应当记载发明或者实用新型的技术特征。权利要求可分为独立权利要求和从属权利要求。前者从整体上反映发明或者实用新型的技术方案，记载解决技术问题的必要技术特征；后者除了包含同类型的权利要求中的所有技术特征外，还用附加的技术特征对该权利要求的技术方案作了进一步的限定。一份权利要求书中应当至少包括一项独立权利要求，还可以包括从属权利要求。

(5)其他文件。因发明创造类型或申请的具体情形，有时还需要一并提交其他申请文件。主要包括：要求优先权的，应当提交主张优先权的有关证明文件；申请费用减缓的，应当填写请求书；对于依赖遗传资源完成的发明创造以及微生物菌种、药品的专利申请，还应提交法律规定的相应说明或证明文件。

★申请外观设计专利应提交的文件

申请外观设计专利应提交请求书、该外观设计的图片或照片以及对该外观设计的简要说明等文件。

(1)请求书。请求书中应当说明使用外观设计的产品名称,且该产品名称应当符合国际外观设计分类表中小类列举的名称。

(2)外观设计照片或图片。这一申请文件与发明、实用新型专利申请文件中的权利要求书的作用相当,故而申请人提交的有关图片或照片应当清楚地显示要求专利保护的产品的外观设计。

(3)简要说明。简要说明用于解释图片或照片中所表示的该产品的外观设计。其中应包括下列内容:外观设计产品的名称;外观设计产品的用途;外观设计的设计要点;指定一幅最能表明设计要点的图片或者照片。对同一产品的多项相似外观设计提出一件外观设计专利申请的,应当在简要说明中指定其中一项作为基本设计。

★申请专利文件的提交、主动修改与撤回

申请专利的文件可直接递交、通过邮局邮寄或速递公司递交,采用电子文件形式的,除需要按照保密专利申请处理的外,通过专利局电子专利申请系统传送。

申请人可以对其专利申请文件主动提出修改。发明专利申请人在提出实质审查请求时以及在收到国务院专利行政部门发出的发明专利申请进入实质审查阶段通知书之日起的 3 个月内,可以对发明专利申请主动提出修改;实用新型或者外观设计专利申请的主动修改应自申请日起 2 个月内提出。但是,对发明和实用新型专利申请文件的修改不得超出原说明书和权利要求书记载的范围,对外观设计专利申请文件的修改不得超出原图片或者照片表示的范围。

授予专利权之前,申请人可以随时撤回专利申请,撤回申请不得附有任何条件。撤回申请的声明自国务院专利行政部门收到时生效。

☆专利申请的受理

专利申请的受理部门包括专利局受理处和各代办处,在收到专利申请后,应当检查和核对全部文件,作出受理或不受理决定。

★专利申请日的确定

专利申请符合受理条件的,应当确定申请日:当面递交专利申请的,或通过速递公司递交的,均以收到日为申请日;通过邮局递交的,以寄出的邮戳日为申请日,邮戳日不清楚的,除当事人能够证明的外,以收到日为申请日。

★★优先权制度

优先权制度是与专利申请日的确定密切相关的一项制度。它源自于《保护工业产权巴黎公约》,旨在解决申请人先后就同一发明创造向不同国家申请专利时出现的发明创造新颖性或创造性条件丧失问题。如今,优先权制度的适用范围扩大到了申请人先后在本国提出申请的情形。相应地,将以在外国提出首次申请为基础的优先权称为“外国优先权”,而将以在本国提出的首次申请为基础的优先权称为“本国优先权”。无论哪一种优先权,其核心均是可以以首次申请的申请日作为在后申请的申请日。

优先权的享有需要具备一定的条件。首先,申请人需要在申请的时候提出书面声明,并且在 3 个月内提交第一次提出的专利申请文件的副本,未提出书面声明或者逾期未提交专利申请文件副本的,视为未要求优先权。其次,就外国优先权而言,申请人自发明或者实用新型在外国第一次提出专利申请之日起 12 个月内,或者自外观设计在外国第一次提出专利申请之日起 6 个月内,又在中国就相同主题提出专利申请的,依照该外国同中国签订的协议或者共同参加的国际条约,或者依照相互承认优先权的原则,可以享有优先权。就本国优先权而言,申请人自发明或者实用新型在中国第一次提出专利申请之日起 12 个月内,又向国务院专利行政部门就相同主题提出专利申请的,可以享有优先权。

申请人在一件专利申请中,可以要求一项或者多项优先权;要求多项优先权的,该申请的优先权期限从最早的优先权日起计算。要求本国优先权的,作为本国优先权基础的首次申请,自在后申请之日起视为撤回。

法律与规范链接

▲ 必读法条

《专利法》第 9 条、第 26 条、第 27 条、第 28 条、第 29 条 第 30 条、第 31 条、第 32 条、第 33 条

《专利法实施细则》第 2 条、第 4 条、第 16 ~ 29 条、第 31 ~ 42 条、第 51 条

△ 延伸法条

《日本专利法》第 39 条、第 41 条、第 42 条、第 43 条、第 43 条之 2;第 44 条

《美国专利法》第 119 条、第 120 条、第 121 条,《莱西—史密斯美国发明法案》第 3 节“发明人先申请制”

《德国专利法》第14条、第34条、第34A条、第36条、第37条、第39条、第40条、第41条

典型案例

株式会社岛野与中华人民共和国国家知识产权局专利复审委员会、赛冠公司发明专利权无效行政纠纷提审案[1]

【案情概述】

1994年2月3日，株式会社岛野向国家知识产权局提出名称为“后换挡器支架”的发明专利申请（原申请），该申请优先权日为1993年2月3日，公开日为1994年12月7日。原申请公开文本中的权利要求书的具体内容如下：

1. 一种利用在自行车车架的后叉端的供安装换挡器的延伸部上形成的连接结构将后换挡器连接到自行车车架上的后换挡器支架，该后换挡器支架包括：一个支架体；设在该支架体一端近旁，用于将所述后换挡器连接到该支架体上的第一连接结构；设在该支架体另一端近旁，用于将该支架体连接到所述自行车车架的所述连接结构上的第二连接结构；和用于与所述供安装换挡器的延伸部接触从而使后换挡器相对于所述后叉端以一种预定的姿势定位的定位结构。2. 如权利要求1所述的后换挡器支架，其中所述支架体为一块大致呈L形的板，所述的第一连接结构和第二连接结构为基本上圆的螺栓孔，而所述的定位结构的位置邻近所述的第二连接结构。3. 如权利要求2所述的后换挡器支架，其中所述的定位结构是从所述板的表面基本上垂直地延伸的一个凸出部。4. 如权利要求1所述的后换挡器支架，其中所述的第一连接结构和第二连接结构的布置应使当所述支架体安装在所述后叉端上时，所述的第二连接结构提供的连接点从所述后叉端看是在第一连接结构提供的连接点的下方和后方。

本专利以原申请为基础提出的分案申请被授权而来，系国家知识产权局于2006年8月30日授权公告的名称为“后换挡器”的发明专利。本专利授权公告时的权利要求书的具体内容如下：1. 一种后换挡器（100），包括：支架件（5）；用于支撑具有导向轮（1）和张紧轮（2）的链条导向装置（3）的支撑件（4）；用于连接所述支撑件（4）和所述支架件（5）的一对连接件（6，7）；支架体（8），其包含第一连接结构

[1] 最高人民法院行政判决书（2013）行提字第21号。

(8a)、第二连接结构(8b)以及定位结构(8c),其中所述第一连接结构(8a)设在所述支架体(8)一端近旁、用于将所述支架件(5)可绕第一轴线(91)转动地连接到所述支架体(8)上,所述第二连接结构(8b)设在所述支架体(8)另一端近旁以及安装在所述支架件(5)上的拉伸弹簧(12);其特征在于:所述支架体(8)由一大致 L 形板构成;所述支架体(8)的第二连接结构(8b)的形状为一大致圆形孔;所述支架体(8)具有形成在所述第一连接结构(8a)近旁的孔(8d),用于接纳所述拉伸弹簧(12)的一端,以将所述拉伸弹簧(12)连接至所述支架体(8)上;所述定位结构(8c)的形状为从所述板的表面延伸的凸台,所述凸台的位置邻近所述第二连接结构(8b)。2. 根据权利要求 1 所述的自行车后换挡器支架,其特征在于,所述定位结构(8c)是通过压制形成的。3. 根据权利要求 1 所述的后换挡器(100),其特征在于,所述第一连接结构的形式是一大致圆形孔(8a)。4. 根据权利要求 3 所述的后换挡器(100),其特征在于,所述大致圆形孔(8a)是一圆形螺栓孔(8a)。5. 根据权利要求 4 所述的后换挡器(100),其特征在于,所述圆形螺栓孔(8a)容纳用于连接所述支架件(5)和所述支架体(8)的固定螺栓(15),通过所述固定螺栓(15)支撑所述支架件(5)可绕所述第一轴线(91)转动。6. 根据权利要求 1 所述的后换挡器(100),其特征在于,所述大致圆形孔(8b)设置成使一连接螺栓(16)穿过所述圆形孔而放置。

在原申请的说明书中,第 2 页最后 1 行至第 3 页第 1 行记载有"第一连接结构和第二连接结构取基本上圆的螺栓孔的形状";第 4 页倒数第 1 至第 2 行记载有"一个紧邻该支架 8 一端的第一圆形螺栓孔 8a 和一个紧邻支架 8 另一端的第二圆形螺栓孔 8b";第 5 页第 1、6、10、11、21 行和第 7 页第 2、5 行记载有"螺栓孔 8a"或"螺栓孔 8b";第 7 页第 5 至第 7 行记载有"支架 8 上的螺栓孔 8a 和 8b 可以用其他各种形式的结构代替。例如,支架 8 可以有通至端部的开口孔,或者连接固定于其上的螺栓的开口孔"。

在原申请的说明书中,第 7 页第 1 至第 2 行记载有"支架 8 上的凸台 8c 可以通过例如对支架 8 的背面进行模压使形成支架 8 的板的一部分凸起而制成"。

在本专利说明书中,第 10 页第 6 至第 7 行记载有"支架 8 上的凸台 8c 可以通过例如对支架 8 的背面进行压制使形成支架 8 的板的一部分凸起而制成"。

2009 年 12 月 11 日,赛冠公司向专利复审委员会提出无效宣告请求,请求宣告本专利全部无效,并在 2010 年 3 月 17 日的口头审理过程中明确其无效理由为本专利权利要求书和说明书的修改不符合《专利法》第 33 条的规定。

2010 年 5 月 13 日,专利复审委员会作出第 15307 号无效宣告请求审查决定(以下简称第15307号决定),宣告本专利权全部无效。决定指出,鉴于本专利权利要求1至3、6和说明书的修改不符合《专利法》第33条的规定,而且,其余权利要求也不能完全克服上述缺陷,因此本专利权利要求1至6均不符合《专利法》第33条的规定。株式会社岛野不服第15307号决定,诉至法院。

【关键问题】

本专利权利要求1、2、3、6的修改是否符合《专利法》第33条的规定?

【简要评论】

根据《专利法》第33条的规定,申请人既可以通过修改补正专利申请文件中的撰写瑕疵,也可以通过修改对专利申请文件中公开的技术信息用适当的方式进行表述,对要求保护的范围作出调整。但修改不得超出原说明书和权利要求书记载的范围。从该条款的立法目的来看,“原说明书和权利要求书记载的范围”应当理解为原说明书和权利要求书所呈现的发明创造的全部信息,是对发明创造的全部信息的固定。具体包括:原说明书及其附图和权利要求书以文字和图形直接记载的内容,以及所属领域普通技术人员根据原说明书及其附图和权利要求书能够确定的内容。审查专利申请文件的修改是否超出原说明书和权利要求书记载的范围,应当考虑所属技术领域的技术特点和惯常表达、所属领域普通技术人员的知识水平和认知能力、技术方案本身在技术上的内在必然要求等因素,以正确确定原说明书和权利要求书记载的范围。

就本案而言,本专利是以原申请为基础提出的分案申请所获得的授权,株式会社岛野在进行分案申请时对原申请文本进行了修改,具体涉及以下修改内容:

1. 从“圆的螺栓孔”到“圆形孔”的修改,体现为对第一连接结构8a和第二连接结构8b的修改

本专利权利要求1对8b的记载为“形状为一大致圆形孔”,权利要求3中对8a的记载为“形式是一大致圆形孔”。在原申请的权利要求2中记载第一连接结构8a和第二连接结构8b为“基本上圆的螺栓孔”,在原申请说明书中记载8a和8b为“基本上圆的螺栓孔的形状”“圆形螺栓孔”以及“螺栓孔”。

可见,原申请文本中8a和8b实质上由两个技术特征共同限定:一是圆形孔;二是供螺栓穿过。株式会社岛野将“圆的螺栓孔”“圆形螺栓孔”以及“螺栓孔”概括修改为“圆形孔”,删除了“供螺栓穿过”的技术特征,在本专利授权文本的其他部分也未显示出8a和8b仅能供螺栓穿过的技术信息。实际上,在机械领域,对于圆形孔而言,其也可以供销钉等其他连接部件穿过。对本领域普通技术人员而言,“圆

形孔”与“圆的螺栓孔”具有不同的技术含义。株式会社岛野的上述修改并不属于从原申请文本中能够确定的内容,因此,本专利权利要求1、3的修改超出了原说明书和权利要求书记载的范围,不符合《专利法》第33条的规定。

本专利权利要求6引用权利要求1,其附加技术特征为:“所述大致圆形孔8b设置成使一连接螺栓16穿过所述圆形孔而放置。”权利要求1未对8a作出修改,只是将8b修改为“大致圆形孔”,而权利要求6通过附加技术特征明确将8b限定为使连接螺栓穿过的圆形孔。也就是说,权利要求6通过附加技术特征的限定,又将8b从权利要求1的“圆形孔”实质上修改回到了原申请文本的“圆的螺栓孔”。权利要求6的这种修改没有导致本领域普通技术人员就8b看到的技术信息与原申请文本公开的技术信息有所不同,因此,权利要求6的修改没有超出原说明书和权利要求书记载的范围,符合《专利法》第33条的规定。

2. 从“模压”到“压制”的修改,体现为对定位结构8c的修改

本专利权利要求2记载8c“是通过压制形成”。在本专利说明书中也记载8c“可以通过例如对支架8的背面进行压制使形成支架8的板的一部分凸起而制成”。在原说明书中记载8c“可以通过例如对支架8的背面进行模压使形成支架8的板的一部分凸起而制成”。株式会社岛野将原说明书中的“模压”修改为本专利权利要求2中的“压制”。在机械领域,模压是指在压力加工过程中,使用模具或者模具类似物进行加工;而压制是指用压的方法进行制造,其并不必然涉及模具的使用,还包括锻压、冲压等技术手段。对本领域普通技术人员而言,压制属于模压的上位概念,两者具有不同的技术含义。株式会社岛野的上述修改并不属于从原申请文本中能够确定的内容,因此,本专利权利要求2的修改超出了原说明书和权利要求书记载的范围,不符合《专利法》第33条的规定。

【核心知识】

申请人对发明和实用新型专利申请文件的修改不得超出原说明书和权利要求书记载的范围。

延伸阅读

1. 郭鹏鹏:《由小i机器人案再议专利充分公开制度》,载《知识产权》2016年第8期。

2. 马云鹏:《“单一性原理”在外观设计专利审查及专利侵权判定中的运用》,载《电子知识产权》2016年第8期。

3. 王普天、李亚林:《专利优先权核实中相同主题的判断标准研究》,载《专利代理》2016年第

2 期。
4. 曲丹:《美国专利制度中有关重复授权的规定》,载《电子知识产权》2015 年第 4 期。
5. 金海军:《从美国〈专利法〉第 102 条看发明人先申请制的实质》,载《知识产权》2013 年第 4 期。
6. 崔静、张鹏:《〈专利法〉第 33 条的立法本意与法律适用探析——以先申请原则和禁止反悔原则为支点》,载《知识产权》2011 年第 4 期。
7. 刘刚仿:《英国旭化成案对专利优先权实质条件的认定及对我国的启示——兼论我国〈专利法〉第二十九条的修订》,载《知识产权》2010 年第 6 期。

11.3 专利的审查批准

知识要点

☆专利审查制度概述

专利审查是指国家专利行政主管部门依照法定程序,对所受理的专利申请是否符合专利授权条件进行判断,以决定是否授权专利权的行为。

专利审查的模式包括形式审查制和实质审查制两种。形式审查制是对专利申请只进行形式上的审查,审查申请是否履行了法定手续、申请文件是否齐全、申请保护的主题是否属于《专利法》的保护对象等,通过形式审查即授予专利权。在形式审查制下,专利申请是否具备新颖性、创造性、实用性等专利授权实质条件,只有在发生专利无效纠纷时才进行审查。实质审查制是对专利申请的形式要件和专利授权实质条件均进行审查的制度。

我国对实用新型和外观设计专利采用形式审查制,对发明专利实行"早期公开、迟延审查"制。"早期公开、迟延审查"制是在公开审查制的基础上发展出来的一种实质审查制度,是指对形式审查合格的专利申请,自申请日起满一定期限或经申请人申请后即向社会公布,直至申请人请求后才进行实质审查的一种制度。若申请人在法定期限内无正当理由不申请启动实质审查程序,除审查机关认为有必要进行实质审查的以外,专利申请即被视为撤回。

★发明专利的审查程序

发明专利的审查,自受理申请后,需要依次经过如下程序:初步审查、公布申请、实质审查、授权公告。

★★初步审查

初步审查是受理发明专利申请之后、公布该申请之前的一个必要程序。审查范围包括：申请文件的形式审查，包括文件是否齐全、格式是否明显不符合规定；申请文件的明显实质性缺陷审查，包括申请的主题是否明显属于《专利法》不保护的对象、外国申请人主体资格及申请方式是否符合规定、是否符合单一性原则等；优先权主张等文件的形式审查以及是否按规定办理了缴费事宜等。

经初步审查合格的，发出初步审查合格通知书，之后进入公布程序；申请存在明显实质性缺陷，经申请人陈述意见或者修改后仍然没有消除的，可以予以驳回。

★★公布申请（2015 年卷三第 18 题）

发明专利申请初步审查合格的，自申请日起满 18 个月，即行公布；申请人也可以请求国务院专利行政部门早日公布其申请。申请人请求早日公布其发明专利申请的，应当向国务院专利行政部门声明；国务院专利行政部门对该申请进行初步审查后，除予以驳回的外，应当立即将申请予以公布。

《专利法实施细则》规定，自发明专利申请公布之日起至公告授予专利权之日止，任何人均可以对不符合《专利法》规定的专利申请向国务院专利行政部门提出意见，并说明理由。需要注意，他人所提的意见，仅供审查员参考，不具有中止当前程序的效力。

★★实质审查

实质审查的核心任务是判断申请专利保护的发明是否符合专利授权的实质条件，目的在于确定发明专利申请是否应当被授予专利权；同时还要审查发明是否属于不授予专利权的对象、专利申请是否符合单一性原则、说明书和权利要求书的撰写是否符合法律规定。

发明专利申请的实质审查程序主要依据申请人的实质审查请求而启动。发明专利申请自申请日起 3 年内，国务院专利行政部门可以根据申请人随时提出的请求，对其申请进行实质审查；申请人无正当理由逾期不请求实质审查的，该申请即被视为撤回。国务院专利行政部门认为必要的时候，可以自行对发明专利申请进行实质审查。

★★驳回或授权

经实质审查没有发现驳回理由的，作出授予发明专利权的决定，进入授权公告阶段。申请人自收到授予专利权的通知之日起 2 个月内办理登记手续的，国务院专利行政部门应当授予专利权，颁发专利证书，并予以公告；期满未办理登记手续的，视为放弃取得专利权的权利。发明专利权自公告之日起生效。

国务院专利行政部门经过实质审查,认为专利申请不符合《专利法》规定的,应当通知申请人,要求其在指定的期限内陈述意见,或者对其申请进行修改;经申请人陈述意见或者进行修改后,国务院专利行政部门仍然认为不符合《专利法》规定的,应当予以驳回。

★发明专利申请公布后的临时保护

申请公布后,任何人均可以通过阅读公布文件了解专利申请的技术内容。因公布的申请案是否最终被授予专利权尚不确定。因而,他人在申请公布后、专利授权之前实施该发明的,申请人只享有基于公平原则而设立的临时保护措施,即发明专利申请公布后,申请人可以要求实施其发明的单位或者个人支付适当的费用。这一请求权能否最终实现,取决于实施者的意愿和发明专利的最终授权。若申请公布后至专利权授予前使用该发明者未支付适当使用费的,专利权人要求支付使用费的诉讼时效为3年,自专利权人得知或者应当得知他人使用其发明之日起计算,但是,专利权人于专利权授予之日前即已得知或者应当得知的,自专利权授予之日起计算。

☆实用新型和外观设计专利的审查程序

实用新型和外观设计专利申请经过初步审查合格之后,就授予专利权。自申请受理后,审查流程只经过初步审查和授权公告两个阶段,这两个阶段的审查内容及工作要求与发明专利审查的相应阶段没有本质区别。实用新型专利权和外观设计专利权自公告之日起生效。

在实用新型和外观设计专利授权之后,他人提出无效宣告请求时,国务院专利行政部门应要求在出具“专利权评价报告”时对该专利授权进行实质审查。

★专利申请的复审

专利复审是指专利复审委员会根据申请人请求,对专利局作出的驳回专利申请决定依法进行的有限审查。复审程序是因申请人对驳回决定不服而启动的救济程序,同时也是专利审批程序的延续。因此,专利复审委员会一般仅针对驳回决定所依据的理由和证据进行审查,不承担对专利申请全面审查的义务;作为例外,专利复审委员会可以依职权对驳回决定未提及的明显实质性缺陷进行审查。

启动复审程序的,申请人应当自收到专利局作出的驳回决定之日起3个月内提出向专利复审委员会提出请求,并提交复审请求书,说明理由,必要时还应当附具有关证据。

复审审查决定包括维持驳回决定、撤销驳回决定以及在申请人修改专利申请文件的基础上撤销驳回决定三种类型。复审决定作出后复审请求人不服的，可以收到复审决定之日起 3 个月内向人民法院起诉。

法律与规范链接

▲ **必读法条**

《专利法》第 13 条、第 34 条、第 35 条、第 36 条、第 37 条、第 38 条、第 39 条、第 41 条、第 61 条第 2 款、第 68 条第 2 款

《专利法实施细则》第 44 ~ 54 条、第 56 条、第 60 ~ 64 条

△ **延伸法条**

《最高人民法院关于审理侵犯专利权纠纷案件应用法律若干问题的解释(二)》(法释〔2016〕1 号)第 18 条

《日本专利法》第 34 条之 2、第 34 条之 3、第 34 条之 4、第 34 条之 5，第 3 章之 2 “申请公开”，第 121 条

《美国专利法》第 154 条(d)，第 13 章“专利商标局决定之复审”

典型案例

深圳市斯瑞曼精细化工有限公司诉深圳市坑梓自来水有限公司、深圳市康泰蓝水处理设备有限公司侵害发明专利权纠纷案〔1〕

【案情概述】

2006 年 1 月 19 日深圳市斯瑞曼精细化工有限公司(以下简称斯瑞曼公司)向国家知识产权局申请名称为“制备高纯度二氧化氯的设备”的发明专利，该专利于 2006 年 7 月 19 日公开，2009 年 1 月 21 日授权公告(以下简称涉案发明专利)。2008 年 10 月 20 日，深圳市坑梓自来水有限公司(以下简称坑梓自来水公司)与深圳市康泰蓝水处理设备有限公司(以下简称康泰蓝公司)签订购销合同一份，坑梓自来水公司向康泰蓝公司购买康泰蓝二氧化氯发生器一套，价款 26 万元。康泰蓝公司已于 2008 年 12 月 30 日就上述产品销售款要求税务机关代开统一发票。在上

---

〔1〕 最高人民法院(2011)民提字第 259 号。

述购销合同中，约定坑梓自来水公司分期向康泰蓝公司支付设备款项，康泰蓝公司为坑梓自来水公司提供安装、调试、维修、保养等技术支持及售后服务。2009 年 3 月 16 日，斯瑞曼公司向广东省深圳市中级人民法院诉称：其拥有涉案发明的专利权，康泰蓝公司生产、销售和坑梓自来水公司使用的二氧化氯生产设备落入涉案发明专利保护范围。请求判令二被告停止侵权并赔偿经济损失。另，本案中斯瑞曼公司没有提出支付发明专利临时保护期使用费的诉讼请求，在一审法院已作释明的情况下，斯瑞曼公司仍坚持原诉讼请求。

【核心问题】

1. 发明专利申请公布后，授予专利权之前，他人实施该技术的，申请人能否禁止？可以采取何种措施？

2. 坑梓自来水公司在涉案发明专利授权后使用其在涉案发明专利临时保护期内向康泰蓝公司购买的被诉专利侵权产品是否侵犯涉案发明专利权？

3. 康泰蓝公司在涉案发明专利授权后为坑梓自来水公司使用被诉专利侵权产品提供售后服务是否侵犯涉案发明专利权？

【简要评论】

1. 根据《专利法》第 13 条、第 68 条第 2 款，《专利法实施细则》第 85 条第 2 款之规定，在发明专利申请公布至国务院专利行政部门作出实质审查决定前，他人实施该发明的，申请人无权禁止，只是“可以要求”实施者支付“适当的费用”。若实施者不支付所要求的费用，申请人有权在发明专利授权后，请求管理专利工作的部门就该未支付的费用进行调解，或在法定期限内向人民法院起诉。

2. 在专利临时保护期内制造、销售、进口被诉专利侵权产品不为《专利法》禁止的情况下，其后续的使用、许诺销售、销售该产品的行为，即使未经专利权人许可，也应当得到允许。也就是说，专利权人无权禁止他人对专利临时保护期内制造、销售、进口的被诉专利侵权产品的后续使用、许诺销售、销售。

3. 与上述情形同理，对于在专利临时保护期内制造、销售、进口的被诉专利侵权产品，在销售者、使用者提供了合法来源的情况下，销售者、使用者不应承担支付适当费用的责任。在公开日到授权日之间，《专利法》为发明专利申请提供的是临时保护，在此期间实施相关发明，不为《专利法》所禁止，同样也应当允许实施发明得到的产品在此期间之后的后续实施行为。否则就违背了《专利法》的立法初衷，为尚未公开或者授权的技术方案提供了保护。

本案中，康泰蓝公司销售被诉专利侵权产品是在涉案发明专利临时保护期内，该行为不为《专利法》所禁止。在此情况下,后续的坑梓自来水公司使用所购买的被诉专利侵权产品的行为也应当得到允许。因此,坑梓自来水公司后续的使用行为不侵犯涉案发明专利权。同理,康泰蓝公司在涉案发明专利授权后为坑梓自来水公司使用被诉专利侵权产品提供售后服务也不侵犯涉案发明专利权。

【核心知识】

在发明专利申请公布后至专利权授予前的临时保护期内制造、销售、进口的被诉专利侵权产品不为《专利法》禁止的情况下,其后续的使用、许诺销售、销售,即使未经专利权人许可,也不视为侵犯专利权,但专利权人可以依法要求临时保护期内实施其发明的单位或者个人支付适当的费用。

德固赛公司与中华人民共和国国家知识产权局专利复审委员会发明专利申请驳回复审行政纠纷上诉案[1]

【案情概述】

本申请是申请日为 2004 年 5 月 13 日、名称为"表面改性的沉淀二氧化硅"的发明专利申请,申请人为德古萨公司,后变更为德固赛公司,优先权日为 2003 年 5 月 14 日和 2004 年 3 月 12 日。

本申请的申请公开文本包括 30 项权利要求。2007 年 8 月 24 日,德古萨公司针对国家知识产权局专利局实质审查部门第一次审查意见通知书提交了意见陈述书和修改后的权利要求。2009 年 6 月 26 日,国家知识产权局专利局实质审查部门发出第二次审查意见通知书,指出修改后的权利要求超出了原始提交的说明书和权利要求书所记载的范围,不符合《专利法》第 33 条的规定。[2]9 月 11 日,德古萨公司针对第二次审查意见通知书提交了意见陈述书和权利要求书第 6 页的替换页(该替换仅涉及权利要求 26 与 27 项)。12 月 4 日,国家知识产权局原审查部门发出驳回决定,理由是:权利要求 1 至 31 不符合《专利法》第 33 条的规定。驳回决定所依据的文本为:2007 年 8 月 24 日提交的权利要求第 1 至 25 和 28 至 31 项、2009 年 9 月 11 日提交的权利要求第 26 至 27 项、2004 年 5 月 13 日提交的说明书第 1 至 18 页、说明书附图第 1 页和说明书摘要。

德古萨公司不服驳回决定,向专利复审委员会提出了复审请求,同时修改了权利要求书,删除了驳回决定所针对的权利要求 1 至 13,适应性地修改了权利要求

---

〔1〕 北京市高级人民法院行政判决书(2012)高行终字第 1486 号。

〔2〕 该案中,所援引条文均为 2000 年修订的《专利法》,以下不再另行说明。

14 至31 的编号。

经形式审查合格,专利复审委员会于 2010 年 5 月 11 日依法受理了该复审请求,并将其转送至原审查部门进行前置审查。原审查部门在前置审查意见书中坚持驳回决定。随后,专利复审委员会成立合议组对本案进行审理。2010 年 11 月 22 日,专利复审委员会向德古萨公司发出的复审通知书中指出:权利要求 1 相对于对比文件 1 不具备创造性,权利要求 2 至 13 亦不具备创造性。德固赛公司于 2011 年 1 月 6 日提交了意见陈述书,未修改申请文件。2011 年 3 月 15 日,专利复审委员会作出第 30895 号决定,认定:

一、关于审查文本

经审查,德固赛公司在提出复审请求时提交的权利要求书替换页对权利要求书的修改符合《专利法》第 33 条和《专利法实施细则》第 60 条第 1 款的有关规定。〔1〕 本复审决定以德固赛公司于 2010 年 3 月 18 日提交的权利要求书第 1 至 18 项,2004 年 5 月 13 日提交的说明书第 1 至 18 页、说明书附图第 1 页和说明书摘要为基础作出。

二、关于《专利法》第 22 条第 3 款〔2〕

权利要求 1 请求保护一种包含表面改性的沉淀二氧化硅的漆,对比文件 1 公开了一种高白度、非热处理的疏水性沉淀硅石,其中的硅石即为二氧化硅,该沉淀硅石表面用有机聚硅氧烷改性。在对比文件 1 的基础上结合本领域公知常识得到权利要求 1 所要求保护的技术方案,对所属领域的技术人员来说是显而易见的,权利要求 1 所要求保护的技术方案不具备突出的实质性特点,不具备《专利法》第 22 条第 3 款规定的创造性。

基于上述理由,专利复审委员会决定维持国家知识产权局于 2009 年 12 月 4 日针对本申请作出的驳回决定。

在本案一审中,北京市第一中级人民法院认为,虽然专利复审委员会可以对所审查的案件依职权进行审查,而不受当事人提出的理由、证据的限制,但并不意味着其对案件进行审查不受法律、法规及规章规定的约束。作为专利复审案件,专利复审委员会是基于德固赛公司的请求对驳回决定进行审查,专利复审委员会适用依职权原则,引入新理由进行评审缺乏法律依据,不予支持。据此,判决撤销专利复

〔1〕 该案所援引的《专利法实施细则》为 2002 年所修订,以下不再另行说明。

〔2〕 该款规定:"创造性,是指同申请日以前已有的技术相比,该发明有突出的实质性特点和显著的进步,该实用新型有实质性特点和进步。"

审委员会第 30895 号决定、专利复审委员会就本申请重新作出复审决定。专利复审委员会不服判决，向北京市高级人民法院提起上诉，请求撤销一审判决，维持第 30895 号决定。德固赛公司服从一审判决。

【关键问题】

1. 申请人对国家知识产权局专利局驳回专利申请的决定不服的，依法享有的救济措施是什么？

2. 专利申请的复审中，复审审查的证据范围以及复审的基本流程是什么？

3. 在复审程序中，专利复审委员会依职权对“明显实质性缺陷”的审查范围应当如何界定？

【简要评论】

1. 申请人对专利局作出的驳回申请决定不服的，可以在收到该驳回决定之日起 3 个月内提出向专利复审委员会提出复审请求。专利复审程序具有前置性，申请人不能直接向法院提起行政诉讼。

2. 根据《专利审查指南》规定，专利复审委员会以审查驳回决定合法性为其基本审查范围，即原则上仅针对驳回决定所依据的理由和证据进行审查，而不能对超出驳回决定所依据的理由和证据范围之外进行审查。但为提高授权专利质量，提升效率、节约成本，专利复审委员会可以在特定情况下依职权对驳回决定未提及的明显实质性缺陷等进行审查。这里的明显实质性缺陷包括：(1)足以用在驳回决定作出前已告知过申请人的其他理由及其证据予以驳回的缺陷；(2)驳回决定未指出的明显实质性缺陷或者与驳回决定所指出缺陷性质相同的缺陷。

复审程序的基本流程可以简单表述为：受理、原驳回决定作出部门的前置审查、专利复审委员会审查并作出决定。

3.《专利审查指南》中未明确规定“明显实质性缺陷”的审查范围，但作为专利复审委员会依职权超出驳回决定所依据的理由和证据进行的审查，应当对其范围进行明确，以维护申请人的合法权益。又，复审程序系因申请人对驳回决定不服而启动，故而针对该驳回决定作出的阶段（形式审查或实质审查阶段）不同，“明显实质性缺陷”的审查范围必然会存在差异。

本案所涉及的系在实质审查阶段不服驳回决定而启动的复审程序，故应当以在实质审查阶段的“明显实质性缺陷”界定审查范围，而不可将初步审查与实质审查中的“明显实质性缺陷的审查”在范围上进行等同界定。由于涉案驳回决定系针对本申请权利要求 1 至 31 不符合《专利法》第 33 条和《专利法实施细则》第 60 条第1款的有关规定所作出，德固赛公司提出复审请求时，修改后的本申请权利要求书也系针对驳回决定所提出的缺陷。这样，专利复审委员会在第30895号决定中根据《专利法》第22条第3款的创造性进行评述，并非专利复审委员会在审查驳回决定时所必然涉及的事由；同时在本案中对于创造性的认定也并非属于本领域技术人员无须深入调查证实即可得出的事由，因此专利复审委员会直接引入创造性问题不应属于“明显实质性缺陷”的范畴。

【核心知识】

1. 申请人对国家知识产权局专利审查部门作出的驳回申请决定不服的，需要在法定期限内先向专利复审委员会提出复审请求。

2. 专利复审委员会以审查驳回决定合法性为其基本审查范围，即原则上仅针对驳回决定所依据的理由和证据进行审查。

延伸阅读

1. 张晓龙：《3D打印技术下我国专利审查制度研究》，载《河南大学学报》（社会科学版）2016年第6期。
2. 朱广玉：《实用新型专利质量提升之路探析》，载《知识产权》2015年第7期。
3. 彭飞荣、陶金宏：《风险社会背景下我国公众参与专利审查制度之探究》，载《知识产权》2013年第6期。
4. 陈琼娣、余翔：《美国“公众专利评审”及其对我国的启示》，载《电子知识产权》2010年第2期。
5. 刘庆辉：《我国专利复审制度的性质、问题与重构》，载《电子知识产权》2015年第10期。
6. 胡吉科：《试论专利复审程序的法律救济性质》，载《中国发明与专利》2012年第3期。

11.4 专利权的消灭

知识要点

☆专利权消灭的概念

专利权的消灭，也称专利权的终止，是指因保护期限届满或出现其他法定事由而导致专利权丧失法律效力。专利权消灭后，专利技术进入公共领域，任何人都可以对其进行自由使用。

★专利权因保护期限届满而消灭(2008 年卷三第 23 题)

自申请日起发明专利权满 20 年、实用新型和外观设计专利权满 10 年,专利权即告终止。该期限不因任何事由而延长或顺延。

★专利权人没有按照规定缴纳年费而消灭

所谓专利年费,是指为了维持专利权的效力,专利权人所缴纳的一笔费用。缴纳年费是专利权人的义务。未依法缴纳或者未缴足年费的,国务院专利行政部门应当通知专利权人自应当缴纳年费期满之日起 6 个月内补缴,同时缴纳滞纳金;期满未缴纳的,专利权自应当缴纳年费期满之日起终止。

★专利权人放弃专利权

授予专利权后,专利权人可以随时要求放弃专利权,但应当提交放弃专利权声明,并提交相关证明文件。主动放弃专利权的声明不得附有任何条件,无正当理由不得要求撤销放弃专利权的声明。

★专利权因被宣告无效而消灭(2013 年卷三第 18 题,2015 年卷三第 63 题)

专利权的无效宣告,是指对不符合《专利法》规定授权条件的专利权,依法全部或部分宣告无效的制度。

(1)无效宣告程序的启动。专利权的无效宣告是一项依申请的法律行为,启动该程序需要具备请求主体、时间和理由三方面要求。

《专利法》对提出请求的主体资格没有作出特别限制,任何具备民事主体资格的单位或个人均有权提出。即便是专利权人,也可以提出请求,但为避免专利权人不当利用该程序,《专利审查指南》进行了限定:只能请求宣告其专利部分无效,不能请求宣告其专利全部无效,因为后者可以通过行使放弃权利更为便捷的实现;共用专利权的宣告无效请求,需经共有权人共同提出。

在提出请求的时间方面,需在专利授权公告之后,现行《专利法》未规定止期。

请求无效宣告的理由具有法定性,具体包括被授予专利权的主题不符合法律规定、违反禁止重复授权原则或先申请制、违反规定将在中国完成的发明创造向外国申请专利、被授权的发明创造不具备专利授权实质条件、发明和实用新型专利权利要求书或说明书的撰写不符合专利法规定、外观设计专利的照片或图片未清楚显示要求保护的产品的外观设计、分案申请超出了原申请记载的范围。上述事由具有穷尽性,依据其他理由请求无效宣告的,不予受理。

(2)无效宣告请求的审查。无效宣告请求的审查机关为专利复审委员会。专利复审委员会收到无效宣告请求后,先进行形式审查,形式审查合格的,予以受理;

然后组成合议庭进行书面审理，根据当事人请求或案情，可决定进行口头审理。

(3)无效宣告请求的审理决定及其效力。无效宣告请求审查决定分为下列三种：宣告专利权全部无效；宣告专利权部分无效；维持专利权有效。被宣告无效的专利权视为自始即不存在。一项专利被宣告部分无效后，被宣告无效的部分应视为自始即不存在，但是不影响被维持部分的效力。宣告专利权无效的决定，对在宣告专利权无效前人民法院作出并已执行的专利权侵权的判决、裁定，已经履行或者强制执行的专利权侵权纠纷处理决定，以及已经履行的专利实施许可合同和专利权转让合同，不具有追溯力。但是因为专利权人的恶意给他人造成的损失，应当给予赔偿；不返还专利侵权赔偿金、专利使用费、专利权转让费，明显违反公平原则的，应当全部或者部分返还。

当事人对专利复审委员会宣告专利权无效或者维持专利权的决定不服的，可以自收到通知之日起3个月内向人民法院起诉。

法律与规范链接

▲ 必读法条

《专利法》第42条、第43条、第44条、第45条、第46条、第47条

《专利法实施细则》第11条、第65～70条、第72条、第95条、第98条

△ 延伸法条

《日本专利法》第67条、第67条之2、第67条之3、第67条之4、第68条之2、第97条、第123条、第125条

《美国专利法》第155条、第155条A、第156条

《德国专利法》第16条、第20条、第21条、第22条、第59条、第61条

典型案例

胡某亮与蓝飞加工厂专利权宣告无效后返还费用纠纷上诉案[1]

【案情概述】

胡某亮于2013年12月10日向佛山市中级人民法院提起诉讼，认为其是名称

[1] 广东省高级人民法院民事判决书(2017)粤民终214号。

为“天花边角(V形穿条)”外观设计专利权人。吴某青作为个体工商户蓝飞加工厂的经营者未经胡某亮许可,以营利为目的,恶意地大量制造、销售与涉案专利设计特征实质性相同的边角产品,造成胡某亮的损失,请求判令吴某青承担侵权责任。佛山市中级人民法院经审理后认定被诉侵权设计落入涉案专利权的保护范围,判令吴某青承担侵权责任。吴某青不服判决,向广东省高级人民法院提起上诉。在二审诉讼期间,吴某青以其已经于2014年6月23日向国家专利复审委员会提出涉案外观设计专利无效申请、且该专利是否被确认为无效与本案存在利害关系为由,申请中止审理该案。广东省高级人民法院经审理后认为,本案依法没有必要中止诉讼,且原审判决认定被诉侵权产品落入了涉案专利权的保护范围并无不当,遂于2014年7月18日判决予以维持。该判决于2014年11月18日执行完毕。2015年2月2日专利复审委员会作出无效宣告请求审查决定书,涉案外观设计专利全部无效。收到决定书后,双方均未提起行政诉讼,该决定已经发生法律效力。

因涉案专利被宣告无效,蓝飞加工厂作为个体工商户以营业执照上登记的字号主张权利而提起本案诉讼,请求判令胡某亮返还蓝飞加工厂赔偿款7万元,赔偿因提起专利侵权诉讼给蓝飞加工厂造成的损失8万元。广州知识产权法院经审理后认为,由于胡某亮不享有涉案的专利权,其根据该专利取得的蓝飞加工厂的专利侵权赔偿金应当予以返还。但由于没有证据证明胡某亮存在恶意,故蓝飞加工厂要求胡某亮赔偿损失的诉讼请求没有事实和法律依据,不予支持。胡某亮不服广州知识产权法院(2016)粤73民初553号民事判决,向广东省高级人民法院提起上诉,该院经审理后认为,广州知识产权法院(2016)粤73民初553号民事判决认定事实不当,适用法律错误,判决予以撤销,驳回蓝飞加工厂全部诉讼请求。

【关键问题】

1. 专利侵权诉讼过程中,当事人因向专利复审委员提出宣告涉案专利无效请求为由,申请中止侵权民事诉讼的,法院是否应当支持?

2. 专利被宣告无效后,原专利权人是否应当赔偿因提起专利侵权诉讼而给“侵权人”造成的损失?

3. 专利被宣告无效后,原专利权人依据生效判决所取得的专利侵权赔偿金是否应当返还?

【简要评论】

1. 专利侵权诉讼中,被控侵权人请求专利复审委员会宣告涉案专利权无效,并请求人民法院中止诉讼的,与无效宣告请求的提出时间、被控侵犯的专利权类型有密切联系[1]。(1)对于侵犯实用新型、外观设计专利权纠纷案件,被告在答辩期间届满后请求宣告该专利权无效的,除人民法院经审查认为有必要中止诉讼的外,不应中止诉讼。(2)对于侵犯发明专利权纠纷案件,可以不中止诉讼。(3)对于侵犯实用新型、外观设计专利权纠纷案件,被控侵权人在答辩期间内请求宣告该项专利权无效的,应当中止诉讼,但具备下列情形之一的,可以不中止诉讼:①专利权人或原告出具的检索报告或者专利权评价报告未发现导致实用新型或者外观设计专利权无效的事由的;②被控侵权人提供的证据足以证明其使用的技术已经公知的;③被控侵权人请求宣告该项专利权无效所提供的证据或者依据的理由明显不充分的;④涉案专利经专利复审委员会审查维持专利权的;⑤人民法院认为不应当中止诉讼的其他情形。

本案中,胡某亮在一审诉讼期间已经提交了国家知识产权局出具的外观设计专利权评价报告,未发现存在不符合授予专利权条件的缺陷;而且吴某青是在二审审理期间才向专利复审委员会提出宣告涉案专利权无效申请。因此,广东省高级人民法院对吴某青请求中止诉讼的申请不予支持。

2.《专利法》第47条规定了宣告专利权无效的决定不具有追溯力的总体原则,目的在于维护交易关系的稳定,不影响专利权人许可实施专利的积极性,从而促进科学技术进步和经济社会发展。当然,该条规定还明确了两个例外:因专利权人存在恶意而给他人造成的损失以及不返还专利侵权赔偿金、专利使用费、专利权转让费,明显违反公平原则的。这里先阐述第一个例外情形的适用,第二种例外留待后文叙述。

关于专利权人是否应当赔偿损失的问题,涉及"损失"和"恶意"两个因素。"恶意"的判断,主要从专利权人在权利取得、行使或保护过程中是否违反诚实信用原则,将明知不符合《专利法》规定授权条件的发明创造申请取得专利权,或在专利权行使或保护过程中知道该专利权存在无效情形或可能,而未告知、甚至是有意通过专利权的行使或侵权诉讼获取利益。"损失"的界定,首先以存在"恶意"为前提。同理,这里的损失,也不是泛指因专利权被宣告无效而形成的事实上的、一切的损失,一般应指原权利人在明知或有理由知道专利权存在明显无效事由的情况下,故意不告知被许可人、受让人,造成的因组织、准备生产形成的损失,或者因执行侵权裁决而遭受的生产经营损失。相反,在非恶意的情况下,单纯因起诉侵权给他人造成的损失,则因属于专利权的维护所必要、也是正当的,不在赔偿之列。

---

[1] 《最高人民法院关于审理专利纠纷案件适用法律问题的若干规定》(法释〔2015〕4号)第9条、第10条、第11条。

本案中，蓝飞加工厂没有提交充分证据证明在胡某亮申请涉案专利前，与该专利相同或近似的产品已经进行了公开和销售，或属于现有设计，故不足以证明胡某亮在权利取得过程中违反诚实信用原则，存在主观恶意。涉案专利权被授予后，胡某亮作为专利权人，有权在法律规定的范围内行使权利，其提起专利侵权诉讼并不存在恶意。

3. 与“恶意”的判断一样，实务中判断明显违反公平原则同样有一定难度。公平原则作为民法的一项基本原则，其设立的目的在于维持当事人之间的利益均衡，要求在民事活动中，应当遵循公平原则确定各方当事人的权利和义务，享受公平合理的对待。该原则在专利权无效宣告中的适用，具有一定的特殊性：1. 因不具有溯及力的总体原则的适用具有优先性和一般性，故而此处公平原则的适用仅是例外，是在当事人权利义务明显失衡情况下采取的补救手段。2. 违反公平原则的适用有“量”的要求，即若不返还则“明显”违反了公平原则，不能泛化为权利义务的简单不对等。3. 尽管立法将专利使用费、专利权转让费与专利侵权赔偿金同时规定，但在判定时要考虑到这两种费用在性质上的不同：通常专利侵权赔偿金取得的基础是对既有损害的恢复；而专利使用费、专利权转让费的支付则既有可能意味着被许可人、受让人已经通过专利实施取得了回报，也有可能是尚未取得相应回报，因而，与侵权赔偿金相比，受到费用支付时间的影响权重相对较大。

本案中，终审判决认定不存在明显违反公平原则的情形，并全面地考虑到了前述特殊性：除了明确指明前述第一点特殊性外，还指出：首先，胡某亮在诉吴某青外观设计专利侵权纠纷案中已经提交了国家知识产权局出具的外观设计专利权评价报告，尽到了合理的注意义务。其次，蓝飞加工厂存在怠于行使权利的情形。也就是说，根据相关法律规定，被诉侵权人可以在案件诉讼的各个阶段提出专利权无效宣告请求，包括答辩期内、生效判决已经作出但未执行时，这些救济途径均建立在被诉侵权人积极行使权利的基础之上，即其理应尽早提起无效宣告请求。但蓝飞加工厂的经营者吴某青在2013年12月已经知晓胡某亮提起专利侵权纠纷诉讼，直至二审审理期间，即2014年8月13日才向专利复审委员会提出无效宣告请求，理应由其承担怠于行使权利的不利后果。最后，尽管涉案专利在吴某青向胡某亮支付了高额损害赔偿金后不足3个月即被宣告无效、相隔时间短，但不得作为认定胡某亮不向蓝飞加工厂返还专利侵权赔偿金、违反公平原则的依据。

【核心知识】

1. 提起专利无效宣告请求并非中止审理专利侵权诉讼的当然理由。

2. 宣告专利权无效的决定,对之前依法或依照约定完成的履行,原则上无追溯力。

延伸阅读

1. 沈玮玮、姬德华:《外观设计专利的后续保护及其限制》,载《知识产权》2016 年第 7 期。
2. 董小灵:《美国发明专利保护期限的决定因素探讨》,载《中国发明与专利》2015 年第 6 期。
3. 刘美秀:《最优专利期限问题研究》,载《宏观经济研究》2010 年第 8 期。
4. 范晓宇:《宣告专利权无效决定的本质及其效力限定:兼评我国专利复审制度的改革》,载《中外法学》2016 年第 3 期。
5. 郭禾:《专利权无效宣告制度的改造与知识产权法院建设的协调——从专利法第四次修订谈起》,载《知识产权》2016 年第 3 期。
6. 倪静:《论我国专利无效宣告程序的完善——美、日、德三国制度比较及启示》,载《江西社会科学》2013 年第 6 期。

第12章　专利权的内容和限制

教学目标

了解专利权的内容、运用及限制的含义；

识记国有企事业单位发明专利的推广应用；

理解专利实施许可、专利权转让以及出质等运用方式；

理解并应用受专利权控制的实施专利行为，专利实施的强制许可。

推荐参考资料

1. 张玉敏主编：《专利法》，厦门大学出版社2017年版，第六、七、八章。
2. 刘春田主编：《知识产权法》（第五版），高等教育出版社2015年版，第十五章。
3. 吴汉东主编：《知识产权法学》（第六版），北京大学出版社2014年版，第十六章。
4. 王迁：《知识产权法教程》（第五版），中国人民大学出版社2016年版，第十三、十四章。
5. 文希凯主编：《专利法教程》，知识产权出版社2013年版，第十一章。

12.1　专利权的内容

知识要点

☆专利权的内容概述

专利权的内容是指专利权人依法享有的各项权利。从表述方式上看，权利内容有正面表述和反面表述两种，前者表述为权利人可以从事何种行为，后者表述为权利人有权禁止他人为何种行为，《专利法》采后者。由此，有著作指出，专利权仅仅是一种禁止权,[1]"专利权人的权利是禁止他人未经许可实施其专利的权利"。[2]

★独占实施权(2016 年卷三第 16 题)

独占实施发明创造,是专利权的基本内容。从反面来说,专利权人有权禁止他人未经其许可,为生产经营目的实施其专利。其中,"为生产经营目的"的范围宽于"为营利目的",覆盖了工农业生产和商业经营之目的,"不以营利为目的"的公益行为也可构成"以生产经营为目的"。同时,受专利权控制的行为因专利类型的不同而有所不同。

首先,产品专利的实施行为。(1)制造专利产品,即做出或形成具有专利权利要求书所记载的全部技术特征,或者采用外观设计专利的图片或照片所表示的设计方案的产品。[3]无论制造过程是否参照了专利公开文件,只要无法律的例外规定,均在专利权人的禁止之列。(2)使用专利产品,即将所取得的专利产品进行使用。(3)销售专利产品,即向他人出卖非经专利权人或其许可人制造或进口的专利产品。(4)许诺销售专利产品,即以做广告、在商店橱窗中陈列或者在展销会上展出等方式,作出销售非经专利权人或其许可人制造或进口的专利产品的意思表示。(5)进口专利产品,即将非经专利权人或其许可人制造的专利产品进口到国内。

其次,方法专利的实施行为。(1)使用专利方法,即使用权利要求书中限定的工艺、流程、操作步骤或工序等技术特征。(2)使用、许诺销售、销售、进口依照该专利方法直接获得的产品,此即"对方法专利的延伸保护"。方法专利权的效力不仅及于专利方法,还包括了对依照该专利方法直接获得的产品的使用、许诺销售、销售、进口行为。其中,许诺销售、销售和进口的理解与前文产品专利中的表述无异。

最后,外观设计专利的实施行为。包括制造、许诺销售、销售和进口该外观设计专利产品,不包括使用外观设计专利产品的行为。

★许可实施权(2014 年卷三第 63 题)

专利权人有权依法许可他人实施其专利技术,这是由独占实施权派生出来的一项重要权利,也是专利权运用的主要方式。许可他人实施专利的,应当订立实施许可合同,并应自合同生效之日起 3 个月内向国务院专利行政部门备案。被许可人无权允许合同规定以外的任何单位或者个人实施该专利。

---

[1] 刘春田主编:《知识产权法》,高等教育出版社 2015 年版,第 200 ~ 201 页。

[2] 张玉敏主编:《专利法》,厦门大学出版社 2017 年版,第 155 页。

[3] 尹新天:《中国专利法详解》,知识产权出版社 2011 年版,第 130 页。

专利实施许可包括三种类型：一是独占实施许可，是指专利权人在约定许可实施专利的范围内，将专利仅许可一个被许可人实施，专利权人亦不得实施该专利；二是排他实施许可，是指专利权人在约定许可实施专利的范围内，将专利仅许可一个被许可人实施，但专利权人可以自行实施该专利；三是普通实施许可，是指专利权人在约定许可实施专利的范围内可再次许可第三人实施该专利，也可自行实施该专利。对实施许可方式没有约定或者约定不明确的，认定为普通实施许可。

共有专利权的许可实施，依照共有人对权利的行使的约定办理；没有约定的，共有人可以单独实施或者以普通许可方式许可他人实施该专利；许可他人实施该专利的，收取的使用费应当在共有人之间分配。

★质押权

专利权人可以依法将其专利权出质。以专利权出质的，由出质人和质权人共同向国务院专利行政部门办理出质登记。

★处分权

专利权人有权转让其专利权，也可以声明放弃专利权。转让专利权的，当事人应当订立书面合同，并向国务院专利行政部门登记，由国务院专利行政部门予以公告，转让自登记之日起生效。中国单位或个人向外国人、外国企业或者外国其他组织转让专利权的，应当依照有关法律、行政法规的规定办理手续。

★标记权

专利权人有权在其专利产品或产品的包装上标明专利标记或专利号。

法律与规范链接

▲ 必读法条

《专利法》第 10 条、第 11 条、第 12 条、第 15 条

《专利法实施细则》第 14 条

△ 延伸法条

《专利权质押登记办法》

《最高人民法院关于审理技术合同纠纷案件适用法律若干问题的解释》（法释〔2004〕20 号）第 25 条

《最高人民法院关于审理侵犯专利权纠纷案件应用法律若干问题的解释》（法释〔2009〕21 号）第 12 条、第 13 条

《最高人民法院关于审理专利纠纷案件适用法律问题的若干规定》(法释〔2015〕4号)第24条

《日本专利法》第68条、第77条、第78条、第101条

《美国专利法》第154条(a)

《德国专利法》第9条、第9A条、第9B条、第9C条、第10条、第15条

典型案例

伊莱利利公司诉甘李公司侵犯专利权纠纷案[1]

【案情概述】

原告伊莱利利公司诉称:其享有名称为“含有胰岛素类似物的药物制剂的制备方法”的发明专利权。被告甘李公司向国家食品药品监督管理局申报了“双时相重组赖脯胰岛素注射液75/25”药品注册申请。根据原告掌握的证据,可以推定被告申报的上述药物中的活性成分是原告专利技术方案中指定的赖脯胰岛素,而且有载体,据此可以判断被告的上述药物落入了原告专利权的保护范围。被告已经取得了临床批件,而且在此之前被告已经通过网络宣传其申请的上述药物,其行为性质属于即发侵权和许诺销售,构成对原告专利权的侵犯。为此,原告请求法院判令被告停止侵权行为。

被告甘李公司答辩称:首先,被告的行为不属于《专利法》规定的实施他人专利的行为;其次,被告涉案行为目的是为药品的行政审批,根据惯例,为药品的行政审批目的而使用他人专利的,不视为侵权,也不属于即发侵权。因此,不同意原告提出的诉讼请求。

本案中,北京市海淀第二公证处对甘李公司的网站相关内容进行的证据保全表明:根据该网站中相关内容的介绍,甘李公司对其研制的药物“速秀霖”(系商品名称,通用名称为“赖脯胰岛素”)进行了宣传,称“该药物的活性成分为赖脯胰岛素……是新一代胰岛素制剂”。

【关键问题】

许诺销售行为应当如何认定?

---

〔1〕 北京市高级人民法院(2007)高民终字第1844号。

【简要评论】

《专利法》禁止许诺销售的目的在于，使专利权人在被控侵权产品扩散之前就有可能制止对其发明创造的侵权利用。因此，被控侵权人不但应当具有即将销售侵犯专利权的产品的明确意思表示，而且在作出该意思表示之时其产品应当处于能够销售的状态。

本案证据表明，被告制造涉案药品的行为并非直接以销售为目的。另外，因涉案药品尚处于注册审批阶段，并不具备上市条件，因此，被告网站上的相关宣传内容不属于许诺销售行为，也不构成即发侵权。

【核心知识】

许诺销售的目的是实际销售，被控侵权人不但应当具有即将销售侵犯专利权的产品的明确意思表示，而且在作出该意思表示之时其产品应当处于能够销售的状态。

王某均、王某利与刘某芝、山东省巨野县恒洁环保设备制造有限公司专利技术买卖合同纠纷案[1]

【案情概述】

2002年9月3日，王某均、王某利（甲方）与刘某芝（乙方）签订《专利技术买卖协议书》约定：一、甲方同意将环保垃圾箱两项专利技术转让给乙方，甲方不得再将技术转让或销售给第二家；二、两项专利的专利号为02213722×、02268364×；三、甲方两项专利技术一次性卖断费为280万元；四、乙方买断专利后，专利权和生产只限于巨野；五、甲方取得第一项专利证书后，应立即将证书及相关技术资料和图纸等给乙方，乙方一次性付清专利技术买断费280万元；六、甲、乙双方签约后，由乙方投资进行正式生产，不论经营如何，专利款按规定由乙方全部付给甲方；七、任何一方未能完全履行本协议规定的条款，另一方有权解除本协议，所造成的全部损失由违约方承担。合同订立当日，刘某芝交付王某均、王某利定金10万元。合同签订后，刘某芝即将受让的专利技术交由恒洁公司生产，并由王某均、王某利的父亲王某献进行技术指导，共生产30台环保垃圾装置，其中售出4台。

2003年5月21日，协议中的其中一项专利申请获得国家知识产权局授权，王某均、王某利取得专利证书。王某均、王某利据此要求刘某芝支付全部专利技术卖

---

[1] 最高人民法院民事判决书(2008)民提字第27号。

断费，刘某芝未能支付。5月27日，王某均、王某利（甲方）与刘某芝（乙方）订立补充协议约定：甲方专利已于2003年5月21日下达，一切按原合同执行；乙方交款期限定为4天，自2003年5月28日至2003年5月31日，如乙方未能按原合同执行，甲方有权终止合同，乙方也不得以任何理由生产或干预甲方，并且乙方应承担给甲方造成的一切损失。协议到期后，刘某芝一直没有支付专利转让费。王某均、王某利除了派其父亲王某献到刘某芝指定的恒洁公司进行技术指导外，也没有交付专利证书及相关的技术资料和图纸。2004年年底，王某均、王某利在中国经都专利推广网站发布商业广告，对涉案专利进行转让、许可使用等宣传。

2005年4月13日，王某均、王某利以刘某芝违反合同约定、拒不支付专利转让费为由诉至法院，请求判令刘某芝继续履行合同，支付专利转让费。刘某芝答辩称，王某均、王某利未按合同约定交付技术资料、图纸，也未交付专利证书，属违约在先，答辩人不应当支付专利转让费，并且可以解除合同。

【关键问题】

1. 专利权的转让，需要办理什么法律程序？

2. 如何区分专利实施许可合同与专利转让合同？

【简要评论】

1. 与专利权需要国家审查批准方能取得的要求相一致，转让专利权的，当事人应当订立书面合同，并向国务院专利行政部门登记，由国务院专利行政部门予以公告，转让自登记之日起生效。未履行或未完全履行该要求的，不发生专利权转让的效力。当然，转让合同是否生效与专利权权属是否发生了变动应当区别对待。

2. 专利实施许可与专利权转让的根本区别在于是否引起专利权权属的变动，或专利权人的变更。实践中，在当事人之间关于专利权运用的合同内容约定不明确或存在矛盾的情况下，辨别合同性质时，应当遵循合同法的一般原理，考虑合同约定的当事人权利义务关系，而不应局限于合同之名称。

本案中，《专利技术买卖协议书》关于合同性质的约定存在矛盾之处，例如第一条明确了“转让”、第四条又对“受让方”的生产地域进行了约定。但综合来看，鉴于该协议书第四条对受让人实施专利的地域范围有更具体的限定，因此，涉案合同更加符合专利实施许可合同的法律特征。

延伸阅读

1. 王涛等:《我国中小型企业专利权质押现状及对策建议》,载《科学学研究》2016 年第 6 期。
2. 杨玲:《专利实施许可备案效力研究》,载《知识产权》2016 年第 11 期。
3. 倪朱亮、申楠、胡毅:《标准必要专利实施许可条件的裁判思路研究》,载《知识产权》2016 年第 12 期。
4. 马碧玉:《专利实施许可制度比较考察》,载《云南大学学报》(法学版)2015 年第 4 期。
5. 宁立志、盛赛赛:《论专利许可与专利转让的对抗与继受》,载《知识产权》2015 年第 7 期。
6. 李春芳、邱翠:《网络许诺销售行为地域范围的认定》,载《知识产权》2016 年第 8 期。
7. 李扬:《修理、更换、回收利用是否构成专利权侵害》,载《法律科学》(西北政法大学学报) 2008 年第 6 期。

12.2　专利权的限制

知识要点

☆专利权限制的含义

专利权的限制,是指依照法律规定对专利权的效力范围作出限缩以及对其行使方式进行干预,包括不视为侵犯专利权的行为〔1〕、专利实施的强制许可、国有企事业单位发明专利的推广使用等。

★国有企事业单位发明专利的推广应用

国有企事业单位发明专利的推广应用,是指对国有企事业单位拥有的对国家利益或公共利益具有重大影响的发明专利,经省级人民政府或国务院有关主管部门报经国务院批准后,可以在批准范围内允许指定的单位实施,并由实施单位向专利权人支付使用费的一种限制制度。这一制度是我国专利权限制的独特规定,在限制的对象、有权决定机关、实施单位及方式上均有明确限定。

★专利实施的强制许可

专利的强制许可,也称专利的非自愿许可,是指为防止专利权滥用,或基于公共利益等方面考虑,国家专利行政主管部门依法许可第三人实施专利,并由实施者

〔1〕 对此,本书将在“专利权的保护”中加以说明。

向专利权人支付专利使用费的专利权限制制度。根据《专利法》规定，专利实施强制许可的类型包括：

(1)因专利不实施或未充分实施的强制许可。具体是指专利权人自专利权被授予之日起满3年，且自提出专利申请之日起满4年，无正当理由未实施或者未充分实施其专利的，国务院专利行政部门根据具备实施条件的单位或者个人的申请，可以给予实施发明专利或者实用新型专利的强制许可。该种强制许可的对象，不含半导体技术的发明创造。其中，“未充分实施其专利”是指专利权人及其被许可人实施其专利的方式或者规模不能满足国内对专利产品或者专利方法的需求。“正当理由”可以是国家在专利实施方面存在法律上、经济上或技术上的限制，如需要审批方能进口或销售的专利产品，在一定期限内未获得有关部门批准等。[1]具备实施条件的单位或个人申请取得该种强制许可，应当提供证据证明其以合理的条件请求专利权人许可其实施专利，但未能在合理的时间内获得许可。

(2)因反垄断需要的强制许可。具体是指专利权人行使专利权的行为被依法认定为垄断行为，为消除或者减少该行为对竞争产生的不利影响，国务院专利行政部门根据具备实施条件的单位或者个人的申请，可以给予实施发明专利或者实用新型专利的强制许可。

(3)基于公共利益需要的强制许可。具体是指在国家出现紧急状态或者非常情况时，或者为了公共利益的目的，国务院专利行政部门可以给予实施发明专利或者实用新型专利的强制许可。其中，国家出现紧急情况或非常情况，主要是指出现战争、暴乱等危及国家安全的情况以及出现对于社会安全稳定具有严重影响的自然灾害、疾病传播等情况。而对于这里的“公共利益”的范围，尽管立法上并未明确，但从体系解释的角度看，不应泛化解释，而应限于在重要性程度方面、或者涉及的公共利益性质方面与国家出现紧急状态或非常情况基本相当[2]。出现前述情形时，由国务院有关主管部门建议国家知识产权局给予其指定的具备实施条件的单位以实施专利的强制许可。

(4)出口专利药品的强制许可。具体是指为了公共健康目的，对取得专利权的药品，国务院专利行政部门可以给予制造并将其出口到符合我国参加的有关国际

---

〔1〕 尹新天:《中国专利法详解》,知识产权出版社2011年版,第504页。

〔2〕 “公共利益”一词的立法使用极为普遍,却鲜有对其含义作出明确的规范。由此,此处“公共利益”的范围,学说理解不一。尹新天先生主张:“对于受专利保护的技术而言,如果该技术的实施不仅使直接使实施者受益,而且也会使不特定多数人受益,则可为公共利益的需要而对该专利授予强制许可。”见尹新天:《中国专利法详解》,知识产权出版社2011年版,第515页。

条约规定的国家或者地区的强制许可。国务院专利行政部门作出给予强制许可的决定,应当同时符合我国缔结或者参加的有关国际条约关于为了解决公共健康问题而给予强制许可的规定,但我国作出保留的除外。

(5)为实施从属专利的强制许可。具体是指一项取得专利权的发明或者实用新型比之前已经取得专利权的发明或者实用新型具有显著经济意义的重大技术进步,其实施又有赖于前一发明或者实用新型的实施的,国务院专利行政部门根据后一专利权人的申请,可以给予实施前一发明或者实用新型的强制许可。在对后一专利权人给予实施强制许可的情形下,国务院专利行政部门根据前一专利权人的申请,也可以给予实施后一发明或者实用新型的强制许可。不难看出:给予后一专利权人强制许可的前提是,前后两个发明创造之间具有实施上的依赖关系和重大技术进步特点;而给予前一专利权人的强制许可的前提条件还包括后一专利权人已经取得了强制许可。

★★给予各类强制许可的限制条件

(1)涉及半导体技术专利权强制许可的限制。若涉及的发明创造为半导体技术,则仅限基于公共利益需要和反垄断需要而给予强制许可。

(2)强制许可实施主要应供应国内市场。除了"因反垄断需要、出口专利药品的强制许可"两种情形外,强制许可的实施应当主要为了供应国内市场。

★★给予各类强制许可的决定、效力

给予实施强制许可的决定,应当根据强制许可的理由规定实施的范围和时间,决定作出后,应当及时通知专利权人,并予以登记和公告。给予实施强制许可的理由消除并不再发生时,专利权人有权请求国务院专利行政部门终止实施强制许可。

取得实施强制许可的单位或者个人不享有独占的实施权,并且无权允许他人实施;同时,应当付给专利权人合理的使用费,或者依照我国参加的有关国际条约的规定处理使用费问题。付给使用费的,其数额由双方协商;双方不能达成协议的,由国务院专利行政部门裁决。

专利权人对国务院专利行政部门关于实施强制许可的决定不服的,专利权人和取得实施强制许可的单位或者个人对国务院专利行政部门关于实施强制许可的使用费的裁决不服的,可以自收到通知之日起 3 个月内向人民法院起诉。

法律与规范链接

▲ 必读法条

《专利法》第 14 条、第 48 条、第 49 条、第 50 条、第 51 条、第 52 条、第 53 条、第 54 条、第 55 条、第 56 条、第 57 条、第 58 条

《专利法实施细则》第 73 ~ 75 条

△ 延伸法条

《最高人民法院关于审理技术合同纠纷案件适用法律若干问题的解释》(法释〔2004〕20 号)

《专利实施强制许可办法》(国家知识产权局令第 64 号)

《反垄断法》第 55 条

《日本专利法》第 83 条、第 72 条、第 92 条、第 93 条、第 94 条

《德国专利法》第 13 条、第 24 条

《美国专利法》第 18 章“联邦援助作出发明中的专利权”

典型案例

走私印度药品案件频发〔1〕

【案情概述】

2017 年 6 月,长春海关成功破获了一起案值 1300 多万元的“电子水客”走私国家禁止进口药品案。案件称,某互联网电商代购平台“印度周先生代购”“印度行品代购”等 5 家店铺疑似从印度走私索菲布韦、达卡他韦等十余种国家禁止进口药品入境,并利用网络交易方式在国内高价销售牟取暴利。

事实上,我国近年来频繁发生走私印度药品案件,仅上海市自 2013 年以来已审结 6 起海淘洋药案件,并有多名海淘者获得不同程度刑罚制裁。其中,最有名的是陆勇案。2002 年,江苏无锡人陆勇被确诊患有慢粒白血病,为控制病情,他必须持续不断地服用瑞士诺华公司生产的“格列卫”抗癌药,该药品每盒售价在 23000 元至 25000 元。2004 年,在自用印度仿制瑞士抗癌药“格列卫”之后认为性价比非常

〔1〕 李唐宁、崔晶:《走私印度药品案件频发,中国仿制药发展亟待提速》,载《经济参考报》2017 年 6 月 30 日,第 A07 版。

高且效果完全相同,此后他便开始帮助其他病友购买仿制药。2014年7月21日,湖南省沅江市检察院以妨害信用卡罪、销售假药罪对陆勇提起公诉。之后493名白血病患者联名写信,请求司法机关对陆勇免予刑事处罚。

随着互联网科技的不断发展,网络售卖仿制药成了一种新的模式,也带来了更多问题。国家食品药品监督管理局在2014年6月曾发文提示消费者不要通过网络购买海外代购的抗癌药。同时,国家食品药品监督管理局提醒消费者,抗癌药均为处方药。根据《互联网药品交易服务审批暂行规定》,互联网禁止销售处方药。经食品药品监管部门批准的具有网上销售非处方药资质的药品零售企业有184家。然而,据不完全统计,自2010年11月至2015年年初,国家食品药品监督管理局已先后9次累计公布122家违法网络购药网站,其中海外代购进口药"屡点屡上"。

有专家认为,之所以走私药品案件频发,追本溯源其最核心的原因是中国的仿制药产业发展不足。究其原因,虽然有中国的《专利法》与印度不同的因素,但印度成为"世界药房"并不单单依靠印度法律所给予的便捷,更重要的是生产技术和药品品质的保证。仿制药是指与原研药在剂量、安全性和效力、质量、作用以及适应症上相同的一种仿制品。当专利药品保护期到期之后,其他国家和制药厂即可生产仿制药。但在印度,专利法允许药品实施强制许可,在出现"公众对于该专利发明的合理需求未得到满足",或者"公众不能以合理的可支付价格获取该专利发明"等情况时,印度药厂在本土可以强行仿制尚在专利保护期的新药,并且可以出口到无相关生产能力的地区和国家。

【简要评论】

1. 与理论上同属于专利权限制的"不视为侵犯专利权的行为"本质上属于抗辩权不同,专利实施的强制许可是平衡专利权人利益与社会公共利益的重要制度工具,也是促进专利实施与转化的可选制度工具。

2. 现行《专利法》中除"附则"外,直接涉及专利实施强制许可的条文有11条,占到了14.9%;另外,还有包括43个条文的《专利实施强制许可办法》。可以说,立法总体上比较完善,但公开资料表明,实践中的具体适用还不多见。尽管如"因专利不实施或未充分实施的强制许可"需要符合条件的单位或个人申请方能启动强制许可制度启动,但"基于公共利益需要的强制许可"的给予却可以由国家相关主管部门向国家专利行政主管部门建议后程序。因此,在必要的情况下,特别是在涉及公共健康等人民群众基本权利保障需要方面,不仅是相关仿制药品生产企业,国家相关主管部门也应充分重视该制度。

延伸阅读

1. 李阁霞:《对药品专利及其强制许可的研究——以“达拉斯买家俱乐部”的困境为视角》,载《知识产权》2015 年第 6 期。
2. 李煜:《反垄断审查中的知识产权强制许可》,载《知识产权》2014 年第 5 期。
3. 罗敏光、刘雪凤:《公共政策视角下的专利强制许可制度研究》,载《科技进步与对策》2011 年第 7 期。
4. 张伟君:《专利强制许可制度的合理性分析》,载《科学管理研究》2009 年第 4 期。
5. 冯洁菡:《药品专利强制许可:〈多哈健康宣言〉之后的发展》,载《武汉大学学报》(哲学社会科学版)2008 年第 5 期。
6. 李玉香:《专利推广应用研究》,载《知识产权》2011 年第 4 期。
7. 曲三强:《论药品专利许可与公共健康权》,载《学术探索》2006 年第 1 期。

第 13 章　专利权的法律保护

教学目标

了解专利权的保护范围确定原则；
识记侵犯专利权的具体行为和免责事由；
理解侵犯专利权的责任承担；
了解专利侵权例外。

推荐参考资料

1. 尹新天:《中国专利法详解》(缩编版),知识产权出版社 2012 年版,第七章。
2. 崔国斌:《专利法原理与案例》,北京大学出版社 2012 年版,第九章至第十二章。

13.1　专利权保护范围的确定

知识要点

★以权利要求书为准

发明或者实用新型专利权的保护范围以其权利要求书上的内容为准,说明书及其附图可以用于解释权利要求的内容。外观设计专利权的保护范围以表示在图片或者照片中的该产品的外观设计为准,简要说明可以用于解释图片或者照片所表示的该产品的外观设计。为应对实践中存在的多种情形,在《专利法》第 59 条规定了确定专利保护范围的原则性条款,法律和司法解释进一步延伸出了等同原则、捐献原则、禁止反悔原则等在内的规定,以协助法院在实践中准确厘定专利权的保护范围。

专利权的保护范围是一种法律上拟制的范围。关于专利权保护范围的确定，学术界有“周边限定论”和“中心限定论”之分，“周边限定论”是指在理解和解释权利要求时，只能严格地按照权利要求书的字面含义来进行，任何扩大解释都是不允许的[1]。这种主张强调专利权保护范围应具有“公示性”的特点，对于清晰划定专利权的保护范围有很大意义，但由于此学说在确定专利权保护范围时严格依赖权利要求书记载，因此对权利要求书的撰写水平提出了较高的要求。“中心限定论”是指权利要求书的字面意义所表达的专利法的保护范围仅仅是专利权保护的中心范围，专利权的实际保护范围应该以权利要求书记载的内容为中心，向四周合理展开，要通过说明书及其附图的内容全面理解发明创造的整体构思，将保护范围扩大到围绕中心四周的一定范围[2]。此学说下的专利权保护范围具有相当的不确定性，不利于公众明确其专利的保护范围，但相较于“周边限定论”，“中心限定论”对专利权保护范围的划定较为灵活，对权利要求书的撰写质量要求也较低。

无论是“周边限定论”还是“中心限定论”都各有优劣，或僵化或随意，都无法很好地适用于繁杂的现实纠纷。因此，我国对于专利权的保护范围并未采取“周边限定论”和“中心限定论”，而是采取了折中的规定。

★捐献原则和禁止反悔原则

捐献原则是指对于只记载在说明书及其附图中，同时没有记载在权利要求书中的技术方案，不受专利权的保护。此原则强调权利要求书在确定专利保护范围中的重要性，权利要求书是确定专利保护范围的唯一标准，说明书及其附图只能用于解释权利要求书，不能用来主张专利权保护范围，对于仅仅在说明书及其附图中有记载，而权利要求书中没有记载的技术方案，将被默认为发明人“捐献”给了社会公众，不能再受到专利权的保护。

禁止反悔原则是指对申请人或者专利权人在专利权的取得（专利的申请审查）或者维持（专利的无效审查）的过程中所放弃的对象，不允许再在专利侵权诉讼中拾回来作为专利权的独占对象[3]。

★特意排除原则

当权利要求书中存在“至少”“不超过”等用语对数字特征进行限定，且本领域

---

〔1〕 杜颖：《知识产权法学》，北京大学出版社 2015 年版，第 161 页。

〔2〕 同上注。

〔3〕 杨志敏：《专利权保护范围研究——专利权行使与对抗的理论与实践》，四川大学出版社 2013 年版，第 250 页。

普通技术人员阅读权利要求书、说明书及附图后认为专利技术方案特别强调该用语对技术特征的限定作用时，专利权人不得通过等同原则将不属于权利要求书中限定的数值范围中的数值特征作为等同特征，并将其纳入专利权的保护范围。

★保护范围不确定时的处理

专利的保护范围以权利要求书的记载内容为准，说明书及附图可用于解释权利要求书，当权利要求书的记载不清楚，也无法通过说明书及附图解释清楚权利要求书中的不清楚之处时，专利的保护范围即无法确定，此专利就无法获得法律的有效保护。诉讼中专利的保护范围如果无法确定，法院将判决驳回原告的诉讼请求。

法律与规范链接

▲ 必读法条

《专利法》第 59 条

《最高人民法院关于审理专利纠纷案件适用法律问题的若干规定》第 17 条

《最高人民法院关于审理侵犯专利权纠纷案件应用法律若干问题的解释》第 1 条、第 2 条、第 3 条、第 4 条、第 5 条、第 6 条、第 7 条

《最高人民法院关于审理侵犯专利权纠纷案件应用法律若干问题的解释(二)》第 5 条、第 12 条

典型案例

柏万清诉成都难寻物品营销服务中心等侵害实用新型专利权纠纷案[1]

【案情概述】

原告柏万清系专利号 200420091540. 7、名称为“防电磁污染服”实用新型专利(以下简称涉案专利)的专利权人。涉案专利权利要求 1 的技术特征为：A. 一种防电磁污染服，包括上装和下装；B. 服装的面料里设有起屏蔽作用的金属网或膜；C. 起屏蔽作用的金属网或膜由导磁率高而无剩磁的金属细丝或者金属粉末构成。

2010 年 5 月 28 日，成都难寻物品营销服务中心销售了由上海添香实业有限公

---

〔1〕 最高人民法院民事裁定书(2012)民申字第 1544 号。

司生产的添香牌防辐射服上装,该产品售价490元,其技术特征是:a. 一种防电磁污染服上装;b. 服装的面料里设有起屏蔽作用的金属防护网;c. 起屏蔽作用的金属防护网由不锈钢金属纤维构成。7月19日,柏万清以成都难寻物品营销服务中心销售、上海添香实业有限公司生产的添香牌防辐射服上装(以下简称被诉侵权产品)侵犯涉案专利权为由,向四川省成都市中级人民法院提起民事诉讼,请求判令成都难寻物品营销服务中心立即停止销售被控侵权产品;上海添香实业有限公司停止生产、销售被控侵权产品,并赔偿经济损失100万元。

法院生效裁判认为:准确界定专利权的保护范围,是认定被诉侵权技术方案是否构成侵权的前提条件。如果权利要求书的撰写存在明显瑕疵,结合涉案专利说明书、附图、本领域的公知常识以及相关现有技术等,仍然不能确定权利要求中技术术语的具体含义,无法准确确定专利权的保护范围的,则无法将被诉侵权技术方案与之进行有意义的侵权对比。因此,对于保护范围明显不清楚的专利权,不能认定被诉侵权技术方案构成侵权。

本案中,涉案专利权利要求1的技术特征C中的"导磁率高"的具体范围难以确定。结合涉案专利说明书、附图、本领域的公知常识及相关现有技术等,不能确定涉案专利权利要求1的技术特征C中的"导磁率高"的具体含义,导致专利权的保护范围明显不清,因无法将其与被诉侵权技术方案进行有实质意义的侵权对比,从而不能认定被诉侵权技术方案构成侵权。

【关键问题】

专利权保护范围不清是否是法院驳回原告起诉的法定理由?

【简要评论】

根据《专利法》第26条第3款、第4款的规定,专利的说明书应该对发明或实用新型做出清楚、完整的说明,权利要求书应该以说明书为依据,清楚、简要地限定专利保护的范围。根据《专利法》的规定,专利要获得授权应该满足《专利法》第26条第3款、第4款之规定,同时这两款也是专利无效的理由。因此获得授权的专利应推定其保护范围是清楚的,如发现专利权保护范围不清楚,应通过无效程序对其进行无效,法院不能直接以其不符合《专利法》第26条第3款、第4款之规定为由不对其提供保护。

但在诉讼中,法院判定是否侵权时,首要任务即是确定专利权的保护范围,只有确定了专利权的保护范围,才能进行有效的侵权比对,得出涉案产品/方法是否落入专利权保护范围的结论。可以说,明确专利权保护范围是专利侵权诉讼的起点，如果专利权保护范围无法确定，后续的程序便无从谈起。

专利侵权诉讼属于民事诉讼，遵循的举证原则是“谁主张，谁举证”，专利权人意欲主张他人侵权成立，需先举证说明专利的有效保护范围，如专利权人无法明确其保护范围，或其主张的证据无法达到使法官确定专利权保护范围的目的，即应承担举证不能的后果。因此，当专利权的保护范围无法确定时，法官驳回专利权人的诉讼请求是妥当的。

【核心知识】

专利权的保护范围以权利要求的内容为准，说明书和附图可以用来解释权利要求。

明确的专利权保护范围是专利权人主张侵权行为的基础，也是划定专利权人与社会公众之间利益界线。专利权范围保护不清楚将导致后续的侵权比对行为无法进行，当专利权保护范围不清楚时法院将驳回专利权人诉讼请求。

延伸阅读

1. 胡淑珠：《判定专利侵权的等同原则在我国审判实践中的适用与限制》，载《法学》2006年第8期。
2. 何晓平：《论专利等同侵权的判定时间》，载《法学杂志》2012年第7期。
3. 康添雄、田晓玲：《美国专利间接侵权的判定与抗辩》，载《知识产权》2006年第6期。

13.2　专利侵权行为认定

知识要点

☆侵权行为类型

专利分为三类：发明、实用新型、外观设计，不同种类的专利对应的侵权行为有所差异。

对于侵犯发明和实用新型的行为，如果针对的是专利产品，那么侵权行为指的是未经许可，制造、使用、许诺销售、销售、进口专利产品；如果针对的是专利方法，那么侵权行为指的是未经许可，使用专利方法，使用、许诺销售、销售、进口依据专利方法直接获得的产品。

对于侵犯外观设计的行为，侵权行为是指未经许可，制造、许诺销售、销售、进口外观设计专利产品。

此外，还有间接侵权的情况。《专利法》中没有规定间接侵权行为，间接侵权主要是以共同侵权的方式存在，其法律渊源主要是《侵权责任法》以及司法解释。《专利法》上的间接侵权行为，通常是指行为人没有直接侵害专利权，但是诱使直接侵权行为发生，或者是在明知或者应知的情况下为直接侵权行为提供实质性的帮助。

★全面覆盖原则

如果专利权利要求中的每个技术特征在涉案产品/方法中的技术特征中都被再现，即涉案产品/方法中的技术方案全面地覆盖了专利权利要求中的技术特征，那么即可认为涉案产品/方法满足全面覆盖原则，落入了专利权的保护范围。反之，如果专利权利要求中存在至少一个技术特征没有在涉案产品/方法中的技术特征中被再现，也就是说涉案产品/方法中的技术方案无法全面地覆盖专利权利要求中的技术特征，那么即可认为涉案产品/方法不满足全面覆盖原则，没有落入专利权的保护范围。

★等同原则

所实施的技术方案与专利权利要求所保护的技术方案在某个或者某些技术特征上有所不同，但是如果对应的技术特征属于等同特征，则仍然落入专利权保护范围之内，构成侵权专利权的行为。

要构成等同侵权，必须满足“三相同”：即以基本相同的手段，实现基本相同的功能，达到基本相同的效果。此外等同特征还需满足“本领域普通技术人员在被诉侵权行为发生时阅读权利要求书和说明书后，无须经过创造性劳动就能够联想到用等同特征替换专利特征”的要求。“基本相同的手段”是指被控侵权物中的替换特征虽与涉案专利权利要求中记载的相应技术特征在表面上（严格讲在字面含义或语义上）不相同，但两者属于基本相同的手段或方式〔1〕；“基本相同的功能”是指被控侵权物中的替换特征虽与涉案专利权利要求中记载的相应技术特征不一致，但两者所要实现的功能或者所起的作用是相同或者基本相同的〔2〕；“基本相同的功能”是指被控侵权物中的替换特征虽与涉案专利权利要求中记载的相应技术特

〔1〕　杨志敏：《专利权保护范围研究——专利权行使与对抗的理论与实践》，四川大学出版社2013年版，第307～308页。

〔2〕　同上注，第315页。

征不一致，但两者能使各自技术方案产生的技术效果相同或者基本相同[1]。

★★新产品制造方法专利的举证责任(2009 年卷三第 17 题)

涉及新产品制造方法的侵权案件中，由被告举证证明其产品制造方法不同于专利方法。专利侵权纠纷中，针对关于新产品的制造方法专利的举证方式不同于传统民事诉讼“谁主张谁举证”的规定。如果发明专利是新产品的制造方法专利，那么在侵权纠纷中由制造同样产品的单位或个人证明其使用的制造方法与专利方法不同，这就是专利侵权纠纷中关于新产品制造方法专利的举证责任倒置原则。

涉新产品制造方法侵权案件中适用举证责任倒置，应满足几个条件：第一，采用专利方法获得的产品是一种新产品；第二，侵权行为人制造的产品与采用专利方法获得的产品相同。关于新产品，根据司法解释规定，在申请日之前已经有不同于专利方法的该产品制造方法为公众所知的，不是“新产品”；“同样产品”也不要求被控侵权产品与根据专利方法获得的产品完全一样[2]。

★★不侵权抗辩

不侵权抗辩是一种基本的抗辩手段，指被控侵权人通过主张涉案产品/方法与涉案专利相比，缺少至少一个技术特征或至少存在一个技术特征与涉案专利对应的技术特征不相同也不等同，导致涉案产品/方法没有落入专利权的保护范围，而无须承担侵权责任。

★★专利权效力抗辩

专利权效力抗辩是指在专利侵权诉讼中，被诉侵权人通过证明涉案专利权未生效、失效或者已经被依法宣告无效，使专利权人丧失主张侵权责任的权利基础。在专利进入无效宣告审查程序后，民事诉讼中的被控侵权人可以通过在答辩期内请求法院中止审理，如果涉案专利属于外观设计或实用新型专利，法院应当中止诉讼，特殊情况下不中止诉讼；如果涉案专利属于发明专利，法院可以不中止诉讼。如果在诉讼中涉案专利被宣告无效，法院可以裁定驳回专利权人的起诉。

★★现有技术、现有设计抗辩

根据《专利法》第 62 条的规定，现有技术抗辩是指在专利侵权纠纷中，如果被控侵权人证明其实施的技术或设计属于现有技术或现有设计，将不构成侵犯专利

---

〔1〕 杨志敏：《专利权保护范围研究——专利权行使与对抗的理论与实践》，四川大学出版社 2013 年版，第 317 页。

〔2〕 尹新天：《中国专利法详解》(缩编版)，知识产权出版社 2012 年版，第 520 ~ 523 页。

权。如果被诉落入专利权保护范围的全部技术特征与一项现有技术方案中的相应技术特征相同或者无实质性差异的,即可认定现有技术抗辩成立;如果被诉侵权设计与一个现有设计相同或无实质性差异的,即可认定现有设计抗辩成立。

现有技术抗辩可以使专利侵权诉讼中的被告免于承担侵权责任,提醒专利权人在提出专利侵权诉讼之前做好查新检索,指引社会公众进行研发投资的方向〔1〕。

判断现有技术/设计抗辩是否成立,有三点需要注意:第一,只能采用"单独对比"的方式,即在进行现有技术抗辩时,只能将被控侵权技术方案与一项现有技术方案进行对比,不能将若干份现有技术方案组合起来对比,现有设计亦同;第二,将现有技术与被控侵权技术方案进行对比,而非将现有技术与涉案专利技术方案进行对比;第三,抵触申请虽然不构成现有技术/现有设计,但抵触申请依然可以用于现有技术/现有设计抗辩。

法律与规范链接

▲ 必读法条

《专利法》第 11 条、第 61 条、第 62 条

《侵权责任法》第 8 条、第 9 条

《最高人民法院关于审理专利纠纷案件适用法律问题的若干规定》第 9 条、第 10 条

《最高人民法院关于审理侵犯专利权纠纷案件应用法律若干问题的解释》第 14 条、第 17 条

《最高人民法院关于审理侵犯专利权纠纷案件应用法律若干问题的解释(二)》第 2 条、第 21 条、第 22 条

△ 延伸法条

《北京市高级人民法院专利侵权判定指南》

〔1〕 曹新明:《现有技术抗辩理论与适用问题研究》,知识产权出版社 2017 年版,第 55 页。

典型案例

刘鸿彬与北京京联发数控科技有限公司、天威四川硅业有限责任公司侵害实用新型专利权纠纷案[1]

【案情概述】

再审申请人刘鸿彬是专利号为ZL200820223950.0,名称为“硅棒锥度或外圆数控磨床”实用新型的专利权人,专利申请日为2008年12月31日,专利授权日为2009年10月21日。2012年1月16日,经刘鸿彬申请,一审法院对安装于天威公司厂房中的被控侵权产品进行了现场勘验。固定于该被控侵权产品上的标牌上印有包括“中华人民共和国北京京联发数控科技有限公司硅芯磨锥机型号:MZ－08”等文字内容。此外,天威公司与京联发公司于2009年4月10日签订《购销合同》的合同编号为:“2009－4－10－W2”,合同标的包含硅芯磨锥机1台,价格21.5万元。《购销合同》第2.2条约定:“交货期:2009年6月10日前”;第5.3.1条约定:“合同签订20天内,买方向卖方支付合同总额20%的预付款,卖方同时向买方提供收到合同总额20%的预付款收据;卖方将合同货物全部运抵买方工地现场,30天内经外观、规格型号、数量验收合格,买方向卖方支付合同总额50%的到货款,卖方同时向买方提供收到合同总额50%的到货款收据;到货设备安装调试完毕,经买卖双方确认后一个月内,买方向卖方支付合同总价20%的货款,卖方同时向买方提供合同总价100%的商业发票”;第5.3.2条约定:“剩余合同总价的10%作为质保金,待合同设备初步验收合格,正式使用一年后,保证期满没有问题,买方在质保期满后1个月内支付给卖方合同总价10%的质保金(如有问题,应扣除相应部分)”。刘鸿彬主张涉案侵权产品落入了其实用新型专利权保护范围,天威公司、京联发公司应停止侵权并承担赔偿责任。京联发公司主张其与天威公司签订《购销合同》的时间在涉案专利申请日与授权公告日之间,此时刘鸿彬并不具有专利权人的属性,且涉案专利处于保密阶段,京联发公司无法知道其生产、销售的产品已经被他人申请了专利,故京联发公司生产、销售被控侵权产品的行为不构成侵权。

法院生效裁判认为:《专利法》意义上销售行为的认定,需要考虑《专利法》第11条的立法目的,正确厘定销售行为与许诺销售行为之间的关系,充分保护专利权人利益。《专利法》第11条规定的立法目的在于清晰界定专利权的权利范围,划定

[1] 最高人民法院民事裁定书(2015)民申字第1070号。

专利权人与社会公众的权利界限，充分保护专利权人的利益。该条从行为类型入手，规定发明和实用新型专利的权利人拥有制造、使用、许诺销售、销售和进口等五项权能，外观设计专利的权利人拥有制造、许诺销售、销售和进口等四项权能。上述权能同时构成专利权人禁止权的范围，是认定侵权行为的重要尺度。为确保专利权权利范围的清晰性，增强可预见性并预防纠纷发生，销售权能或者说销售侵权行为的认定标准必须清晰明确、简单易行、可操作性强。同时，为充分保护专利权人的利益，销售行为的认定标准还应当尽可能实现许诺销售行为与销售行为之间的无缝衔接，以便覆盖对专利权人利益产生较大影响的有关交易环节和过程，从而更有效地制止销售侵权行为。关于销售行为是否完成，京联发公司主张应以合同成立或者生效为标准，刘鸿彬则主张以标的物所有权转移或者合同价款支付为标准。因此，对于销售行为的认定标准，至少存在四种选择：合同成立标准、合同生效标准、合同价款支付完成标准、标的物交付或者所有权转移标准。如果采用标的物交付或者所有权转移标准，则被诉侵权人自合同成立到标的物交付或者所有权转移之前的行为将不构成销售，此段行为将脱离专利权人的权利范围，过分缩小了专利权人的权利空间；而且，标的物交付或者所有权转移必须结合合同具体内容以及履行过程来判断，不仅使认定标准复杂化，还大大增加了专利权人维权时的取证成本和证明难度。如果采用价款支付完成标准，则被诉侵权人自合同订立到合同价款支付完成之前的行为同样无法构成销售，脱离专利权人的权利范围，缩小了权利人的权利空间；而且，合同价款支付涉及合同履行过程，当事人在实践中可能采取分期支付、抵销、债务让与等多种方式履行合同，同样会导致认定标准复杂化，增加专利权人维权时的取证成本和证明难度。如果采用合同生效标准，则自合同成立到生效之前的行为同样无法构成销售，脱离专利权人的权利范围，缩小了权利人的权利空间；而且，合同生效是法律对合同效力评价的结果，合同是否发生效力并非完全取决于当事人的意愿，将其作为认定销售行为尤其是销售侵权的标准，与作为侵权责任基础的意志自由原则相背。如果采用合同成立作为认定销售行为的判断标准，由于合同成立之前当事人以广告、商品展示等方式作出的销售商品的单方意思表示属于许诺销售行为，双方就销售商品的意思表示达成合意属于销售行为，则销售行为与许诺销售行为可以实现密切衔接，使得销售行为与许诺销售行为之间不存在专利权无法覆盖的空间，有利于充分保护专利权人的利益。同时，合同成立是双方当事人就销售商品的意思表示达成合意的事实状态，往往通过书面合同等材料体现出来，不需要进一步考察合同的具体条款和履行过程，专利权人获取证据和证明销售行为成立更为容易，取证成本和认定成本均较低。因此，销售行为的认定，一般应当以销售合同成立为标准。本案中，天威公司与京联发公司之间的《购销合同》签订于2009 年4 月10 日，《专利法》意义上的销售行为在该日已经实施，早于本案专利授权公告日(2009 年 10 月 21 日)。二审法院认定京联发公司的被诉销售行为在本案专利授权公告日前已经完成，结论正确。刘鸿彬的相应申请再审理由不能成立，不予支持。

【关键问题】

《专利法》上销售行为的成立标准是什么？

【简要评论】

“销售”是《专利法》中认定的一种侵权行为，其成立标准并未受到实务界与理论界的过多关注，在绝大部分案件中，销售行为是否成立似乎并不是案件审理的焦点：一般而言，专利权人是通过销售商的公开销售而发现侵权行为的，这其中必然存在销售商或制造商的销售行为。本案由于制造商对销售商销售涉案侵权产品的时间在涉案专利授权日之前，而使得销售行为的成立判断成为案件审判的焦点。

《专利法》及其相关解释并没有对“销售”一词做出定义，导致我们对“销售”一词看似熟悉，但到一些具体案件中，又很难确切说明何为“销售”，类似的情况还出现在“使用”“制造”等专利侵权行为中。销售是一种买卖行为，与合同息息相关，而合同包含许多阶段：合同的成立、合同的生效、履行付款行为、交付标的物等，《专利法》意义上的销售行为成立，必然要以某个时间点为坐标，体现在合同上，《专利法》意义上的销售行为的成立是指合同的哪个阶段，则成为案件审判焦点。本案法院从最大化保护专利权人利益和尊重合同双方意思表示的角度出发，将销售行为的成立标志定为合同的成立，对界定何为“销售”有积极意义。

【核心知识】

销售是侵犯专利权的具体行为之一，其具体成立标准应结合具体案情进行综合判断，一般而言，以合同成立作为构成销售行为的标准。

延伸阅读

1. 曹新明：《现有技术抗辩研究》，载《法商研究》2010 年第 6 期。

2. 袁真富：《基于侵权抗辩之专利默示许可探究》，载《法学》2010 年第 12 期。

3. 蔡元臻：《论日本专利间接侵权构成要件及其对我国的启示》，载《河北法学》2017 年第 1 期。

13.3　专利侵权行为的法律责任

知识要点

★行为禁令

行为禁令分为临时行为禁令和永久行为禁令，临时行为禁令又称诉前禁令或诉前行为保全，顾名思义，临时行为禁令是起诉前由专利权人或利害关系人向法院提出申请，由法院在收到申请之日起48小时之内做出裁定，要求被控侵权人停止侵权行为。法院主要从五个方面考虑是否下达临时禁令的裁定：第一，申请临时禁令的主体必须是专利权人或利害关系人；第二，构成专利侵权的可能性；第三，如不准许临时禁令，申请人是否会收到难以弥补的损害；第四，申请人是否提供了担保；第五，发放禁令是否会对公共利益带来影响。当事人不服裁定，可申请复议一次，复议期间不影响裁定执行。

永久行为禁令是指经过审判法院最终认定侵权成立，要求侵权人停止侵权行为，也就是停止侵害的民事责任。我国对于知识产权侵权中停止侵害救济运用的理论基础和裁判方式，基本上仍是以停止侵害的自动适用为基础的，即认定侵权的同时当然地判令停止侵害[1]。

在一些特殊情况下，法院可以不判令停止侵权：若侵权产品的使用者通过合法手段获得侵权产品，且已经支付该产品的合理对价，从保护终端消费者利益和诉讼经济的角度出发，可以不判令停止侵权；或者从公共利益的角度出发，如果判令停止侵权会有损国家利益、公共利益，也可以不判令停止侵权，但应要求侵权者支付相应的合理费用；或者涉案专利属于标准必要专利时，权利人在对外许可中违反公平合理无歧视原则，且侵权人在许可协商中没有明显过错的，法院也可以判令不停止侵权。

★损害赔偿（2010年卷三第18题，2016年卷三第14题）

损害赔偿是通过给专利权人一定经济赔偿来弥补其因侵权行为造成损失的一种救济手段，专利侵权中的损害赔偿遵循民法确定的"填平原则"，主要的赔偿依据有权利人因侵权行为受到的实际损失、侵权行为人因侵权行为获得的利益、专利许

---

〔1〕 贾小龙：《知识产权侵权与停止侵害》，知识产权出版社2014年版，第148页。

可使用费的倍数、法定赔偿、酌定赔偿、约定赔偿。

权利人因侵权行为受到的实际损失可以通过权利人因侵权行为造成产品销售量减少的总数乘以每件专利产品的合理利润计算得出，也可以通过侵权产品销售量乘以每件专利产品的合理利润计算得出。侵权行为人因侵权行为获得的利益指的是侵权人的营业利润，对于完全以侵权为业的侵权人，侵权行为人因侵权行为获得的利益指的是销售利润，可以通过侵权产品在市场上的销售数量乘以每件侵权产品的合理利润计算得出。专利许可使用费的倍数是参照权利人对外许可他人使用涉案专利收取的费用来确定专利赔偿额。

法定赔偿是法院在无法确定权利人损失、侵权人获益、专利许可使用费的情况下，根据专利类型和侵权行为性质和情节确定给予的 1 万元以上 100 万元以下的赔偿。酌定赔偿是法院根据实际案情酌定赔偿金额，酌定赔偿不受法定赔偿限额限制。约定赔偿应以当事人之间就赔偿金额做出过约定为前提。专利权属于私权，如果当事人在诉讼中主张以之前约定过的侵权赔偿金额，法院在判赔时可根据案件具体情况尊重当事人的意思自治。

★侵权人应赔偿权利人制止侵权所支付的合理开支

权利人要求被控侵权行为人赔偿权利人为制止侵权行为支出的合理开支，法院可以支持权利人关于合理开支的请求。但合理开支应以“合理”为限，且权利人应提供相应凭据。合理开支包括合理的律师费、公证费、交通费等。

☆被诉侵权产品的使用者、许诺销售者和销售者可以提出合法来源的抗辩

合法来源抗辩是指当被控侵权行为人是被控侵权产品的使用、许诺销售、销售方时，系通过合法手段获得侵权产品，且其证明了被控侵权产品有合法来源，可以不承担赔偿责任。合法来源是指通过合法的销售渠道、通常的买卖合同等正常商业方式取得产品，主张合法来源的被控侵权人应当提供符合交易习惯的证据。在合法来源抗辩成立的情况下，被控侵权人不需承担损害赔偿责任，但因其侵权行为成立，因此被控侵权人依然要承担比如停止侵权等其他侵权责任。

★行政责任和刑事责任

管理专利的部门可以依请求对侵犯专利权导致的纠纷进行查处。认定侵权成立的，管理专利的部门可以要求侵权行为人停止侵权行为，如侵权行为人不服行政决定，可以提起行政诉讼。对于假冒专利行为，管理专利的部门还可以责令行为人改正并予公告，没收违法所得，可以并处违法所得四倍以下的罚款；没有违法所得的，可以处 20 万元以下的罚款。

海关可以主动查处和扣留侵权货物。如专利权人在海关处就专利进行过备案，当侵犯专利权的货物在海关处进出口时，专利权人可以申请海关扣留侵权货物，海关也可主动扣留侵权货物。

假冒专利的行为需承担刑事责任。根据《刑法》有关规定，实施假冒专利的行为，情况严重的，将被处以三年以下有期徒刑或拘役，并处或单处罚金。是否满足"情况严重"的条件应从非法经营数额、违法所得数额、给专利权人造成的经济损失、假冒专利数量等情形来综合认定。

法律与规范链接

▲ 必读法条

《专利法》第 60 条、第 63 条、第 64 条、第 65 条、第 66 条、第 67 条、第 70 条

《最高人民法院关于审理专利纠纷案件适用法律问题的若干规定》第 20 条、第 21 条、第 22 条

△ 延伸法条

《刑法》第 216 条

《最高人民法院、最高人民检察院关于办理侵犯知识产权刑事案件具体应用法律若干问题的解释》(法释〔2004〕19 号)

《最高人民法院关于审理侵犯专利权纠纷案件应用法律若干问题的解释(二)》(法释〔2016〕1 号)

典型案例

武汉晶源环境工程有限公司与华阳电业有限公司发明专利权纠纷案〔1〕

【案情概述】

上诉人武汉晶源环境工程有限公司(以下简称晶源公司)在 1995 年 12 月 22 日向中国专利局提出"曝气法海水烟气脱硫方法及一种曝气装置"发明专利的申请。该专利申请于 1996 年 11 月 6 日公开。1999 年 9 月 25 日，中国专利局授予晶源公

〔1〕　最高人民法院民事判决书(2008)民三终字第 8 号。

司"曝气法海水烟气脱硫方法及一种曝气装置"发明专利权(以下简称本案专利权),专利号为95119389.9。晶源公司称,富士化水未经专利权人许可,仿造了与专利方法相配套的烟气脱硫专利装置,自1999年起已经在华阳公司的漳州后石电厂分别安装于两台发电机组并投入商业运行,其烟气脱硫工艺方法是晶源公司的专利方法,其脱硫装置是晶源公司的专利技术产品,两公司未经专利权人许可,以生产经营目的实施了专利侵权行为,严重损害了晶源公司的合法权益。请求法院判令:1. 富士化水、华阳公司停止侵权行为;2. 富士化水、华阳公司赔偿晶源公司专利侵权损失费人民币3100万元(后晶源公司将赔偿数额追加至人民币7600万元);3. 富士化水、华阳公司赔偿因侵权行为给晶源公司造成的诉讼代理费、调查费、差旅费等损失费;4. 富士化水、华阳公司对已发生的专利侵权行为消除影响;5. 本案诉讼费由富士化水、华阳公司承担。

在是否应当判处侵权行为人停止侵权方面,一审法院认为:由于火力发电厂配备烟气脱硫设施,符合环境保护的基本国策和国家产业政策,且电厂供电情况将直接影响地方的经济和民生。为平衡权利人利益及社会公众利益,晶源公司要求华阳公司停止侵权的诉讼请求,不予支持,但华阳公司也应向晶源公司支付相应的使用费,直至本案专利权期限终止。原审法院根据本案专利的类别等情况,酌定使用费为每台机组每年人民币24万元。二审法院认为:鉴于本案烟气脱硫系统已被安装在华阳公司的发电厂并已实际投入运行,若责令其停止行为,则会直接对当地的社会公众利益产生重大影响,故原审判决在充分考虑权利人利益与社会公众利益的前提下,未支持晶源公司关于责令停止行为的诉讼请求,而是判令华阳公司按实际使用年限向晶源公司支付每台机组每年人民币24万元至本案专利权期限届满为止,并无不妥。

【关键问题】

本案是否适用"行为禁令"的情况?

【简要评论】

行为禁令在专利侵权中得到了越来越多的适用。但并不是每一个案件都适合判令侵权行为人停止侵权行为。在一些案件中,要求侵权行为人停止使用侵权产品可能已经事实上不能完成或需要付出比较大的代价才能完成,这种情况再责令侵权行为人停止侵权行为是不合理的。是否应当要求侵权行为人承担停止侵权责任,主要从两个方面考虑:要求侵权行为人停止侵权行为是否会对国家利益、公共利益带来影响;专利权人的利益是否只能通过侵权行为人停止侵权行为才能得到弥补。专利权作为一种私权，绝大多数情况下，专利权人因侵犯专利权的行为受到的损失都是可以通过金钱的方式弥补，在不要求侵权行为人停止侵权的情况下，可以适当增加赔偿数额。

【核心知识】

如果停止侵权将影响公共利益，法院可以不判决停止侵权，而是通过损害赔偿的方式补偿权利人损失。

延伸阅读

1. 徐小奔：《论专利侵权合理许可费赔偿条款的适用》，载《法商研究》2016 年第 5 期。
2. 刘银良：《论专利侵权纠纷行政处理的弊端：历史的选择与再选择》，载《知识产权》2016 年第 3 期。
3. 李晓秋：《专利侵权惩罚性赔偿制度：引入抑或摒弃》，载《法商研究》2013 年第 4 期。
4. 张玲：《论专利侵权诉讼中的停止侵权民事责任及其完善》，载《法学家》2011 年第 4 期。

13.4 不视为侵犯专利权的行为

知识要点

★权利用尽

权利用尽，是指权利人售出专利产品或者依照专利方法直接获得的产品后，针对后续使用、许诺销售、销售、进口该产品的行为提出的侵权诉讼，无法获得法院支持。权利用尽可以防止权利人就同一个专利产品或依专利方法直接获得的产品重复主张专利使用费，专利购买方只要向权利人支付过专利费后，就专利产品或依专利方法直接获得的产品就可进入自由流通的环境，后续的购买方无须再考虑支付专利许可费的问题，这一制度安排降低了交易成本，使消费者不用再确认其行为是否侵犯专利权。权利用尽只适用于使用、许诺销售、销售、进口行为，不适用于制造行为。

★先用权抗辩

先用权抗辩，是指行为人在专利申请日之前就已经制造了专利产品、使用了专利方法，或者已经做好了制造专利产品、使用专利方法的必要准备的情况下，行为人可以在原有范围内继续进行制造、使用行为,并不因这种行为承担侵权责任。被控侵权行为人主张先用权抗辩需注意,其使用的专利技术需是通过善意的手段获得,如果是非法获得的技术,先用权抗辩将无法获得法院支持。

“制造专利产品、使用专利方法的必要准备”是指被控侵权行为人已经完成实施发明创造所必需的主要技术图纸或者工艺文件,或已经制造或者购买实施发明创造所必需的主要设备或者原材料。“原有范围”是指申请日之前即具有的生产规模或根据已有的生产设备或准备可达到的生产规模。先用权抗辩不能单独转让或许可给第三人,第三人不因获得了被控侵权行为人的技术/设计转让或许可而在专利侵权诉讼中享有先用权抗辩,但技术/设计与生产企业同时转让或承继的情况除外。

★临时过境(2016年卷三第16题)

临时过境抗辩是针对临时通过中国领陆、领水、领空的外国运输工具,如果其因自身需要而在装置和设备中使用有关专利的,依照双方共同参加的国际条约、其与中国签订的协议或互惠原则,这种使用行为将不被视为侵犯专利权的行为。

临时过境抗辩成立需满足几个条件:

第一,临时过境强调“临时”的概念,具体情形包括“偶然进入”和“定期进入”;

第二,临时过境针对的是外国运输工具,本国运输工具不享有临时过境抗辩;针对的行为是使用行为,销售、许诺销售、制造等行为不享有临时过境抗辩,且使用专利的行为需以运输工具自身需要为目的,不以运输工具自身需要为目的的使用不享有临时过境抗辩;

第三,是否享有临时过境抗辩应以双方共同参加的国际条约、其与中国签订的协议或互惠原则为准。

★科学研究和实验

为科学研究或实验而使用专利的行为不构成侵犯专利权。

★为行政审批的例外(2012年卷三第18题)

我国药品和医疗器械在上市前需要通过行政单位的审批,我国《专利法》规定,为了提供行政审批所需的信息而制造、使用、进口专利药品或者专利医疗器械,以及专门为其制造、进口专利药品或者专利医疗器械的行为不视为侵犯专利权。

此处不仅包括申请审批方为提供行政审批需要的信息而直接进行的制造、使用、进口专利药品或专利医疗器械的行为,还包括第三方专门为申请审批方进行行政审批而为的制造、进口专利药品或专利医疗器械的行为;如果是申请审批方使用专利，涵盖的具体行为包括制造、进口、使用行为；如果是第三方的行为，涵盖的具体行为仅包括制造和进口。司法实践中，“行政审批所需要的信息”是指根据《药品管理法》、《药品管理法实施条例》以及《药品注册管理办法》等相关药品管理法律法规、部门规章等要求需要的实验资料、研究报告、科技文献等相关材料。

法律与规范链接

▲ **必读法条**

《专利法》第69条

《最高人民法院关于审理侵犯专利权纠纷案件应用法律若干问题的解释》第15条

△ **延伸法条**

《北京市高级人民法院专利侵权判定指南》

典型案例

北京英特莱技术公司与被申请人深圳市蓝盾实业有限公司北京分公司、北京蓝盾创展门业有限公司侵害发明专利权纠纷[1]

【案情概述】

英特莱公司是名称为“防火隔热卷帘用耐火纤维复合卷帘及其应用”发明专利的专利权人，其申请日为2000年4月28日，授权公告日为2003年2月12日。2007年6月10日，蓝盾北京分公司与中铁建工集团深圳分公司北方分处签订了《建筑工程施工专业分包合同》，约定由蓝盾北京分公司承包建设北京西站南广场的地下车库及商业工程不锈钢防火门及防火卷帘门工程。该项建设工程已于2008年7月20日前竣工。英特莱公司指控该工程中使用的防火隔热卷帘的帘面部分为本案被诉侵权产品。经审查被控侵权产品落入了涉案专利权的保护范围。蓝盾北京分公司、北京蓝盾创展公司主张先用权抗辩，并提交了北京东铁热陶瓷有限公司出具的证明以及深圳市宝安区蓝盾消防器材厂在1999年研发被诉侵权产品时的《布质复合防火卷帘门开发设计可行性报告》《布质复合防火卷帘门设计计划书》《布质复合防

[1] 最高人民法院民事裁定书(2015)民申字第1255号。

火卷帘门设计流程图》《布质复合防火卷帘门设计人员名单》《布质复合防火卷帘门设计任务书》《布质复合防火卷帘门研制报告》《布质复合防火卷帘门设计图纸》《布质复合防火卷帘门设计总结》等证据。

针对蓝盾北京分公司、北京蓝盾创展公司先用权抗辩问题，法院认为：根据《专利法》第69条，《最高人民法院关于审理侵犯专利权纠纷案件应用法律若干问题的解释》第15条规定，判断先用权抗辩是否成立应当考察以下四个条件：先用权人是否在专利申请日前已经制造出相关产品，相关产品是否属于相同产品，先用技术是否系先用权人自行研发或以其他合法手段获得，先用权人是否在原有范围内继续制造。

法院结论主要有如下几点：1. 深圳蓝盾公司在涉案专利申请日之前已经制造出了相关的防火卷帘产品；2. 深圳蓝盾公司提交给国家固定灭火系统检验中心检验的防火卷帘产品帘面与涉案专利属于相同产品；3. 在涉案专利申请日前深圳蓝盾公司自行完成研发被诉侵权产品使用的技术；4. 在1999年国家建设部出台新的防火规范促使各企业研发新产品的大背景下，新型的布质防火卷帘将替代传统的钢质防火卷帘成为防火卷帘产品的主要样态，在相关产品通过检验后，深圳蓝盾公司利用已有的缝纫机、切割机等设备和人力投入制造涉案布质防火卷帘，符合市场生产规律。一审、二审法院认定深圳蓝盾公司制造涉案被诉侵权产品是在原有范围内继续制造具有事实和法律依据；5. 被诉的侵权产品销售商可以主张制造商享有先用权。

【关键问题】

先用权抗辩的成立要件和主张主体？

【简要评论】

先用权抗辩是专利侵权抗辩的一种，法律规定对先用权成立要件和主张先用权的主体都进行了严格限定。

本案中，法院为适用先用权抗辩划定了四要件：先用权人是否在专利申请日前已经制造出相关产品，相关产品是否属于相同产品，先用技术是否系先用权人自行研发或以其他合法手段获得，先用权人是否在原有范围内继续制造。其中的亮点是，法院明确表明“相关产品是否属于相同产品”中的“相同产品”不仅指相同侵权的情况，等同侵权的情况也可被认为系“相同产品”；“原有范围”不仅指与原来生产一样的产品，还可辐射到根据产业升级具体情况很有可能产生迭代更新的新产品。

本案还有一个亮点是：明确先用权抗辩的主体并不一定要是制造商。根据先用权抗辩的概念，很容易认为先用权抗辩仅仅是属于制造商的抗辩权利，购买者不享有先用权抗辩，这样就会产生一个结论：在制造商可以通过先用权抗辩不承担侵权责任的情况下，通过合法手段购买了该制造商制造的专利产品的购买者却可能承担侵权责任。这个结论显然是荒谬的——既然制造商不需就其制造行为承担侵权责任，就说明该专利产品不是侵权产品，是可以自由流通的，那么通过合法手段获得专利产品的购买者就同样不应当承担侵权责任。本案判决明确了：不仅制造商可以主张先用权抗辩，一定情况下购买者也可以主张先用权抗辩。

【核心知识】

先用权抗辩中的“相同产品”不仅包括相同的情形，还包括等同的情形；“原有范围”不仅指与原产品一样，还可辐射到根据产业升级具体情况很有可能产生迭代更新的新产品；一定情况下，销售者也可享有先用权抗辩。

延伸阅读

1. 张秀玲：《专利先用权之原有范围的再探讨》，载《理论与改革》2013 年第 2 期。
2. 任军民：《我国专利权权利用尽原则的理论体系》，载《法学研究》2006 年第 6 期。
3. 韩磊：《权利国际用尽原则与平行进口的法律规制》，载《河北法学》2017 年第 10 期。
4. 尹锋林：《美国专利产品平行进口规则及对我国的借鉴意义》，载《法学杂志》2011 年第 3 期。

第四编

商　标　法

第 14 章　商标与商标法概述

教学目标

了解和识记商标的概念、功能及构成要件；
识记和理解商标的各种类型；
了解商标法的历史发展过程；
识记和理解商标法的立法宗旨与基本原则。

推荐参考资料

1. 刘春田主编:《知识产权法》(第五版),高等教育出版社 2015 年版,第十八章、第十九章。
2. 吴汉东主编:《知识产权法》(第四版),北京大学出版社 2014 年版,第十八章。
3. 杜颖主编:《商标法》(第三版),北京大学出版社 2016 年版,第一章至第三章。
4. 黄晖主编:《商标法》,法律出版社 2004 年版,第一章、第二章。

14.1　商标的概念和构成要件

知识要点

14.1.1　商标概述

☆商业标记

从广义上理解,商业标记泛指工商业领域内所有具备标识商品(服务)来源、质量功能的标志,除商标以外,还包括商号、地理标志、商品特有包装及装潢等。其中,商号又称字号,是经营者在工商营业中以能够识别来源的文字符号表示自己的名称。地理标志也称原产地名称,是表明商品来源于某一特定地域的地理名称,该商品的特定品质、信誉或其他重要特征主要由该地域的自然或人文因素决定。商品特有包装及装潢是用于宣传和装饰商品,因与众不同而能区分不同经营者的商品外在图案、色彩、造型等。

★商标

我国《商标法》规定的商标主要是指注册商标和未注册使用商标,属于狭义的商业标记范畴。作为《商标法》中的一个基本概念,商标是指任何能够将自然人、法人或者其他组织的商品(或服务,下同)与其他民事主体的商品(或服务)加以区分的标志,包括文字、图形、字母、数字、三维标志、颜色组合和声音等,以及上述要素的组合。法律意义上的商标概念并非物理属性的标识本身,必须具备以下特征:1. 商标必须依附于商品或服务存在;2. 商标必须具备显著性,是区分不同商品或服务来源的标记;3. 商标必须具有可感知性,通过人的视觉、听觉等体验其客观存在。

14.1.2 商标的功能

商标作为识别商品或服务来源的标志,在市场经济中发挥着重要作用。通常情况下,商标具有以下几方面的功能:

★识别功能

商标的基本作用是区分不同的商品生产者和服务提供者,标明商品的出处。通过不同的商标,消费者可以判断出商品或服务到底出自哪家企业,进而识别商品或服务的来源。因此,商标的最基本功能就是识别功能,又称为区分来源功能。

★品质保证功能

随着市场经济的不断发展,商标除了使消费者可以识别商品或服务来源外,还具有商品或服务质量担保作用。商标保证消费者再次购买附有同一商标的商品时,仍会达到同样的体验期望值。因此,商品还具有品质保证功能,即同一商标在商品或服务上承载着同样的质量要求,具有品质的同一性。

★广告宣传功能

通过商标的识别和品质保证功能,消费者可以了解、认购商品或服务。在此基础上,商标还发挥着广告宣传功能。商标使公众记住特定来源的商品或服务,并进一步了解该商品或服务的市场信息,这对于引导人们进行服务消费或选购商品等都起到非常重要的作用。

14.1.3 商标的构成要件

★显著性(2016 年卷三第 17 题,2013 年卷三第 65 题)

依据我国《商标法》第 9 条第 1 款规定:“申请注册的商标,应当有显著特征,便于识别,……”显著性是商标的第一构成要件,只有具备显著性的商业标记才能使消费者区分不同的商品或服务。商标的显著性又称为识别性,具体是指“商标所具备的借以将某一经营者的商品或服务与其他经营者的商品或服务区分开来的特性”[1]。商标不仅仅是物理属性的符号本身,更是一种关系。因此,判断一个商标是否具有显著性,必须把标识和商品(或服务)结合起来看。首先,需要从构成要素来判断标识本身的独特性;其次,需要在将标识与商品结合起来的基础上,进一步判断能否把标识所代表的商品与其他商品区分开来。总体而言,显著性是一个相对的概念,“乃商标借以识别自己与他人商品的之能力,须考虑该商标使用的商品、商品消费者等因素”[2]。

商标的显著性主要通过固有显著性和获得显著性两种方式取得。固有显著性是由标识本身的个性或独特性决定的,即根据构成要素所具备的内在显著特征而能够将不同经营者的商品或服务加以区别。固有显著性来源于使用标识本身的第一含义,而获得显著性则是通过使用而使标识产生第二含义。所以,缺乏固有显著性的标识要获得《商标法》保护的前提必须是通过使用形成获得显著性。根据我国《商标法》第 11 条的规定,下列标志因缺乏固有显著性而不得作为商标注册:1. 仅有本商品的通用名称、图形、型号的;2. 仅直接表示商品的质量、主要原料、功能、用途、重量、数量及其他特点的;3. 其他缺乏显著特征的,如仅直接表示指定商品的特定消费对象、价格、内容、技术特点、生产工艺、风格、通用包装及装潢等。但是,上述标志如经过使用取得显著特征,并便于识别的,可以作为商标注册。

另需注意的是:显著性是可变的,即商标用于具体商品或服务以后是否能够保持原有显著性、具备何种强度的显著性,会随着商标的实际使用而不断发生变化。一方面,商标的持续性使用有可能使商标的显著性增强,甚至使原本不具有固有显著性的商标产生第二含义,进而形成获得显著性;另一方面,商标的不当使用也可能损害或降低商标的显著性,使原本具有固有显著性的商标因丧失显著性而沦为商品的一种通用名称,如“优盘”“阿司匹林”等。

---

〔1〕 刘春田主编:《知识产权法》(第五版),中国人民大学出版社 2014 年版,第 253 页。

〔2〕 杜颖:《商标法》(第三版),北京大学出版社 2016 年版,第 15 页。

★合法性(2015 年卷三第 64 题)

商标的合法性是商标注册的消极禁止条件。合法性是商标的构成要件之一,是指商标本身从标识构成要素上不属于法律规定明确禁止作为商标使用的标志。《商标法》第 10 条对我国不得作为商标使用并注册的标志进行了详细列举,具体包括:1. 同中华人民共和国的国家名称、国旗、国徽、国歌、军旗、军旗、军歌、勋章等相同或近似的,以及同中央国家机关的名称、标志、所在地特定地点的名称或者标志性建筑物的名称、图形相同的标志;2. 同外国的国家名称、国旗、国徽、军旗等相同或近似的标志,但经该国政府同意的除外;3. 同政府间国际组织的名称、旗帜、徽记等相同或近似的标志,但经该组织同意或不易误导公众的除外;4. 与表明实施控制、予以保证的官方标志、检验印记相同或近似的标志,但经授权的除外;5. 同"红十字""红新月"的名称、标志相同或近似的标志;6. 带有民族歧视性的标志;7. 带有欺骗性,容易使公众对商品的质量等特点或产地产生误认的标志;8. 有害于社会主义道德风尚或有其他不良影响的标志;9. 县级以上行政区划的地名或公众知晓的外国地名。根据我国《商标法》第 10 条第 2 款的规定,县级以上行政区划的地名或公众知晓的外国地名,不得作为商标。但是,县级以下行政区划或公众知晓的地名因具有其他的含义或作为集体商标、证明商标组成部分的除外。已经注册的使用地名的商标继续有效。

★在先性(2017 年卷三第 16 题)

商标的在先性,是指申请注册的商标,不得与他人在先取得的合法权利相冲突。在先性旨在确立在先取得的合法权利具有优先性地位,侵犯在先权利的标记不得作为商标。这里的"合法权利"既包括在先申请注册的商标权,还包括在先取得的著作权、外观设计专利权、姓名权、肖像权、商号权、地理标志权等其他民事权益。此外,根据《商标法》第 32 条的规定,申请注册商标不得损害他人现有的在先权利,也不得以不正当手段抢先注册他人已经使用并有一定影响的商标。因此,从广义来看,这一"合法权利"还应包含他人对使用在先并形成一定影响的未注册商标所享有的在先权益。

法律与规范链接

▲ 必读法条

《商标法》第 8 条、第 9 条、第 10 条、第 11 条、第 32 条

△ **延伸规范性文件**

《商标法实施条例》

《商标审查及审理标准》

典型案例

斐立、刘蔷诉山东景阳岗酒厂侵害《武松打虎》组画著作权案

【案情概述】

刘继卣先生是我国已故的著名连环画艺术大师，于1954年创作了绘画作品《武松打虎》组画。原告斐立系刘继卣之妻，原告刘蔷为刘继卣之女。1980年，山东景阳岗酒厂将《武松打虎》组画中的第11幅修改后，作为瓶贴和外包装装潢在其生产的景阳岗陈酿系列白酒酒瓶上使用。1989年，景阳岗酒厂将其已修改使用的刘继卣的《武松打虎》组画中的第11幅申请注册商标，并已取得注册。1990年，景阳岗酒厂参加了首届中国酒文化博览会，1995年6月该厂又在北京人民大会堂举行了"景阳岗陈酿品评会"，两次活动原告斐立、刘蔷均未出参加。后斐立、刘蔷将山东景阳岗酒厂诉至法院，要求被告停止使用《武松打虎》组画，向原告赔偿经济损失并赔礼道歉、消除影响。最终，一审和终审法院依法认定被告行为侵害了组画著作权人的署名权、修改权、保护作品完整权以及著作财产权等，支持了原告的诉讼请求。

【关键问题】

本案中被告山东景阳岗酒厂对《武松打虎》组画的商标注册和使用行为与该组画在先著作权之间存在冲突，该商标在在先性的构成要件方面存在缺陷，故原告有权要求山东景阳岗酒厂在商标上停止使用该组画。此外，被告对组画使用中的修改行为，还可能侵害到组画已故作者的修改权、保护作品完整权等精神权利。因此，法院支持原告的诉讼请求是符合法律规定的。

【简要评论】

就本案而言，主要问题集中在商标的构成要件之一在先性方面。如商标与他人在先权利（如本案中的组画著作权）相冲突，则系争商标应当停止使用，同时不予核准注册或被宣告无效。由于商标的构成要素可能包含图形，如涉及他人在先创作的美术作品，很有可能会侵害他人在先著作权等合法权利。可见，在先性在商标的构成要件中占据着重要地位和作用。

延伸阅读

1. 孔祥俊:《论商标的区别性、显著性与显著特征》,载《现代法学》2016 年第 6 期。
2. 冯术杰:《论商标固有显著性的认定》,载《知识产权》2016 年第 8 期。
3. 曾陈明汝、蔡明诚:《商标法原理》,台北,新学林出版股份有限公司 2007 年版。

14.2 商标的种类

知识要点

14.2.1 商品商标与服务商标

根据商标主体是商品的经营者还是服务的提供者,商标可划分为商品商标和服务商标。

★商品商标

商品商标是指使用于商品之上的商标,商标主体为商品的生产者和商品的销售者。商品商标的对象是商品,通常为具有物质形态的实体商品。就商品商标而言,根据商标主体是商品的生产者抑或是商品的销售者,又可以细分为制造商标和销售商标。其中,制造商标是指商品生产者在自己生产制造的商品上所使用的商标,如用于运动服饰商品的“”标记。制造商标是使用和注册最多的商标。销售商标是指商品销售者在自己销售的商品上所使用的商标,如中国农药销售公司的“”标记。

★服务商标

服务商标是指服务的提供者为了将自己提供的服务与他人提供的同类服务相区别而使用的商标。与商品商标直接将标识粘附在商品上不同,服务商标的对象不是实体商品,而是一种服务。根据《商标注册用商品和服务国际公类》表的划分,“服务”类别分为十大领域,包括:广告经营、会展;房地产;金融;电信、网络服务;餐饮、住宿、旅游;文教、娱乐;交通、仓储、运输;医疗卫生、保健;中介、代理;商业销售、贸易。如用于航空运输业的“”、用于餐饮业的“”等标记,都是服务商标。

14.2.2 可视性商标与非可视性商标

根据商标是否可以通过人的视觉感知,商标可划分为可视性商标和非可视性商标。

★可视性商标

可视性商标是指人们可以通过视觉感知的商标。日常生活中，绝大多数商品商标和服务商标都是可视性商标。伴随社会经济的不断发展，商标在构成要件上已突破视觉感知的可视性要求。由听觉或嗅觉感知的声音、气味等作为商标的构成要素逐渐为各国所认同。

★非可视性商标

非可视性商标是指人们通过视觉以外的听觉、嗅觉等感知的商标。根据我国《商标法》的规定，声音可以作为商标的构成要素。2016 年 5 月，我国对中国国际广播电台申请的广播节目开始曲进行了核准公告，中国国际广播电台的广播节目开始曲成为我国首例核准授权的声音商标。相对于具有独创性的曲调旋律而言，一般的声音特别是自然声音（如流水声、动物声音等）因缺乏显著性而难以成为声音商标。

14.2.3　平面商标与立体商标

在可视性商标中，根据商标是二维平面还是三维立体的表现形态，商标可划分为平面商标和立体商标。

★平面商标

可视性商标以平面商标为主。平面商标是商标的原始形态，也是最基本的商标形态。[1]根据商标构成要素的不同，平面商标又可分为文字商标、图形商标和组合商标三种。文字商标是由语言文字、字母和数字等符号构成的商标，如“LG”是由字母组成的文字商标，“999”是由数字组成的文字商标。图形商标是由单一图形构成的商标，如“”标记。平面的组合商标由文字、图形及其他构成要素组合而成，如中国建设银行的商标就包含了文字和图形的组合。

★立体商标

立体商标是占据一定物理空间，由三维标志或含有其他标志的三维标志构成的商标。保护立体商标是商标发展史的一大突破，我国于 2001 年修订后的《商标法》第 8 条增列了三维标志，立体商标自此正式纳入商标保护范畴。立体商标主要包括两类：1. 在商品之外，与商品可完全分割的立体标志，如咸亨酒店门口站立的“孔乙己”塑像、劳斯莱斯车头上竖立的“小飞人”等；2. 有识别特征的商品外形或外包装，如可口可乐的曲线瓶、费列罗球形巧克力的外包装等。总体而言，立体商标注册中面临的最主要问题是商品的功能性障碍。根据我国《商标法》第 12 条的规定，

---

〔1〕 杜颖：《商标法》（第三版），北京大学出版社 2016 年版，第 53 页。

以三维标志申请注册商标的,仅由商品自身的性质产生的形状、为获得技术效果而需有的商品形状或者使商品具有实质性价值的形状,不得注册。

14.2.4　联合商标与防御商标

如果按商标的使用目的来划分,商标可分为联合商标与防御商标。注册此类商标的目的是为了保护主商标,防止他人“搭便车”。

★联合商标

联合商标是指在同一种商品或类似商品上注册使用的若干个近似商标。在这些近似商标中,首先注册的或主要使用的商标为主商标,其他商标为该主商标的联合商标。注册联合商标的目的,不是使用每一个商标,而是为了保护主商标,防止他人抢注或使用与主商标相近似的商标。如杭州娃哈哈集团公司注册的“娃哈哈”为驰名商标,为防止他人“搭便车”,该公司在饮料商品上又注册了“哈娃哈”“哈哈娃”“娃娃哈”等联合商标。如浙江云峰新材股份有限公司注册的“莫干山”是板材同类产品中的著名商标,为防止侵权,该公司在板材上同时注册了“莫千山”的联合商标。联合商标具有以下特征:联合商标必须随主商标一起转让,不能分开转让;联合商标的注册主要发挥消极权能上的防范功能。

★防御商标

防御商标是指商标所有人在不同类型的商品或服务上注册若干个相同的商标。原商标为主商标,注册在其他商品或服务上的同一个商标为防御商标。注册防御商标的目的旨在保护主商标。如海尔集团的“海尔”是电器类产品中的驰名商标,该公司不仅在冰箱、空调、洗衣机等电器类产品上注册了“海尔”,还在其他类别的商品和服务上都注册了“海尔”。海尔集团在电器类产品以外的商品和服务上注册的“海尔”商标,就属于防御商标。

14.2.5　集体商标与证明商标

根据商标的功能不同,商标又可划分为集体商标和证明商标。

★集体商标(2015 年卷三第 64 题)

为了把中小企业或个体经营户的力量集中起来,提高商品在国内外市场上的竞争力,建立集体商标制度是一项重要的战略举措。集体商标(collective mark)又称为“团体商标”,是指以团体、协会或者其他组织名义注册,供该组织成员在商事活动中使用,以表明使用者在该组织中的成员资格的商标。例如“五常大米”“金华火腿”“安溪铁观音”等,都是我国具有代表性的集体商标。集体商标的作用是为了取得经济上的规模效应，同时向消费者表明使用该商标的组织成员具有共同的特点。集体商标的特征在于：1. 集体商标不属于单个的自然人、法人或其他组织，而属于由多个企业或个体经营户构成的社团组织；2. 集体商标以集体组织的名义申请注册并所有；3. 集体组织本身不使用集体商标，而由该组织的成员共同使用；4. 地理标志可以作为集体商标注册。

★证明商标

证明商标又称为“保证商标”，是指由对某种商品或服务具有监督能力的组织进行注册、控制，并由该组织以外的单位或个人使用于商品或服务，用以证明该商品或者服务的原产地、原料、制造方法、质量或其他特定品质的标志。使用证明的目的旨在向消费者提供质量保证，有利于保护我国的名优产品，增强企业竞争力。如纯羊毛标志就是由国际羊毛局注册并管理的证明商标，只有符合该局羊毛制品标准的企业才可以申请使用该标志。又如绿色食品商标是农业部绿色食品发展中心注册的证明商标，只有具备商标权人要求的生产、经营条件的企业才能申请使用该商标。

法律与规范链接

▲ 必读法条

《商标法》第 3 条、第 12 条

△ 延伸法条及规范性文件

《商标法实施条例》第 13 条

《集体商标、证明商标注册和管理办法》

典型案例

味事达等公司与雀巢公司“方形瓶”立体商标争议案[1]

【案情概述】

1995 年 7 月，雀巢公司将其使用的一款“黄色尖顶瓶盖的棕色方形瓶”作为立

---

[1] 《开平味事达调味品有限公司诉国家工商行政管埋总局商标评审委员会、第三人雀巢产品有限公司商标争议纠纷案》，载北京市第一中级人民法院网：http://bjlzy. chinecourt. org/articre/dctail/2014/09/id/147966. shtml，最后访问日期：2018 年 3 月 2 日。

体商标申请国际注册并获核准。2002 年 3 月，该公司根据《商标国际注册马德里协定》向我国提出该立体商标的的国际领土延伸申请注册，被我国商标局以缺乏显著性驳回。后雀巢公司向商标评审委员会提出复审，于 2005 年 7 月核定在“食用调味品”类获得注册并使用。随后，雀巢公司于 2008 年 10 月向广东味事达、广中皇、和味香等多家公司发出侵权警告函。实际上，我国广东的酱油企业很早就在相关产品上使用这种方形瓶。为避免侵权纠纷，广东味事达公司遂向法院提起确认不侵权之诉。在该案终审判决中，广东省高院认定该商标的显著性较弱，最终以消费者不会产生混淆和误认为由，认定味事达公司使用方形瓶的行为不构成商标侵权。在味事达公司向商标评审委员会提起的商标争议及随后的行政诉讼中，北京第一中级法院和北京市高级人民法院皆认定“方形瓶”不具备商标的固有和获得显著性，于 2012 年最终撤销了商评委维持争议立体商标注册的行政裁定。

【关键问题】

本案涉及的核心问题是立体商标注册的先决条件——显著性和非功能性。根据我国《商标法》第 12 条的规定，以三维标志申请注册商标，如仅由商品本身的性质产生的形状、为获得技术效果而需有的商品形状或者使商品具有实质性价值的形状，不得注册。雀巢公司注册的“方形瓶”立体商标，其棕色具有不透光性、遮蔽瓶内物品的功能，利于保护调味品不受外界破坏性影响；而方体形状又利于抓握，不容易滑落，具备产品外装瓶的功能性特征。同时，我国酱油企业很早就在相关产品上使用此类方体形状的外装瓶。因此对我国消费者而言，雀巢公司的“方形瓶”缺乏区分不同生产企业的显著特征。法院的认定无疑是正确的。

【简要评论】

我国立法已经明确规定立体商标如具有功能性，则不能获得商标注册。而在法律实践中，商标审查机关和法院多从立体商标的显著性层面进行分析论证。事实上，在立体商标的注册审查时，应注意从功能性的角度来判断是否给予注册保护。如果商标局并非以显著性为由驳回申请，而是直接指出“方形瓶”的形状具有功能性，则雀巢公司不会轻易获得商标注册。进言之，立体商标的注册除分析显著性以外，更应当充分考察立体标志的非功能性。

延伸阅读

1. 冯术杰：《论立体商标的显著性认定》，载《法学》2014 年第 6 期。
2. 凌宗亮：《立体商标的显著性判断——从美国司法判例的理论轨迹考察》，载《苏州大学学报》（法学版）2014 年第 2 期。

14.3 商　标　法

知识要点

14.3.1 商标法的调整对象与历史发展

★商标法的调整对象

商标法是调整因商标的注册、使用、管理和保护而发生的各种社会关系的法律规范的总和。商标法的调整对象具体包括以下四类:1. 商标注册法律关系。此类调整对象是因商标注册而产生,既包括注册申请人与商标管理部门之间因注册申请而发生的申请与审核关系,又包括注册申请人与其他平等民事主体之间因申请注册而发生的商标异议、注册商标争议等法律关系。2. 商标使用法律关系。此类调整对象主要是因商标权的转让或使用许可而发生在转让人与受让人、许可人与被许可人之间的法律关系。3. 商标管理法律关系。此类调整对象主要是指商标管理部门因履行其管理职能与商标使用者及其他相关主体之间发生的法律关系,包括因注册商标续展、转让、使用而产生的管理关系。4. 商标保护法律关系。此类调整对象是指因侵害商标权而发生在商标权人与侵权行为人之间的法律关系。

☆商标法的历史发展

商标是商品经济的产物,伴随着商品生产和交换的发展应运而生。最早运用法律保护商标的国家是法国,在 1803 年 4 月实施的《关于工厂、制造场和作坊的法律》中,首次将假冒商标的行为依私自伪造文件追究法律责任。[1]1857 年 6 月,法国制定了《关于以使用原则和不审查原则为内容的制造标记和商标的法律》,在世界上是现代法意义上的第一部商标法。此外,英国于 1862 年、美国于 1870 年、德国于 1874 年、日本于 1884 年都先后制定了本国首部商标法。清政府于 1904 年颁行的《商标注册试办章程》《商标注册细目》,是中国最早的商标法规。1982 年 8 月通过、1983 年 3 月正式施行的《商标法》,是新中国成立后的第一部商标法。此后,1993 年、2001 年、2013 年,我国先后对《商标法》进行了三次全面修订。我国《商标

---

〔1〕 刘春田主编:《知识产权法》(第五版),高等教育出版社 2015 年版,第 235 页。

法》在2013年第三次全面修订之后,国务院于2014年对《商标法实施条例》也作出了相应修改。此外,最高人民法院还发布了多部与商标有关的司法解释,如《最高院关于审理商标案件有关管辖和法律适用范围问题的解释》(法释〔2002〕1号)、《最高院关于审理商标民事纠纷案件适用法律若干问题的解释》(法释〔2002〕32号)、《最高院关于审理不正当竞争民事案件应用法律若干问题的解释》(法释〔2007〕2号)、《最高院关于审理注册商标、企业名称与在先权利冲突的民事纠纷案件若干问题的规定》(法释〔2008〕3号)、《最高院关于审理涉及驰名商标保护的民事纠纷案件应用法律若干问题的解释》(法释〔2009〕3号)等。

14.3.2 商标法的立法宗旨

★保护商标专用权

《商标法》的核心内容就是保护商标权人的专用权,维护其合法利益。这也是商标立法的根本宗旨之一。保护商标专用权、维护商标信誉,是使商品和服务走向品牌化发展,进而提高市场竞争力的有力途径。因此,各国商标法针对商标专用权都作了大量规定。如我国《商标法》规定了商标注册的申请、审查和核准;注册商标的续展、转让和使用许可;注册商标争议的裁定;注册商标专用权的保护;商标侵权的行为类型;侵权人应承担的民事责任、行政责任和刑事责任;对侵权行为的法律制裁措施等。上述内容都体现出《商标法》侧重于保护商标专用权的立法宗旨。

★保障消费者利益

保障消费者的利益,也是我国商标立法的宗旨之一。《商标法》通过对商标专用权的充分有效保护,得以规范市场经济秩序并保障消费者的利益,最终实现公共利益,促进社会主义市场经济的有序健康发展。《商标法》对商标专用权的保护,实际上就是保障商标实现标识商品来源的功能,通过保护商标而方便消费者选择自己认可的商品,从而保障其利益不受损害。因此,《商标法》在保护商标专用权的同时,客观上实现了对消费者利益的保护。从这个意义上讲,不同于知识产权利益平衡机制,《商标法》在保护商标专用权和消费者利益、私权和公共利益的价值取向上是一致的。

★加强商标管理

有别于其他民事权利,行政保护与管理在知识产权保护中发挥着重要作用。商标权的取得以行政管理性质的注册程序为前提,故《商标法》强调对商标的行政管理,进而实现市场经济秩序的规范化。《商标法》对商标的管理体现在以下两方面:1. 商标主管部门负责对商标权的取得进行审核。只有通过商标主管部门的审查核准、注册公告,申请人才对商标享有商标专用权。2. 商标主管部门对核准授权商标的使用进行管理。该管理职能主要体现在我国《商标法》第 6 章“商标使用的管理”部分。例如,第 49 条规定,商标注册人在使用注册商标的过程中,自行改变注册商标、注册人名称、地址或其他注册事项的,由地方工商行政管理部门责令限期改正;期满不改正的,由商标局撤销其注册商标。此外,《商标法》加强商标管理的宗旨还体现在对商标转让的审核管理、对商标许可的备案管理等方面。应补充说明的是,由于商标权本质上属于民事权利,《商标法》的立法趋势应在总体上体现出商标管理部门行政干预和管理的弱化,进一步提倡对商标权私权属性的尊重与认可。

14.3.3　商标法的基本原则

★保护商标权与维护消费者利益相结合的原则

《商标法》遵循保护商标专用权与维护消费者利益相结合的基本原则。保护商标专用权是我国《商标法》的核心内容和主要目的,是我国《商标法》最根本的立法宗旨。在保护商标专用权的同时,《商标法》通过规范商标使用行为,要求商标权人必须保证商品质量,禁止他人未经商标权人许可不得随意使用、模仿商标,以有效保障消费者的利益,维护有序的市场经济秩序,进一步促进社会主义市场经济的健康发展。

★注册原则

综观各国商标法,对商标专用权的确权主要采用两种制度,分别为注册原则和使用原则。所谓使用原则,是指商标专用权归首先使用该商标的当事人,未经使用的商标不得注册。所谓注册原则,是指商标以注册作为商标权取得的依据,只有经过商标主管部门的注册登记,申请人才能够取得商标专用权,申请人是否曾使用过商标在所不问。目前,大多数国家采用注册原则来确立商标专用权的取得。注册原则是我国商标确权的基本原则。

★申请在先原则

对于不同申请人提出的相同或近似的商标注册申请,各国商标法主要采用两种不同的商标权归属认定原则,分别为申请在先原则和使用在先原则。申请在先原则是指按照商标申请时间的先后顺序来决定将商标专用权授予谁。使用在先原则则是以使用商标时间的先后顺序来确定商标权的归属。我国《商标法》采用申请在先原则,同时以使用在先原则为补充规定。根据我国《商标法》第 31 条的规定,两个或者两个以上的商标注册申请人,在同一种商品或者类似商品上,以相同或者近似的商标申请注册的,初步审定并公告申请在先的商标;同一天申请的,初步审定并公告使用在先的商标,驳回其他人的申请,不予公告。

★审查原则

审查原则是商标主管部门在商标核准授权之前对注册申请商标开展的形式与实质审查,申请商标经审查符合注册条件的,授予商标申请人商标专用权。其中,形式审查主要对商标申请人的主体资格、申请材料以及手续等进行审查;实质审查主要对商标的显著性、合法性与在先性等构成要件进行审查。我国采审查原则,商标主管部门需要对注册申请商标进行形式和实质上的全面审查。

★自愿注册原则

对使用的商标是否注册,应由商标的使用人自行决定。我国《商标法》主要采用自愿注册原则,即商标使用人可以自行选择是否将使用的商标申请注册。未注册的商标可以使用,但使用人不享有商标专用权,无权禁止他人在同类商品或服务中使用相同或近似的商标。只有特殊商品的商标是强制注册原则。如卷烟、雪茄烟和有包装的烟丝必须申请注册商标,未经核准注册的,不得生产、销售。

★统一注册、分级管理原则

我国《商标法》对注册商标采取集中统一注册、分级管理的原则。国家知识产权局负责集中统一注册商标,其他任何机构均无权办理商标注册。此外,地方各级知识产权局依法对本地区的商标使用、商标标识印制、侵害商标权行为进行行政执法与管理。总体而言,《商标法》采取的统一注册、分级管理原则既有助于消除地区和部门利益分割的不良影响,又有利于更充分有效地保护、管理商标。

法律与规范链接

▲ 必读法条

《商标法》第 1 条、第 2 条、第 4 条、第 6 条、第 31 条

△ 延伸法条及规范性文件

《商标法实施条例》第 19 条、第 21 条

《关于大力推进商标注册便利化改革的意见》

典型事例

"微信"商标确权争议案行政判决书(摘选)[1]

一审行政判决书(摘选):

……根据《商标法》第 10 条第 1 款第 8 项的规定,有害于社会主义道德风尚或者有其他不良影响的标志不得作为商标使用。在审查判断有关标志是否构成具有其他不良影响的情形时,一般应当考虑该标志或者其构成要素是否可能对我国政治、经济、文化、宗教、民族等社会公共利益和公共秩序产生消极、负面影响。如果该标志作为特定主体在特定商品或服务上的商标注册和使用,可能会误导广大消费者,从而对公共利益产生消极影响,亦应属于该条款所规范的情形。判断被异议商标是否具有其他不良影响,考察的是被异议商标注册和使用可能产生的客观社会效果,而不是商标申请人申请注册商标或使用商标时的善意或恶意。同时,对于尚处于注册审查程序中的被异议商标来说,判断其是否具有其他不良影响,还应当考察行政裁决或判决作出之时的事实状态,以尊重新的已经形成的公共利益和公共秩序……

……"微信"在信息传送等服务市场上已经具有很高的知名度和影响力,广大消费者对"微信"所指代的信息传送等服务的性质、内容和来源已经形成明确的认知。在这种市场实际情况下,如果核准被异议商标注册,不仅会使广大消费者对"微信"所指代的信息传送等服务的性质、内容和来源产生错误认知,也会对已经形成的稳定的市场秩序造成消极影响。先申请原则是我国商标注册制度的一般原则,但在尊重在先申请这个事实状态的同时,商标注册核准与否还应当考虑公共利益和已经形成的稳定市场秩序。当商标申请人的利益与公共利益发生冲突时,应当结合具体情况进行合理的利益平衡。本案中,一方面是商标申请人基于申请行为产生的对特定符号的先占利益和未来对特定符号的使用可能产生的期待利益,另一方面是庞大的微信用户已经形成的稳定认知和改变这种稳定认知可能形成的较大社会成本,鉴于此,选择保护不特定多数公众的现实利益具有更大的合理性。因此,被告认定被异议商标的申请注册构成《商标法》第 10 条第 1 款第 8 项所禁止的情形并无不当,本院予以维持……

二审行政判决书(摘选):

……审查判断有关标志是否构成具有其他不良影响的情形时,应当考虑该标

---

[1] 一审:北京知识产权法院(2014)京知行初字第 67 号;二审:北京高级人民法院(2015)京行知终字第 1538 号。

志或者其构成要素是否可能对我国政治、经济、文化、宗教、民族等社会公共利益和公共秩序产生消极、负面影响。如果有关标志的注册仅损害特定民事权益，由于商标法已经另行规定了救济方式和相应程序，不宜认定其属于具有其他不良影响的情形。由于具有"其他不良影响"属于商标注册的绝对禁止事项，一旦认定某一标志具有"其他不良影响"，即意味着不仅该标志在所有的商品和服务类别上都不得作为商标使用，更不得作为商标注册。而且在《商标法》第10条第1款第8项未作例外规定的情况下，任何主体均不得将具有"其他不良影响"的标志作为商标使用和注册。因此，对于某一标志是否具有"其他不良影响"，在认定时必须持相当慎重的态度。

……通常情况下，商标注册申请行为不是《商标法》第10条第1款第8项的调整对象，不属于"其他不良影响"的考虑因素。但是，即使在本案中考虑创博亚太公司申请注册被异议商标这一商标注册申请行为，也难以认定"其他不良影响"的存在。一方面，即使腾讯公司的"微信"即时通信应用程序被包括政府机关在内的社会公众大量使用，"微信"由腾讯公司以外的其他主体作为商标加以申请注册，涉及的也仅仅是该应用程序的名称或者商标标志如何确定的问题，并不影响该应用程序自身的正常使用。另一方面，基于互联网环境下计算机应用程序能够及时在线更新的特点，即使该计算机应用程序的名称或者商标标志发生变化，也能够十分迅捷便利地通知到相关用户，不会造成相关公众对相关应用程序及其来源的混淆误认，不会损害包括政府机关在内的腾讯公司"微信"即时通信应用程序用户的利益，当然更不会损害广大社会公众的利益和公共秩序。因此，被异议商标的注册申请行为并不涉及社会公共利益和公共秩序。

根据二审期间创博亚太公司提交的证据，"微信"商标已在其他多个商品或服务类别上由包括腾讯公司在内的多个主体加以申请并获准注册，这一事实也进一步印证了"微信"作为商标使用不具有"其他不良影响"。综上，本案被异议商标的申请注册，不属于《商标法》第10条第1款第8项规定的具有"其他不良影响"的情形，原审判决及第67139号裁定的相关认定错误，本院予以纠正。

延伸阅读

1. 李明德：《商标注册在商标保护中的地位与作用》，载《知识产权》2014年第5期。
2. 王太平：《论商标法中消费者的地位》，载《知识产权》2011年第5期。
3. 黄汇：《商标法中的公共利益及其保护——以"微信"商标案为对象的逻辑分析与法理展开》，载《法学》2015年第10期。

第15章　商标权的取得和消灭

教学目标

识记和理解商标权取得的原则；

了解和识记商标注册的行政程序；

了解和识记商标的续展、变更等维持制度；

了解和识记商标的注销、撤销及无效宣告等消灭制度。

推荐参考资料

1. 刘春田主编:《知识产权法》(第五版),高等教育出版社2015年版,第二十、二十一、二十四章。
2. 吴汉东主编:《知识产权法》(第四版),北京大学出版社2014年版,第十九章至第二十一章。
3. 杜颖:《商标法》(第三版),北京大学出版社2016年版,第四、六章。

15.1　商标权取得的原则

知识要点

★自愿注册原则

依我国《商标法》规定,商标法主要保护注册商标。通常情况下,只有经过核准注册的商标,商标主体才能取得一种排他性的专有权——商标专用权。是否要注册商标完全由商品的生产经营者自行决定。虽然商标是否注册并不影响商标标注的商品在市场上流通,但未经注册的使用商标通常不受《商标法》保护。此外,依我国《商标法》第 6 条规定,法律、行政法规规定必须使用注册商标的商品,必须申请商标注册,未经核准注册的,不得在市场销售。可见,对于烟草等少数特殊商品,因国家强化特殊行业的管理职能,故《商标法》规定必须进行注册以后才能在市场上销售,采用补充性的强制注册规定。

★先申请原则

先申请原则又称为申请在先原则,是指两个或两个以上的申请人,在相同或类似商品或服务上申请注册相同或近似商标的,初步审定公告申请在先的商标,驳回后一申请,即注册商标的先申请人取得商标权。先申请原则的理论基础在于一个商标只能确立一个商标权,旨在避免重复授权。先申请原则的积极意义在于能够鼓励申请人及时申请注册商标,有助于明确商标法律关系,使商标权的归属相对稳定、清晰,进而有利于商标检索工作。为了避免他们不正当利用先申请原则可能造成的商标恶意"抢注"问题,我国《商标法》第 31 条以及《商标法实施条例》第 19 条在先申请原则的基础上作了补充性的但书规定,申请人同一天申请的,初步审定并公告使用在先的商标,驳回其他人的申请,不予公告;同日使用或均未使用商标的,由申请人自行协商;协商不成,以抽签方式解决。

★分类注册原则

商标的分类注册原则是指注册商标必须依商品或服务划分的类别范围提交商标申请。为便于商标注册与管理,商标主管部门按照统一的标准将所有商品(或服务)划分为若干类,编排制定成表。我国《商标法》第 22 条第 1 款规定,商标注册申请人应当按规定的商品分类表填报使用商标的商品类别和商品名称,提出注册申请。我国目前实行的《商标注册用商品与服务国际分类表》是第 10 版《尼斯分类表》,该分类表把商品和服务共分为 45 大类。

★"一标多类"申请原则(2016 年卷三第 64 题,2014 年卷三第 64 题)

根据我国《商标法》第 22 条第 2 款规定,商标注册申请人可以通过一份申请就多个类别的商品申请注册同一商标,即商标的"一标多类"申请原则。在 2013 年《商标法》修订之前,我国对国内申请人采"一标一类"申请原则,而对外国申请人承认"一标多类"申请原则。由于"一标一类"申请原则只允许在一件申请中指定一类商品或服务提交申请,故申请人要在越多类别商品或服务申请同一商标,缴纳的申请费用越多,这客观上造成了外国申请人享有超国民待遇的奇怪现象。基于此,2013 年修订后的《商标法》统一将"一标多类"申请原则适用于所有申请人,包括中国申请人。

★优先权原则

优先权原则是《保护工业产权巴黎公约》确立的基本原则。该公约第 4 条规定了发明、实用新型、工业品外观设计、商标等优先权原则。优先权原则对于实行商标跨国保护、促进国际贸易发展有着积极意义,同时还可以减少商标被抢注的风险,更好地保护商标权人的利益。[1] 我国《商标法》规定的优先权包括国际优先权与本国优先权两类。

★★国际优先权(2014 年卷三第 64 题)

国际优先权即商标注册申请人自其商标在外国第一次提出商标注册申请之日起 6 个月内,又在中国就相同商品(或服务)以同一商标提出商标注册申请的,依照该外国同中国签订的协议或共同参加的国际条约,或者按照相互承认优先权的原则,可以享有优先权。即在中国提出商标注册申请的时间,依国际优先权原则在 6 个月内可以推算至在外国第一次提出商标注册申请的实际时间。要求适用国际优先权原则的,申请人应当在提出商标注册申请的时候提出书面声明,同时在 3 个月内提交第一次提出的商标注册申请文件的副本材料。

★★本国优先权

本国优先权即商标在中国政府主办的或者承认的国际展览会展出的商品(或服务)上首次使用的,自该商品(或服务)展出之日起 6 个月内,该商标的注册申请人可以享有优先权。即以在中国政府主办的或者承认的国际展览会展出的商品(或服务)上首次使用的实际时间,依本国优先权原则推定为提出商标注册的申请时间。要求适用本国优先权原则的,申请人应当在提出商标注册申请的时候提出书面声明,同时在 3 个月内提交展出商品的展览会名称、在展出商品上使用该商标的证据、展出日期等证明材料。

★诚实信用原则(2016 年卷三第 17 题)

诚实信用原则是民法的“帝王”原则,在民事立法和法律适用中发挥着一般条款的重要作用。总体而言,《商标法》在整个条文当中都贯彻了“诚实守信”的主要精神。我国于 2013 年修订的《商标法》第 7 条增加了一款“申请注册和使用商标,应当遵循诚实信用原则”,被认为是《商标法》遵循诚实信用原则的一般条款。除此以外,《商标法》在具体条文中也贯彻了民法这一基本原则的重要精神。如《商标法》第 32 条规定,申请商标注册不得损害他人现有的在先权利,也不得以不正当手

---

〔1〕 刘春田主编:《知识产权法》(第五版),高等教育出版社 2015 年版,第 267 页。

段抢先注册他人已经使用并有一定影响的商标，即是法律对商标申请注册应遵循诚实信用原则的贯彻落实。再如《商标法》第 19 条、第 49 条等，都表明诚实信用原则不仅规范注册商标申请人、使用人和未注册商标使用人的行为，还约束商标代理机构的行为。贯彻落实《商标法》的诚实信用原则，对正确注册和使用商标，保证商标申请真实且不弄虚作假、制止恶意抢注他人商标等都发挥着不容忽视的重要作用。

法律与规范链接

▲ **必读法条**

《商标法》第 7 条、第 19 条、第 22 条、第 25 条、第 26 条

△ **延伸法条及规范性文件**

《民法总则》第 7 条

《商标注册用商品与服务国际分类表》修订文本，即《尼斯分类》（第 11 版）文本

延伸阅读

1. 李雨峰、曹世海：《商标权注册取得制度的改造——兼论我国〈商标法〉的第三次修改》，载《现代法学》2014 年第 3 期。
2. 董炳和：《商标抢注与诚实信用原则》，载《烟台大学学报》（哲学社会科学版）1999 年第 3 期。
3. 黄晖：《论诚实信用原则在商标注册、使用与共存中的适用》，载《中国工商管理研究》2013 年第 2 期。

15.2　商标注册的行政程序

知识要点

15.2.1　商标注册申请的提交

商标注册申请的提交是启动商标注册行政程序的第一个环节。申请人应当分类提交申请，按规定的商品和服务分类表填写申请注册商标的商品类别和商品名

称。如果商品名称或服务项目在商品和服务分类表中没有的，申请人应当附送对该商品或服务的相关说明。

★商标注册申请材料（2014 年卷三第 64 题）

每一件商标注册申请应当向商标局提交《商标注册申请书》（1 份）和商标图样（5 份）。商标如指定颜色的，还应当提交着色图样（5 份）和黑白稿（1 份）。如以三维标志申请注册商标的，应当在申请书中予以声明，并提交能够确定三维形状的图样；如以颜色组合申请注册商标的，应当在申请书中予以声明，并提交文字说明；如申请集体商标、证明商标的，应当在申请书中予以声明，并提交主体资格证明文件和使用管理规则；如商标为外文或包含外文的，应当说明该外文的含义。此外，申请人还应提交主体资格证明材料。申请人应当提交能够证明其身份的有效证件的复印件，商标注册申请人的名义应当与所提交的主体资格证明材料相一致。应注意的是，如果申请人是外国人或外国公司的，他们要在中国申请商标注册的，应当委托我国依法设立的商标代理机构代理商标申请事宜。

★申请中的优先权要求

如果申请人要求适用优先权的，应当在申请时提出声明。在《商标注册申请书》规范文本中，专门有一栏是由申请人选择是否要求适用优先权。同时，申请人应提交要求适用优先权的证明材料：申请人提交的首次提出商标注册申请文件的副本应当经受理该申请的商标主管机关证明，并注明申请日期和申请号。因为展出商品而使用商标要求适用本国优先权的，除国际展览会是在中国境内举办的除外，申请人提交的证明文件应当经由国务院工商行政管理部门规定的专门机构进行认证。

15.2.2　商标注册申请的审查及初步审定公告

商标注册申请材料提交之后，商标局将对申请的注册商标进行形式审查和实质审查。在审查过程中，商标局认为商标注册申请内容需要说明或者修正的，可以要求申请人做出说明或者修正。申请人未做出说明或者修正的，不影响商标局做出审查决定。根据我国《商标法》第 28 条的规定，商标局应当自收到商标注册申请文件之日起 9 个月内审查完毕。

★形式审查

形式审查是商标局对商标注册申请的文件和材料是否齐备，手续是否符合法定程序进行审查。形式审查的审查内容主要包括：1. 申请人是否具备申请主体资格；2. 申请书和图样是否符合要求；3. 申请是否符合分类申请和单一原则；4. 是否已按要求缴纳注册商标申请费等。如果商标局在形式审查中发现存在上述问题,会通知申请人在规定的期限内加以补正。

★实质审查

经过形式审查未发现问题的,商标局就会做出正式受理的决定,发给申请人《受理通知书》,审查即进入实质审查阶段。所谓实质审查,即商标局对商标注册应当符合的绝对条件和相对条件进行审查。实质审查中的绝对条件是指申请的注册商标应当具备显著性、非功能性、合法性等,即标志自身的构成和内容符合法律要求,主要体现在《商标法》第 10 条、第 11 条、第 12 条当中。实质审查中的相对条件是指申请的注册商标应当具有在先性,不能侵害他人的在先权利,也不能以不正当手段抢先注册他人已经使用并有一定影响的商标,主要体现在《商标法》第 9 条、第 13 条、第 32 条当中。在相对条件审查中,商标局主要侧重对申请的注册商标是否与他人在相同或类似商品或服务上已注册的商标相同或近似进行审查。

★初步审定公告

商标局对受理的商标注册申请,经审查后如符合规定的,初步审定并予以公告。商标局可以对在部分指定商品上使用商标的注册申请予以初步审定。同时,申请人在公告后的异议期限内可以申请放弃在部分指定商品上使用商标的注册申请。申请人放弃在部分指定商品上使用商标的注册申请的,商标局应当撤回原初步审定。对不符合规定或在部分指定商品上使用商标的注册申请不符合规定的,商标局予以驳回或驳回在部分指定商品上使用商标的注册申请,书面通知申请人并说明理由。如申请注册的商标,同他人在同一种商品或类似商品上已经注册的或者初步审定的商标相同或近似的,由商标局驳回申请,不予公告。

15.2.3 商标异议与商标核准注册

★商标异议程序

我国《商标法》规定,对初步审定的商标,自公告之日起 3 个月内,任何人均可以提出异议。商标法设立商标异议程序的目的是为了便于公众监督,纠正商标审查核准中的疏漏,避免出现错误的授权,增强商标注册的准确性,同时给在先注册人及其他利害关系人保护自身权益的机会。商标异议程序是指对初步审定公告的商标依法提出反对意见,要求撤销初步审定公告的商标,不予注册的程序。提出异议的人为异议人,商标注册申请人为被异议人。其中,异议人包括在先权利人、利害关系人以及无利害关系的任何第三人等。不同异议人提出异议的理由不同:在先权利人和利害关系人仅能以侵害在先权利为由的相对事由提出异议,无利害关系的任何第三人提出异议的理由是绝对事由，一般是初步审定公告的商标违反《商标法》的禁止性规定。商标异议的法定期限为 3 个月，自初步审定公告之日起算。

根据《商标法》规定，商标异议程序的启动产生两种结果：一是商标局对异议审查后认为异议不成立的，驳回异议，准予注册，发给注册证并予以公告。异议人不服的，可以直接向商标评审委员会请求宣告该注册商标无效，这样就可以使商标权尽快得以确立，简化了异议程序。二是商标局认为异议成立的，不予注册。被异议人（商标注册申请人）不服的，在收到异议决定通知起 15 日内向商标评审委员会申请复审。如被异议人对复审决定仍不服的，应当自收到复审决定通知起 30 日内向人民法院提起诉讼。人民法院应当通知异议人作为第三人参加诉讼。

★商标的核准注册

对初步审定公告的商标，如公告期届满没有提出异议的或经过审查认定异议不成立的，由商标局予以核准注册，发给商标注册证，并予以公告。经核准注册后，商标申请人正式取得商标专用权，有效期为 10 年，自核准注册之日起开始计算。依我国《商标法》的规定，异议人不服的，可以在商标核准注册后向商标评审委员会提起宣告该注册商标无效的申请。商标评审委员会应当自收到申请之日起 9 个月内做出维持注册商标或者宣告注册商标无效的裁定，并书面通知当事人。有特殊情况需要延长的，经国务院工商行政管理部门批准，可以延长 3 个月。当事人对商标评审委员会的裁定不服的，可以自收到通知之日起 30 日内向人民法院起诉。法院应当通知商标裁定程序的对方当事人作为第三人参加诉讼。

法律与规范链接

▲ 必读法条

《商标法》第 30 条、第 34 条、第 35 条、第 36 条

△ 延伸法条及规范性文件

《商标法实施条例》第 6 条、第 8 ~ 10 条、第 13 ~ 29 条

《商标评审规则》

《商标网上申请试用办法》

《商标实质审查规程》

典型案例

"稻香村"商标异议复审行政纠纷案

【案情概述】

北京稻香村食品集团于1996年1月提出"稻香村"商标(简称引证商标)的注册申请,并于1997年5月获准注册,核定使用商品为第30类的馅饼、饺子、年糕、粽子、元宵等。经核准,该商标注册人名义变更为北京稻香村食品有限责任公司(简称北京稻香村公司)。2006年7月,苏州稻香村食品工业有限公司(简称苏州稻香村公司)提出"稻香村及图"商标(简称被异议商标)的注册申请,指定使用商品为第30类的饼干、面包、糕点等。被异议商标初步审定公告后,北京稻香村公司提出异议申请。国家工商行政管理总局商标局裁定被异议商标准予注册。北京稻香村公司申请复审。商标评审委员会认为,被异议商标与引证商标属于近似商标,被异议商标指定使用的商品与引证商标核定使用的商品属于类似商品。苏州稻香村公司虽在饼干、糕点等商品上经受让在先取得由"稻香村"文字、"DXC"字母及图形外框组合而成的两个商标(简称在先取得商标),但该两商标与被异议商标在表现形式上差异较大,而与北京稻香村公司长期使用并有较高知名度的引证商标"稻香村"更为接近,如允许其注册,将打破业已形成的市场秩序,增加市场及相关公众混淆的可能性,因此,被异议商标与引证商标构成《商标法》第30条[1]所指使用在类似商品上的近似商标,裁定对被异议商标不予核准注册。苏州稻香村公司不服,提起行政诉讼。法院一审判决维持了商标评审委员会的裁定。苏州稻香村公司不服,提起上诉。北京市高级人民法院二审认为:北京稻香村公司的"稻香村"商标经过长期使用具有了较高的知名度,其与苏州稻香村公司在先取得商标之间已经存在能够区分的市场实际和稳定的市场秩序。被异议商标标识与其在先取得的商标差异较大,反而与北京稻香村公司的引证商标非常接近,因此苏州稻香村公司申请注册被异议商标,不能认定为对其在先已受让的稻香村商标声誉的延续,而是侵入到了北京稻香村公司商标的排他权范围内,打破了能够区分的市场实际和已经形成的稳定市场秩序,将导致消费者对商品来源的混淆误认,遂判决驳回上诉,维持一审判决。后苏州稻香村公司向最高人民法院申请再审,最高院作出驳回再审申请的行政裁定。

---

[1] 2013年修订前的《商标法》第28条。

【关键问题】

根据我国《商标法》第 30 条规定，申请注册的商标，凡不符合本法有关规定或者同他人在同一种商品或者类似商品上已经注册的或者初步审定的商标相同或者近似的，由商标局驳回申请，不予公告。在商标注册申请的实质审查中，商标主管部门应对申请注册商标的相对条件，即是否与他人在相同或类似商品或服务上已注册的商标相同或近似进行审查。对商标的相对条件审查，目的是保护在先权利，维护健康、稳定的市场竞争秩序，应以造成公众混淆与误认的可能性为考察标准。

【简要评论】

因历史原因，不同的企业长期使用相近似的商标，在已客观形成市场格局的情况下，如其中一方另行申请构成要素相近似的商标，在适用《商标法》第 30 条进行商标近似判断时，除考虑标志本身的近似程度以外，还应根据商标实际使用状况、使用历史、相关公众的认知状态、使用者的主观状态等因素，以混淆误认可能性为标准综合判定，注重维护已经形成和稳定的市场秩序，防止简单地把商标构成要素近似等同于商标近似。

延伸阅读

1. 张玉敏:《商标注册与确权程序改革研究:追求效率与公平的统一》,知识产权出版社 2016 年版。
2. 国家工商行政管理总局编:《商标注册与管理》,中国工商出版社 2012 年版。
3. 张玉敏:《我国商标注册审查方式的改革设想》,载《理论探索》2016 年第 5 期。

15.3　商标权的维持

知识要点

15.3.1　注册商标的续展

★商标权的续展

在商标权保护期届满以后，商标权人可以选择通过商标的续展延长注册商标专用权的保护期限，也可以选择通过不续展的方式自动放弃商标权。商标权的续展，是指商标权人为了在注册商标有效期满后继续享有注册商标专用权，按《商标法》规定申请并经批准延续其注册商标有效期的制度。根据我国《商标法》第40条的规定,注册商标有效期满后需要继续使用的,商标注册人应当在期满前12个月内按照规定办理续展手续;如果因其他情况导致申请人在此期间未能提出续展申请的,可以给予期满后6个月内的宽展期。每次续展注册的有效期为10年,自该商标上一届有效期满次日起计算。商标局应当对续展注册的商标予以公告。注册商标有效期满商标权人未办理续展手续的,注销其注册商标。自注销之日起1年内,商标局对与该商标相同或者近似的商标注册申请,不予核准。

★商标权续展的条件

根据《商标法》及其实施条例的规定,申请注册商标续展的条件和时间要求如下:1. 注册商标续展的申请人必须是商标权有效期行将届满的商标注册人;2. 注册商标续展的提出时间应在其注册商标有效期届满前的12个月内,如因其他情况导致申请人在此期间未能提出续展申请的,可以给予期满后6个月的宽展期;3. 续展申请人应向商标局提交商标续展注册申请书1份、商标图样5份,并移交原商标注册证;4. 已按规定缴纳商标续展申请费和注册费。商标局收到续展注册申请后,经过审查,认为符合《商标法》要求的,予以核准,将原商标注册证加注发还,并予以公告。商标局经审查如认为不符合法律规定的,以驳回通知书的形式告知续展申请人,并退还续展注册费。

15.3.2 注册商标的变更

★注册商标变更

在注册商标专用权的有效期内,当注册人的名义、地址或者其他注册事项因各种原因发生变化时,为了保障公众因公示公信原则而建立的合理信赖,《商标法》规定注册人应当提起变更申请,使得商标注册簿中的记载与实际情况相一致。变更内容包括注册人名义(注册人的姓名或名称)、地址及其他注册事项。其中,其他注册事项是指除了注册人名义、地址变更以外的事项,如商标代理组织的变更、删减注册申请中指定商品或服务范围的变更等。申请注册商标变更的,应当提交变更申请书(如变更商标注册人名义申请书、变更商标注册人地址申请书或变更商标其他注册事项申请书)以及变更证明各1份。同时,变更商标注册人名义或者地址的,商标注册人应当将其全部注册商标一并变更;未一并变更的,由商标局通知其限期改正;期满未改正的,视为放弃变更申请,商标局应当书面通知申请人。变更申请材料经商标局核准后,发给注册人相应证明,并予以公告;不予核准的,应当书面通知申请人并说明理由。

★不属于注册商标变更申请的特殊情形

应注意的是,以下几种情况并非提起注册商标变更申请:1. 因企业合并、兼并或改制而发生商标专用权移转的,应当办理商标转让手续而不是变更手续;2. 注册商标想在核定使用范围之外的商品上使用的,应当另行提起注册申请,而不是注册商标变更申请;3. 注册商标需要改变注册商标标识的,应当重新提起商标注册申请而不是注册商标变更申请。

法律与规范链接

▲ 必读法条

《商标法》第 40 条、第 41 条

△ 延伸法条及规范性文件

《商标法实施条例》第 30 条、第 33 条

延伸阅读

1. 黄晖:《商标法》(第二版),法律出版社 2016 年版,第四章。
2. 张锐主编:《商标实务指南》,法律出版社 2015 年版。

15.4 商标权的消灭

知识要点

商标权的消灭又称为商标权的终止,是指因法定原因导致商标权人不再享有商标专用权,商标权的消灭主要包括注册商标的注销、注册商标的撤销以及注册商标的宣告无效三种情形。

15.4.1 注册商标的注销

注册商标的注销是指商标主管部门依法定事由使商标专用权归于消灭的行为,主要包括申请注销、到期未续展注销两类。

★申请注销

注册商标权人可以通过申请注销其注册商标,进而放弃终止其注册商标专用权。根据《商标法实施条例》第73条的规定,商标注册人申请注销其注册商标或者注销其商标在部分指定商品上的注册的,应当向商标局提交商标注销申请书,并交回原商标注册证。商标注册人申请注销其注册商标或者注销其商标在部分指定商品上的注册,经商标局核准注销的,该注册商标专用权或者该注册商标专用权在该部分指定商品上的效力自商标局收到其注销申请之日起终止。

★到期未续展注销

根据我国《商标法》的规定,如果商标注册人未在法定续展期及宽展期内申请注册商标的续展,注册商标将被商标局注销,商标注册人不再享有商标专用权。同时,注册商标期满不再续展的,自注销之日起1年内,商标局对与该商标相同或近似的商标注册申请,不予核准。此期限为过渡期,旨在维护市场秩序,防止消费者对不同的商品或服务来源产生混淆,避免消费者因无从区分原商标注册人的商品和新进入市场的商品而发生误认、误购。只有在该1年的过渡期结束以后,商标局才准许他人提出相同或近似商标的注册申请。

15.4.2 注册商标的撤销

注册商标的撤销,是指商标主管部门对违反注册商标使用管理相关规定的行为给予终止商标专用权的行政制裁决定。

★注册商标撤销的事由

根据我国《商标法》第49条规定,注册商标撤销的事由包括三种情形:(1)注册商标权人自行改变注册商标、注册人名义、地址或其他事项的,商标局可以依职权主动撤销其注册商标;(2)注册商标成为其核定使用商品的通用名称的,因丧失了识别商品来源的功能,缺乏商标识别力要件和独占适格性要件,任何单位或个人可以申请商标局撤销该注册商标;(3)注册商标没有正当理由连续3年不使用的,任何单位或个人可以申请商标局撤销该注册商标。这里的正当理由既包括自然或人为导致的不可抗力因素,也包括因破产清算导致注册商标被列入破产财产而不能使用的法律因素。

★注册商标撤销的效力

注册商标撤销后产生的法律效力包括以下几方面:(1)商标专用权终止。注册商标被撤销后,该注册商标专用权自撤销决定生效之日起终止。注册商标的撤销不仅使注册商标本身消灭,同时也使注册商标权人对该商标的专有使用权和禁止权一并消灭。(2)撤销决定不具有溯及力,不能溯及既往。注册商标在被撤销之前,注册商标权人享有合法有效的商标专用权,故该撤销决定不具有任何追溯力。与该注册商标相关的已生效侵权判决、处理决定、调解书以及转让或许可使用合同等,已经执行或履行的继续有效;未执行或未履行的,应继续执行或履行。(3)被撤销的注册商标自撤销之日起 1 年内,在相同或类似范围内申请注册的,不予核准。

★注册商标撤销的救济

我国《商标法》对注册商标撤销的法律救济程进行了相关规定。根据《商标法》第 54 条与第 55 条的规定,对商标局撤销或者不予撤销注册商标的决定,当事人不服的,可以自收到通知之日起 15 日内向商标评审委员会申请复审。商标评审委员会应当自收到申请之日起 9 个月内做出决定,并书面通知当事人。有特殊情况需要延长的,经国务院工商行政管理部门批准,可以延长 3 个月。当事人对商标评审委员会的决定不服的,可以自收到通知之日起 30 日内向人民法院起诉。法定期限届满,如果当事人对商标局做出的撤销注册商标的决定不申请复审或者对商标评审委员会做出的复审决定不向人民法院起诉的,则撤销注册商标的决定、复审决定生效。

15.4.3　注册商标的无效宣告

对违反商标注册的绝对事由而注册不当的已核准商标,商标主管部门应宣告该注册商标无效,其他任何单位或个人也可以请求商标评审委员会裁定宣告该商标无效。对违反商标注册的相对事由不应注册的已核准商标,在先权利人或利害关系人可以在法定期限内向商标评审委员会申请裁定宣告该商标无效。

★商标无效宣告的绝对事由

根据我国《商标法》第 44 条规定,注册商标无效宣告的绝对事由包括以下几方面:(1)使用了《商标法》第 10 条规定的不得作为商标使用的禁用标识;(2)使用了《商标法》第 11 条规定的因缺乏显著特征而不得作为商标注册的禁用标识,如仅有本商品通用名称的标识,仅直接表示商品的质量、主要原料、功能、用途及其他特征的标识等;(3)使用了《商标法》第 12 条规定的申请立体商标注册禁用的标识,如仅由商品自身性质产生的形状、为获得技术效果而需要的商品形状或使商品具有实质性价值的形状等;(4)以虚构、隐瞒事实或伪造申请书及有关文件等欺骗或不正当手段取得注册的。对符合上述绝对事由的已核准注册商标,商标局有权主动宣告该商标无效,任何单位或个人可以请求商标评审委员会裁定宣告该商标无效。

★商标无效宣告的相对事由

根据我国《商标法》第45条规定，注册商标无效宣告的相对事由包括以下几方面:(1)已注册的商标是复制、摹仿或翻译他人未在中国注册的驰名商标;(2)代理人或代表人未经授权以自己的名义将被代理人或被代表人的商标进行注册;(3)已注册的商标使用了误导公众的地理标志;(4)已注册的商标损害了他人现有的在先权利，包括他人在先的外观设计专利权、著作权、肖像权、姓名权、企业名称权、原产地名称权等;(5)已注册的商标是以不正当手段抢先注册他人已经使用并有一定影响的商标。对符合上述相对事由的已核准注册商标，在先权利人或利害关系人可以向商标评审委员会申请裁定宣告该注册商标无效。

★商标无效宣告的程序(2017年卷三第16题、第64题)

第一，商标无效宣告的提出。由于注册商标无效宣告事由的不同，注册商标无效宣告提出的主体和时间要求不同:已经注册的商标，如违反《商标法》第10条至第12条或者以欺骗或不正当手段获得注册等绝对事由的，商标局可依职权主动宣告该商标无效，其他任何单位或个人也可以请求商标评审委员会宣告该商标无效。因绝对事由提出商标无效宣告的时间可以是注册商标有效期内的任何时间。已经注册的商标，如违反第13条、第15条、第16条、第30~32条等相对事由的，只有在先权利人或利害关系人才可以请求商标评审委员会宣告该商标无效。因相对事由提出商标无效宣告的时间被限定为自商标注册之日起的5年内。对恶意注册的，驰名商标所有人不受5年的时间限制。

第二，商标无效宣告请求的处理。商标评审委员会收到宣告注册商标无效的申请后，应当书面通知有关当事人，并限期提出答辩。商标评审委员会应当自收到申请之日起12个月内做出维持注册商标或者宣告注册商标无效的裁定，并书面通知当事人。有特殊情况需要延长的，经国务院工商行政管理部门批准，可以延长6个月。当事人对商标评审委员会的裁定不服的，可以自收到通知之日起30日内向人民法院起诉。商标评审委员会对无效宣告请求进行审查的过程中，所涉及的在先权利的确定必须以人民法院正在审理或者行政机关正在处理的另一案件的结果为依据的，可以中止审查。中止原因消除后，应当恢复审查程序。

第三，商标无效宣告决定或裁定的救济。具体包括:(1)复审。商标局主动依职权宣告注册商标无效的，应当通知当事人。当事人对商标局的决定不服的，可以自收到通知之日起15日内向商标评审委员会申请复审。商评委应当自收到申请之日起9个月内做出决定，并书面通知当事人。有特殊情况的，经批准可以延长3个月。(2)行政诉讼救济。当事人对商标评审委员会的复审决定或无效宣告裁定不服的,可以自收到通知之日起 30 日内向人民法院起诉,列商标评审委员会为被告,对方当事人作为有利害关系的第三人参与诉讼。

★商标无效宣告的溯及力

根据我国《商标法》第 47 条第 1 款的规定,被宣告无效的注册商标,其注册商标专用权视为自始不存在(自始无效、绝对无效),这与注册商标被撤销或注销的相对无效不同。由此推出来的结论似乎是:宣告注册商标无效的决定或裁定应当具有溯及力。但为了保护交易安全和维护公平原则,宣告注册商标无效的决定或裁定,对宣告无效前人民法院作出并已执行的商标侵权案件的判决、裁定调解书,工商行政管理部门作出并已执行的商标侵权案件的处理决定,以及已经履行的商标转让或使用许可合同,不具有追溯力。但是,因商标注册人恶意给他人造成的损失,应当给予赔偿。依前述如不返还商标侵权赔偿金、商标转让费、商标使用费等将明显违反公平原则的,应当全部或部分返还。

法律与规范链接

▲ 必读法条

《商标法》第 44 ~ 47 条、第 49 条、第 50 条、第 54 条、第 55 条

△ 延伸法条及规范性文件

《商标法实施条例》第 65 条、第 66 条、第 68 条、第 73 条、第 74 条

典型案例

COBRA 及图商标撤销复审案[1]

【案情概述】

申请人(原撤销被申请人):河北华夏实业有限公司

被申请人(原撤销申请人):PBS 树保护产品有限公司

复审商标:第 3002468 号 COBRA 及图商标

〔1〕 参见中国工商报网:http://www.cicn.com.cn/zggsb/2016-09/13/cms90942article.shtml,最后访问日期:2017 年 8 月 10 日。

(一)当事人主张

商标局决定认为,河北华夏实业有限公司未在法定期限内向其提交复审商标于2009年12月18日至2012年12月17日期间在"非文具、非医用、家用胶带;非文具、非医用、非家用粘合胶带"商品上的使用证据材料,PBS树保护产品有限公司的撤销理由成立,复审商标予以撤销。

河北华夏实业有限公司申请复审的主要理由:复审商标在规定期限内在"非文具、非医用、非家用胶带;非文具、非医用、非家用粘合胶带"商品上一直持续使用。复审商标在"非文具、非医用、非家用胶带;非文具、非医用、非家用粘合胶带"商品上的注册应予维持。

被申请人PBS树保护产品有限公司答辩的主要理由:申请人提交的证据中商标多显示为蛇牌,综合申请人提交的证据不能证明复审商标在其指定使用的商品上已进行了有效的商业使用,复审商标应予撤销。

(二)商标评审委员会审理与裁定

商标评审委员会经审理查明:①复审商标于2001年10月23日向商标局提出注册申请,指定使用于第17类"绝缘胶带;绝缘材料;绝缘胶带和绝缘带;非文具、非医用、非家用胶带;非文具、非医用、非家用粘合胶带"商品上,后经续展,商标专用权期限自2012年12月14日起至2022年12月13日止。②被申请人提交撤销连续三年未使用注册商标申请书日期为2012年12月18日,撤销商品为第17类"非文具、非医用、非家用胶带;非文具、非医用、非家用粘合胶带"商品。③商标评审委员会调取了申请人的商标申请注册列表,至本案审理时,申请人并未向商标局申请注册过蛇或蛇牌商标。

商标评审委员会经审理认为:复审商标由英文部分"COBRA"(可译为"眼镜蛇")和蛇图形组成,虽然申请人于本案提交的证据中商标多显示为蛇牌,但由于复审商标为英文和图形组合商标,结合中国相关公众在日常商事活动中易将英文商标的中文翻译对应使用的习惯和申请人并未向商标局申请注册过蛇或蛇牌商标的事实,商标评审委员会认可申请人于本案提交的商标显示为蛇牌的使用证据为本案复审商标的使用证据。因此,申请人于本案提交的复审商标在商品交易文书上使用情况,以及申请人产品宣传手册和互联网搜索结果等宣传情况,能够证明在规定期限内,申请人对复审商标在其指定的"非文具、非医用、非家用胶带;非文具、非医用、非家用粘合胶带"商品上进行了有效的商业使用,复审商标不属于没有正当理由连续三年不使用的情形。

综上,商评委依照《商标法》第 54 条、第 55 条的规定,对复审商标予以维持注册。

【关键问题】

本案的焦点问题为复审商标在规定期限内在指定商品上是否进行了有效的商业使用,具体包括以下方面:

(一)“连续三年不使用”的时间界定

根据《商标法》第 49 条规定,没有正当理由连续三年不使用的,任何单位或者个人可以向商标局申请撤销该注册商标。其中,连续三年不使用注册商标,是指一个注册商标在其有效期内停止使用,且该行为不间断地持续三年以上,连续三年不使用注册商标的时间起算,应当自撤销申请人向商标局申请撤销该注册商标之日起,向前推算三年。在本案中,原撤销申请人 PBS 树保护产品有限公司提交撤销连续三年不使用注册商标申请书日期为 2012 年 12 月 18 日,那么原撤销被申请人河北华夏实业有限公司需提交复审商标在 2009 年 12 月 18 日至 2012 年 12 月 17 日期间的使用证据。

(二)不使用的正当理由

下列情形属于《商标法》第 49 条规定的正当理由:(1)不可抗力;(2)政府政策性限制;(3)破产清算;(4)其他不可归责于商标注册人的正当理由。

若有上述情况,需提交证据加以证明,本案未涉及。

(三)商标使用的判定

商标的使用是指商标的商业使用,包括将商标用于商品、商品包装或者容器以及商品交易文书上,或者将商标用于广告宣传、展览以及其他商业活动中,且商标的使用应该是在该商标指定商品或服务上的使用。

根据《商标审查及审理标准》,商标使用在指定商品上的具体表现形式有:(1)采用直接贴附、刻印、烙印或者编织等方式将商标附着在商品、商品包装、容器、标签等上,或者使用在商品附加标牌、产品说明书、介绍手册、价目表等上;(2)商标使用在与商品销售有联系的交易文书上,包括使用在商品销售合同、发票、票据、收据、商品进出口检验检疫证明、报关单据等上;(3)商标使用在广播、电视等媒体上,或者在公开发行的出版物中发布,以及以广告牌、邮寄广告或者其他广告方式为商标或者使用商标的商品进行的广告宣传;(4)商标在展览会、博览会上使用,包括在展览会、博览会上提供的使用该商标的印刷品以及其他资料;(5)其他符合法律规定的商标使用形式。

用以证明复审商标不存在连续三年不使用的情形的证据材料，应当符合以下要求：(1)能够显示使用的复审商标标识；(2)能够显示复审商标使用在指定的商品上；(3)能够显示复审商标的使用人，既包括商标注册人自己，也包括商标注册人许可的他人。许可他人使用的，应当能够证明许可使用关系的存在；(4)能够显示复审商标的使用日期，且应当在自撤销申请之日起向前推算三年内；(5)能够证明复审商标在《商标法》效力所及地域范围内的使用；(6)能够证明复审商标在商业活动中公开、真实、合法地使用。

在本案中，申请人提交的产品订购协议、发货单、发票等证据，属于商标使用在与商品销售有联系的交易文书上的使用证据，能够显示复审商标使用在指定使用的商品上，亦能显示使用人，且使用时间为规定的 2009 年 12 月 18 日至 2012 年 12 月 17 日期间内。虽然申请人提交的产品订购协议、发货单、发票中，商标显示多为蛇牌，而非复审商标 COBRA 及图，但商标评审委员会最后仍认定申请人证据有效，从而决定维持复审商标的注册，原因在于综合考虑申请人并未向商标局申请注册过蛇或蛇牌商标的事实和中国相关公众在日常商事活动中易将英文商标的中文翻译对应使用的习惯，结合申请人提交的产品手册中显示有英文"COBRA"和蛇图形，以及互联网搜索蛇牌胶带商品的结果亦可与申请人相关联等因素，个案认定申请人对复审商标进行了有效的商业使用，复审商标不属于连续三年不使用的情形。

【简要评论】

"法律不保护权利上的睡眠者"。连续三年不使用商标撤销制度的目的在于清理闲置商标，督促商标权人积极使用商标。商标只有投入到市场上才能发挥其识别商品或服务来源的作用，在不断使用中才会给消费者留下印象，从而建立商誉并与消费者建立感情。在商标撤销复审程序中，对于商标注册人提交的证明其商标使用的证据，应当充分考虑企业经营活动的实际情况及商标使用的习惯、商业惯例、商标使用方式的差异性等，对于那些使用方式虽有瑕疵但尚有生命力的商标，应给予适度容忍，不应轻易撤销。

延伸阅读

1. 张玉敏：《注册商标三年不使用撤销制度体系化解读》，载《中国法学》2015 年第 1 期。
2. 李扬：《注册商标不使用撤销制度中的"商标使用"界定》，载《法学》2009 年第 10 期。
3. 崔立红：《商标无效宣告制度比较研究》，载《知识产权》2014 年第 7 期。

第 16 章　商标权的行使与限制

教学目标

了解和识记商标权的概念、基本特征和主要内容；

了解和识记商标权的许可、转让与移转、质押与投资等行使内容；

识记和理解合理使用、商标权用尽、在先使用等商标权限制内容。

推荐参考资料

1. 吴汉东主编:《知识产权法》(第四版),北京大学出版社 2014 年版,第二十二、二十五章。

2. 张玉敏、张今、张平:《知识产权法》,中国人民大学出版社 2009 年版,第二十五、二十七章。

3. 杜颖:《商标法》(第三版),北京大学出版社 2016 年版,第五章。

16.1　商标权人的权利

知识要点

☆商标权

商标法以商标权为本位,商标法主要围绕商标权法律关系,是规范商标权的取得、行使、续展、终止、转让、使用许可及法律保护等问题建立起来的法律制度。因此,商标权是《商标法》的核心内容。在我国注册体系背景下,商标权主要是指商标注册人对其注册商标所享有的权利。商标权是一种绝对权、对世权、排他权、专有权,包括对注册商标的控制、使用、收益和处分等权能,故又称为注册商标专有权。

★商标权的内容

作为一项专有权，从行使内容来看，商标权可分为商标专用权、商标使用许可权、转让权及商标质押权等。[1]商标权是单一的专有权，并未像著作权和专利权那样依对象的不同利用方式划分为不同的权能。商标权的内容在传统理论上可以分为“行”与“禁”两个方面，具体包括专用权与禁止权。

★★专用权

专用权即商标权的“行”，是指商标权人对其注册商标享有完全支配和使用的权利，是商标权在积极权能上的表现形式。根据积极权能上的专用权，商标权人以核准注册的商标和核定使用的商品为限，不仅有权自行使用注册商标，而且还有权许可授权他人使用该注册商标。应注意的是，未注册商标的“使用权”不同于注册商标的专用权，当同一种商品或类似商品上所使用的未注册商标与他人的注册商标相同或近似时，依我国《商标法》的规定，未注册商标将不能继续使用。即使在先使用的未注册商标已产生一定影响，在先使用人的继续使用范围也将受到注册商标专用权的一定限制。由此可见，未注册商标的“使用权”是不完整、不充分的，而注册商标的专用权是一种法定权利，既是一种独占使用权，还是具有转让或许可授权使用权能的处分权。[2]

★★禁止权（2016 年卷三第 15 题，2015 年卷三第 19 题，2013 年卷三第 19 题）

禁止权是指商标权人可以禁止他人未经许可擅自使用其注册商标的权利，是商标权在消极权能上的表现形式。根据消极权能上的禁止权，商标权属于不受他人非法干涉的排他权，具体表现为商标权人可以禁止他人非法使用、印制注册商标及其他侵权行为。例如，商标权可以禁止他人在相同商品上使用同一商标（假冒行为），亦可以禁止他人在相同商品上使用近似商标、禁止他人在类似商品上使用同一或近似商标等容易导致混淆的仿冒行为。按我国《商标法》第 56 条的规定，注册商标权应以核准注册的商标和核定使用的商品（服务）为限。禁止权在一定程度上扩张了商标权的保护边界，使商标权的保护范围延及类似商品和近似商标范围。特别注意的是，驰名商标的权利边界甚至延伸至不同类别的商品或服务范围，从而使驰名商标的禁止权进一步得到扩大。

---

〔1〕 将在“商标权的行使”部分详细阐述。

〔2〕 吴汉东主编：《知识产权法》（第四版），北京大学出版社 2014 年版，第 262 页。

★商标权的基本特征

★★国家授予性

作为一项法定权利,商标权必须经由申请人提交申请,在国家商标主管部门审查、核准公告之后才能获得。因此,不同于著作权的自动取得原则,商标权必须是国家授予的。商标的实际使用与国家授予性共同构成商标权的适格要件。

★★权利内容的单一性

作为一项知识产权,商标权在权利内容上较为单一,并未像著作权和专利权那样依对象的不同利用方式划分为不同的权能。例如,著作权在财产权能上可分为复制权、发行权、改编权、翻译权、展览权、出租权、表演权、广播权、信息网络传播权等权能;专利权在财产权能上可分为制造权、使用权、销售权、许诺销售权、进口权等权能;而商标权的内容在传统理论上分为"行"与"禁"两个方面,仅包括专用权与禁止权。此外,商标权仅为一种财产权,并未像著作权那样还包括人身权。基于商标设计而产生的人身权利,属于著作人身权的调整范畴,与商标权无关。

★★相对永续性

作为一项知识产权,商标权也有保护期(如我国《商标法》规定为10年,自核准公告之日起开始计算)的限制,商标权人只有在注册商标的有效期内才享有商标专用权。然而,商标权保护期的限制不同于著作权、专利权。著作财产权和专利权的保护期限都是绝对、法定的,作品和发明创造在保护期届满以后将不得不流入公共领域,供公众自由使用。虽然商标权也有法定保护期的限制,但依法可以进行续展。依我国《商标法》的规定,商标有效期届满的,商标权人可以通过注册商标续展程序使商标权继续受到保护。只要商标权人在商标每次有效期届满前及时申请商标续展,该注册商标就可以受到永久保护。如果商标有效期届满又未续展的,商标权将不再受到法律保护。

法律与规范链接

▲ 必读法条

《商标法》第13条、第40条、第48条、第49条、第56条

△ 延伸法条及规范性文件

《商标法实施条例》第63条、第66条

延伸阅读

1. 吴汉东主编:《知识产权法》(第四版),北京大学出版社 2014 年版,第 261 ~ 265 页。
2. 张玉敏、张今、张平:《知识产权法》,中国人民大学出版社 2009 年版,第 381 ~ 384 页。
3. 陶鑫良、袁真富:《知识产权法总论》,知识产权出版社 2005 年版,第 209 ~ 213 页。

16.2　商标权的行使

知识要点

16.2.1　商标权的许可

☆商标权许可的概念

商标权的许可,是指通过签订使用许可合同,商标权人许可他人使用其注册商标的商标权行使方式。通过商标使用许可,商标权人可以获得一定财产收益。商标权许可是体现商标权的专有权属性的重要行使方式之一,是商标权人利用其商标权的最常见形式。

★商标权许可使用的种类

商标权许可形式包括独占许可使用、排他许可使用以及普通许可使用。

所谓独占许可使用,是指商标权人在约定期间和地域内以约定的方式,将其注册商标许可给被许可人使用,商标权人依约不得自行使用该注册商标,同时不得许可被许可人以外的任何第三人在约定期间和地域内使用该注册商标的许可使用方式。独占许可使用的基本特征在于:在合同约定的范围内,即使是商标权人自己也不得在约定期间和地域内的指定商品上,以同样的方式使用该注册商标。

排他许可使用,是指商标权人在约定期间和地域内以约定的方式,将其注册商标许可给被许可人使用,商标权人依约可以使用该注册商标,但不得另行许可被许可人以外的任何第三人在约定期间和地域内使用该注册商标的许可使用方式。排他许可使用的基本特征在于:在合同约定的范围内,商标权人虽保留在指定商品上使用该注册商标的权利,但限制许可被许可人以外的任何第三人使用该注册商标。

普通许可使用,是指商标权人在约定期间和地域内以约定的方式,将其注册商标许可给被许可人使用,商标权人依约可以使用该注册商标,同时还可以另行许可被许可人以外的任何第三人在约定期间和地域内使用该注册商标的许可使用方式。普通许可使用的基本特征在于:在合同约定的范围内,商标权人既保留了在指定商品上使用该注册商标的权利,同时还可以许可被许可人以外的任何第三人使用该注册商标。

★商标权被许可人的诉讼主体资格

在不同类型的商标权许可使用方式中,被许可人在主张侵权的停止侵害、排除侵害危险以及损害赔偿等请求权时的诉讼主体资格是不同的。在独占许可使用中,由于被许可人获得了排除商标权人和任何第三人使用注册商标的权利,在发生侵害商标权的情况下,独占许可使用的被许可人有权以自己的名义向法院独立提起诉讼。在排他许可使用中,虽然商标权人保留了对注册商标的使用权,但被许可人可以排除任何第三人使用该注册商标。因此,在发生侵害商标权的情况下,排他许可使用的被许可人可以和商标权人共同提起诉讼,也可以在商标权人不起诉的情况下自行提起诉讼。在普通许可使用中,由于被许可人没有获得排他性的使用权,故在发生第三人侵害商标权的情况下,普通许可使用的被许可人未经商标权人授权不得独立提起诉讼。

★商标使用许可合同的备案

我国《商标法》第 43 条规定,商标权人可以通过签订商标使用许可合同,许可他人使用其注册商标。商标权人许可他人使用其注册商标的,应当将其商标使用许可报商标局备案,由商标局公告。商标使用许可未经备案不得对抗善意第三人。根据最高人民法院《关于审理商标民事纠纷案件适用法律若干问题的解释》第 19 条规定:“商标使用许可合同未经备案的,不影响该许可合同的效力,但当事人另有约定的除外。”因此,商标使用许可合同未经备案,在无效力约定的情况下不应认定为无效。商标使用许可的备案制仅具有对抗善意第三人的法律效力。例如,在先的商标使用许可合同当事人约定为独占许可使用方式,但合同没有备案。在后订立的普通使用许可合同的被许可人对前一合同如不知情,即构成善意第三人。因此,在先的被许可人不得因自己是独占被许可人而主张在后的普通使用许可合同无效,此立法目的旨于保护善意第三人的合法利益。

16.2.2　商标权的转让与移转

★商标权的转让(2016 年卷三第 64 题)

商标权的转让,是指商标权人依法定程序,将其注册商标专有权以有偿的方式转让给他人的行为。在转让关系中,商标权人为转让人,接受商标权的另一方当事人为受让人。商标权的转让使商标权主体发生了根本变化,商标权的转让应符合以下要件:1. 转让人和受让人之间应当签订转让协议,共同向商标主管部门提交转让申请;2. 转让须经过核准公告,受让人自公告之日起才正式享有商标权;3. 在商标权共有的情况下,部分共有人转让自己享有的份额的,必须经过其他共有人同意;4. 已许可使用或经质押的商标权,除许可使用合同或质押合同另有约定以外,应经被许可人或质权人同意才能转让。

我国《商标法》第 42 条对商标权的转让作了相应限制规定,主要表现在以下方面:1. 在同一种或类似商品上注册的相同或近似商标不得分开转让。如果承认对同一种或类似商品上注册的相同或近似商标可以分开转让,则会形成两个以上的权利主体在相同或类似商品上使用同一或近似商标的情况,将会导致消费者误认,进而造成市场上商品来源的混淆。2. 已许可他人使用的注册商标不得随意转让。商标权人转让已经许可他人使用的注册商标时,应征得被许可人的同意或协商先行解除使用许可合同,不得损害被许可人的合法权益。3. 集体商标不得转让。由于集体商标由某一集体组织所有,具有不可分割性。如果承认集体商标可以转让,将会影响到使用该商标的其他集体成员的利益。4. 注册商标的转让不影响转让前已生效的商标使用许可合同的效力,但商标使用许可合同另有约定的除外。如原使用许可合同约定因商标转让终结本商标使用许可合同的,应当按照约定处理。

★商标权的移转

广义上的商标权转让还包括商标权的移转,即因继承、合并、赠与等方式发生的商标权的转移。《商标法实施条例》第 32 条规定,注册商标专用权因转让以外的继承等其他事由发生移转的,接受该注册商标专用权的当事人应当凭有关证明文件或法律文书到商标局办理注册商标专用权移转手续。注册商标权移转的,注册商标专用权人在同一种或类似商品上注册的相同或近似的商标,应当一并移转。未一并移转的,由商标局通知其限期改正;期满未改正的,视为放弃该移转注册商标的申请。

16.2.3　商标权的质押与出资

★商标权的质押

商标权的质押,是指商标权人以注册商标专用权作为质押对象,用来贷款融资的一种出质方式。根据我国《物权法》第 223 条规定,债务人或第三人可以用注册商标专用权、专利权、著作权等知识产权进行出质。商标权人通过商标权出质,可以向金融机构申请贷款,加大对商品生产的投入,改善经营管理,进一步提升注册商标的知名度，从而更好地为企业创造经济和社会效益。[1]从法律性质来看，商标权质押属于一种权利质押，其质押对象是注册商标专用权而非商标标识本身。商标权质押既是商标权行使与利用的重要方式之一，又是知识产权转化运用实效指数的重要表现之一。根据《商标法实施条例》第 70 条规定，商标权人以注册商标专用权出质的，出质人与质权人应当签订书面质权合同，并共同向商标局提出质权登记申请，由商标局公告。商标权质押合同自登记之日起生效，质押登记是商标权质押合同的生效要件。

★商标权的出资

商标权出资是商标权重要的投资方式之一。根据我国《公司法》规定，股东可以用货币出资，也可以用实物、知识产权、土地使用权等可以用货币估价并可依法转让的非货币财产作价出资；但是，法律、行政法规规定不得作为出资的财产除外。我国《公司法》在 2013 年修改后删除了原第 27 条第 3 款“全体股东的货币出资金额不得低于有限责任公司注册资本的 30%”的规定。因此，知识产权正日益成为股东出资的重要财产形式之一，这里的知识产权出资就包括注册商标专用权的作价投资。

法律与规范链接

▲ 必读法条

《商标法》第 42 条、第 43 条

《物权法》第 223 条、第 227 条

《公司法》第 27 条

△ 延伸法条及规范性文件

《商标法实施条例》第 31 条、第 32 条、第 69 条、第 70 条

〔1〕 吴汉东：《知识产权法》（第四版），北京大学出版社 2014 年版，第 280 页。

典型案例

“毕加索”商标权许可使用合同案终审判决书[1]

二审民事判决书(摘选):

上诉人(原审原告):上海帕弗洛文化用品有限公司

被上诉人(原审被告)上海艺想文化用品有限公司

被上诉人(原审被告):毕加索国际企业股份有限公司

……

一、商标局商标使用许可合同备案之效力以及备案合同和其后的备案提前终止协议是否存在伪造毕加索公司负责人签名问题

关于毕加索公司与帕弗洛公司之间的商标使用许可合同的备案,帕弗洛公司认为商标局备案的合同及2012年的备案提前终止协议上之毕加索公司负责人签名系伪造,艺想公司则认为签名真实。本院认为,虽然上述备案合同及备案提前终止公告中的商标名称与涉案商标并不一致,但其商标注册号均与涉案商标相同;同时,商标局《商标使用许可合同备案通知书》载明的备案商标的注册号亦与涉案商标的注册号一致,因此应认定上述备案及其后的备案提前终止公告均与涉案商标相关。备案之许可合同以及《提前终止许可合同备案公告》中的商标名称虽有所出入,但在商标注册号均相同的情况下,应以商标注册号为依据确定所指向的商标标识。由于毕加索公司未到案参与诉讼,原审法院依据在案证据依法认定商标使用许可合同已经备案、该备案于2012年1月1日提前终止之事实,于法不悖。商标局将商标使用许可合同备案及终止备案的情况予以公告,其目的在于使不特定的第三人获悉涉案商标使用许可之权利变动状况,从而维护商标使用许可交易的安全。虽然备案之合同与帕弗洛公司和毕加索公司、台湾帕弗洛公司间签订的相关协议并非同一,但商标使用许可合同备案的实质是将商标使用许可关系予以公示,且原审法院并未将备案之合同文本作为确定帕弗洛公司和毕加索公司之间权利义务的依据,因此并不影响帕弗洛公司的合法权益。基于商标局对毕加索公司与帕弗洛公司之间的商标使用许可合同的备案及其后备案终止的公告具有公示效力,相关公众应知悉毕加索公司与帕弗洛公司之间就涉案商标存在独占使用许可关系、该备案于2012年1月1日终止。本院认为,相关合同文本之签名即使系伪造,鉴于本

[1] 一审:上海市第一中级人民法院(2012)沪一中民五(知)初字第250号;二审:上海市高级人民法院(2014)沪高民三(知)终字第117号。

案实际情况，也应认定不影响上述商标局备案和备案提前终止之公示的真实性及法律效力，因此不影响本案的判决结果。况且，即使如帕弗洛公司所称备案合同及提前终止备案协议上之毕加索公司负责人签名均系伪造，但帕弗洛公司并未对此备案及此后该备案之终止提出异议，其已获得备案产生之相应利益，现又欲否定备案之效力，有悖诚信。如在他案中确需对相关签名是否伪造作出判断，则可在他案中另行解决。

……

三、台湾帕弗洛公司、毕加索公司与帕弗洛公司之间的商标使用许可关系的性质

艺想公司认为帕弗洛公司并未获得涉案商标的独占许可使用权。关于台湾帕弗洛公司、毕加索公司与帕弗洛公司之间的商标使用许可关系的性质，本院认为，台湾帕弗洛公司与帕弗洛公司于2003年7月9日签订了《授权契约书》并于2005年3月21日签订了《授权契约补充协议》，根据上述协议，帕弗洛公司可以在大陆地区使用涉案商标。2003年7月9日，毕加索公司出具《授权证明书》授权帕弗洛公司于2003年7月9日至2008年12月31日间使用涉案商标；2008年9月8日，毕加索公司再次出具《授权证明书》，授权帕弗洛公司于2008年9月10日至2013年12月31日间独家使用涉案商标；2010年2月11日，毕加索公司与帕弗洛公司签订《授权契约书》，约定将使用涉案商标的关系在原契约基础上延展十年，即自2014年1月1日至2023年12月31日。上述合同均系当事人的真实意思表示，合法有效，且毕加索公司为涉案商标的商标权人，其合法授权他人使用涉案商标的行为具有法律效力。根据上述合同约定，帕弗洛公司享有2008年9月10日至2023年12月31日间在大陆地区独家使用涉案商标的权利。所谓“独”，即单一、唯一之义，上述合同中所谓独家使用，指涉案商标只能由被许可人帕弗洛公司使用，他人包括商标权人毕加索公司在内均不得使用，此种使用方式符合《最高人民法院关于审理商标民事纠纷案件适用法律若干问题的解释》第三条对独占使用许可的定义，艺想公司所称的“独家”不同于“独占”之理由，难以成立。关于独占使用许可的期间，依据毕加索与帕弗洛之间授权合同，在合同当事人并未协商变更的情况下，应认定帕弗洛公司享有2008年9月10日至2023年12月31日间在大陆地区独占使用涉案商标的权利，原审判决仅认定帕弗洛公司在2008年9月10日至2013年12月31日期间享有涉案商标的独占许可使用权，并不全面，本院在此予以补充认定。

四、艺想公司与毕加索公司签订的独占使用许可合同是否因恶意串通损害第三人利益而无效

帕弗洛公司认为毕加索公司与艺想公司签订的系争合同因恶意串通损害其利益而无效。本院认为，艺想公司与毕加索公司于2012年2月签订的系争《商标使用许可合同书》，双方意思表示真实一致，合同已经成立并生效。关于艺想公司与毕加索公司是否存在恶意串通损害第三人利益并导致合同无效的问题，本院认为：首先，艺想公司与帕弗洛公司生产销售类似书写工具产品，在同一市场展开竞争，且毕加索公司在向法院提交的书面答辩意见中称已将其与帕弗洛公司的商标使用许可情况告知艺想公司；其次，艺想公司与毕加索公司在商标局2012年3月13日公告终止备案之前的2012年2月16日即签订系争商标使用许可合同，虽然商标使用许可合同备案于2012年1月1日终止，但并无证据表明帕弗洛公司与毕加索公司的商标独占使用许可合同关系已经解除，不能仅依据备案之终止而推定商标使用许可合同之解除；最后，艺想公司亦表示其知悉帕弗洛公司与毕加索公司之间的涉案商标使用许可关系。据此，可以认定艺想公司在与毕加索公司签订系争商标使用许可合同时，知晓帕弗洛公司与毕加索公司之间存在涉案商标独占使用许可关系，因而在重复授权情况下，艺想公司并不属于在后被授权之善意第三人。

然而，艺想公司不属于善意第三人，仅意味着其对毕加索公司与帕弗洛公司之间的涉案商标独占使用许可关系是知情的，并不一定意味着其与毕加索公司间存在恶意串通并损害第三人利益之行为。《中华人民共和国合同法》第五十二条所规定的恶意串通，通常表现为利用合同形式转移财产、逃避债务以及与相对人之代理人串通损害相对人利益等，其行为本身即具有违法性，因此法律规定此类合同无效。从恶意串通的构成要件看，既需证明主观上存在加害故意，又需证明客观上存在串通行为。而本案中，艺想公司与毕加索公司签订使用许可合同的目的在于使用涉案商标，虽然艺想公司和毕加索公司在签订系争合同时，并未以毕加索公司和帕弗洛公司解除其双方在先的商标独占使用许可合同为合同生效前提之做法存在不妥，导致先后两个商标独占使用许可合同的许可期间存在重叠，但综合艺想公司在其系争合同中要求毕加索公司积极撤销与帕弗洛公司的备案合同等条款，本院认为本案中尚无充分证据证明艺想公司有加害帕弗洛公司的主观恶意，亦无证据证明艺想公司和毕加索公司间存在串通行为，因此难以认定此种合同行为属恶意串通损害第三人利益之行为。艺想公司是否存在仿冒等不正当竞争行为，与本案

之合同纠纷,并无关联。艺想公司、毕加索公司的投诉、举报行为,系基于其自认为艺想公司已获得涉案商标的独占许可使用权,且相应行政机关并未作出帕弗洛公司违法的决定,难言属于双方恶意串通之行为。至于系争合同专门设置的限制合同双方与第三方和解的条款,符合艺想公司维护其合同利益的目的,系市场竞争中的常见手段,同样难以认定系恶意串通行为。虽然艺想公司试图影响毕加索公司与帕弗洛公司之间的涉案商标独占使用许可关系的动机是明显的,但鉴于艺想公司与帕弗洛公司系同业竞争者,其采用与涉案商标权利人毕加索公司签订独占使用许可合同、要求毕加索公司不得在同类产品上向第三方授权使用涉案商标的方式展开市场竞争,该竞争方式本身并不具有违法性。本院认为,系争合同不符合认定合同无效的法定条件,涉案各方之间的纠纷,可以通过追究违约责任等方式予以解决。

五、艺想公司能否依据其与毕加索公司签订的系争合同获得涉案商标使用权

本院认为,虽然本案中艺想公司与毕加索公司之间的商标使用许可合同已成立并生效,但合同已生效并不等于合同已被实际履行,合同中约定的内容是否已被合同双方依约履行,应以双方的实际履行行为为准。鉴于艺想公司在本案中辩称其已获得而帕弗洛公司并未获得涉案商标的独占许可使用权,本院认为关于帕弗洛公司、艺想公司是否享有涉案商标独占许可使用权以及许可使用期间的问题,仍应再予明确。本院认为,首先,如上文所述,艺想公司、毕加索公司均知悉帕弗洛公司与毕加索公司就涉案商标存在的独占使用许可关系,艺想公司相对于帕弗洛公司与毕加索公司之间的商标独占使用许可合同关系而言,不属于善意第三人。其次,毕加索公司与帕弗洛公司之间就涉案商标存在独占使用许可合同关系,且该独占使用许可合同正常履行,虽然毕加索公司与帕弗洛公司之间的涉案商标使用许可合同备案于2012年1月1日终止,但在无证据表明帕弗洛公司与毕加索公司的商标独占使用许可合同已被解除的情况下,应认定该独占使用许可合同关系依然存续。由于艺想公司不属于善意第三人,因此帕弗洛公司依据其与毕加索公司间的商标使用许可合同取得的涉案商标独占许可使用权,可以对抗艺想公司与毕加索公司之间的商标使用许可合同关系。虽然毕加索公司与艺想公司之间的商标使用许可合同已成立并生效,但由于帕弗洛公司就涉案商标取得的独占许可使用权一直存续,毕加索公司已不能对涉案商标的使用权进行处分。鉴于毕加索公司实际上并未履行其与艺想公司签订的商标使用许可合同之义务,艺想公司也就不能据此系争合同获得涉案商标的使用权。换言之,艺想公司与毕加索公司签订的系

争合同,并不能剥夺帕弗洛公司对涉案商标享有的独占许可使用权。由此,帕弗洛公司依据在先的独占使用许可合同已经形成的商标使用的状态,应认定未被在后的商标独占使用许可合同关系所打破,否则将有悖公平诚信原则、扰乱商标使用秩序并最终有损相关消费者利益。原审判决虽认定系争合同并非无效,但并未认定艺想公司享有涉案商标的独占许可使用权,本院认为并无不当。艺想公司与毕加索公司如就系争合同产生纠纷,可通过追究违约责任等方式另案解决。此外,艺想公司是否另案起诉毕加索公司与帕弗洛公司恶意串通损害国家税收利益及艺想公司利益,属另案审理范围,本案不予审查。……

延伸阅读

1. 崔国斌:《商标许可终止后的商誉分配》,载《知识产权》2012 年第 12 期。
2. 黄汇、谢申文:《论被许可人增值商标的法益保护路径——以“王老吉”商标争议案为研究对象》,载《政治与法律》2013 年第 10 期。
3. 赵秀辉:《商标权质权实现方式之选择——以商标使用许可为例》,载《知识产权》2014 年第 10 期。

16.3 商标权的限制

知识要点

☆商标权限制的概念

为了维系知识产权权利人与社会公众之间的利益平衡,知识产权与知识产权的限制构成一枚硬币的正反两面,二者相伴而生。和著作权、专利权等知识产权一样,商标权的行使也要受到一定限制。商标权的限制是指因商标权和社会公众利益以及其他权利之间发生冲突,为了实现各方之间的利益平衡,法律在特定情形下对商标权人的权利行使和保护作出限制规定。广义上的商标权限制除了包括商标权在权利内容上的限制以外,还包括地域、时间上的限制。狭义上的商标权限制仅指商标权在权利内容(即权能)上的行使限制,具体包括商标合理使用、商标权用尽以及商标在先使用等。在司法实践中,商标使用人可依行为符合商标权限制规定而提起侵权抗辩,进而请求免除侵权责任。

16.3.1　商标合理使用

★商标合理使用的概念

合理使用(fair use)是商标权限制的重要类型之一,是指他人在一定条件下使用注册商标无须经过商标权的同意或授权,此类使用行为亦不构成商标侵权行为。商标合理使用在多数国家商标法中都有明确规定,同著作权、专利权等其他知识产权限制一样,商标合理使用是重要的侵权抗辩事由之一。根据我国《商标法》第59条规定,注册商标中含有的本商品的通用名称、图形、型号,或者直接表示商品的质量、主要原料、功能、用途、重量、数量及其他特点,或者含有的地名,注册商标专用权人无权禁止他人正当使用;三维标志注册商标中含有的自身的性质产生的形状、为获得技术效果而需有的商品形状或者使商品具有实质性价值的形状,注册商标专用权人无权禁止他人正当使用。按台湾学者曾陈明汝教授的观点,对他人商标的所谓合理使用,实际上不是将注册商标作为"商标"(识别商品或服务来源的显著性标记)使用,不属于《商标法》意义上的使用。在传统理论上,商标合理使用主要包括叙述性使用与指示性使用两类。

★商标合理使用的构成要件

商标合理使用应当符合以下构成要件:1.使用者主观上具有善意,仅出于商品或服务本身(如商品或服务的名称、形状、品质、功能、产地等)之说明或指明商标权人的目的使用商标。这里,使用者如果不使用他人注册商标,将很难描述或说明特定的商品或服务内容。2.使用者对商标的使用并未将其作为商标使用。依据我国《商标法》的规定,"商标的使用"是指将商标用于商品、商品包装或者容器以及商品交易文书上,或者将商标用于广告宣传、展览以及其他商业活动中,用于识别商品来源的行为。商标叙述性使用和指示性使用是以善意、合理的方式说明或表示自己的商品或服务,不可避免地使用注册商标所含的文字、词汇等,并不属于《商标法》意义上的使用行为。3.使用者仅在区分商品或服务所必需的目的范围内合理使用商标,并未造成公众的混淆。使用者如果不使用他人商标,将难以描述特定的商品或服务。使用者是在合理的范围内使用商标,并未以不正当手段突出注册商标的识别与区分功能或暗示自己与商标权人之间存在赞助、许可关系,不会造成社会公众的混淆。

★商标叙述性使用

所谓商标叙述性使用,是指使用者为提供商品或服务的基本信息而善意地使用商品通用名称或自己的名称、地址、原产地等,如涉及到他人的注册商标的构成要素,不构成侵犯商标权的行为。承认叙述性使用构成商标合理使用的主要原因就是为了解决描述性商标的合理使用问题。根据我国《商标法》第 11 条规定,直接表示商品质量、主要原料、功能、用途或其他特征的普通词汇、地理名称等虽缺乏商标的固有显著性,但经长期使用有可能产生“第二含义”,可以作为商标注册。对于此类描述性商标,由于商标中的文字或词汇是常用符号,因而他人将不可避免地在初始含义上使用该描述性文字或词汇,用以说明商品或服务的质量、主要原料、功能、用途及其他特点。因此,使用者为提供商品或服务的基本信息而善意地使用注册商标中的描述性文字或词汇,构成商标的叙述性使用,不属于侵犯商标权的行为。

★商标指示性使用

所谓商标指示性使用,即一种“被提及的使用”,是指为说明商品种类或说明服务范围而使用他人的商标。其特征在于,在商标意义上使用该标识,其使用目的是通过指示商标权人的产品或服务,最终是为了说明使用者自己的经营范围或服务项目。指示性使用多见于零配件销售、维修保养等行为,如汽车、电子消费品的维修、配件服务等。[1]例如,“大众汽车维修”“戴尔电脑专营”等店铺名称或服务门牌中出现的商标就构成一种指示性使用。当然,在这里,商标指示了其所有人的商品,但最终是为了表明使用者的经营范围或服务项目。我国关于商标指示性使用的立法规定尚付阙如,但司法实践已承认并开始探索指示性使用的合理使用适用问题。[2]

16.3.2 商标权用尽

★商标权用尽的概念

知识产权之权利用尽(exhaustion of rights)理论最早由 19 世纪德国知识产权著名学者约瑟夫·科勒提出。商标权用尽、专利权用尽以及著作权法中的发行权用尽等皆源自该理论。商标权用尽又称为商标权穷竭,是指经商标权人授权将附有商标的商品投放市场流通以后,任何人使用或销售该商品将不构成侵害商标权的行为,商标权人无权禁止。换言之,附有商标的商品经合法授权的流通渠道投入市场之后,商标权人不能干预他人对附有商标的商品的后续使用或销售,即在商品质量、内容或包装未发生变化的基础上,商标权人仅能控制商品同一市场内的首次流

---

〔1〕 张玉敏、张今、张平:《知识产权法》,中国人民大学出版社 2009 年版,第 391 页。

〔2〕 杜颖:《商标法》(第三版),北京大学出版社 2016 年版,第 123 页。

通环节。商标权用尽的意义在于保障商品正常流通,保证交易安全。如果没有商标权用尽的商标权限制,商标权人会利用商标权控制商品的整个流通并人为分割市场,维持商品高价,进而形成不合理的市场垄断地位。

★商标权用尽与平行进口

平行进口(parallel import),是指在国外生产并合法流通的附有本国商标的商品,未经本国商标权人同意而输入本国的行为。商标权用尽与平行进口具有密切联系。商标权用尽可分为国内用尽和国际用尽两种,承认商标平行进口的国家即适用国际用尽原则,认为商标首次使用以后,权利人不得再干涉合法投放到市场的商品包括进出口在内的后续流通。平行进口对于消费者获取物美价廉的商品而言具有积极的一面,但同时也会冲击本国的商品市场,使本国商标权人遭受到重大损失。由于各国营销方式和广告投入不同,如果允许商标的平行进口,平行进口商会无偿利用商标权人在本国的宣传投入和积累的商誉,这显然是不公平的。[1] 目前来看,根据商标权的地域性特征,大多数国家仅承认商标权在某一国家市场内可以用尽,并未认同商标权的国际用尽,故商标的平行进口是不被允许的。我国商标法理论通说亦不支持商标平行进口的合法性。

★商标权用尽的限制情形

作为商标权限制制度,商标权用尽应当满足以下几点适用条件:1. 附有商标的商品经商标权人合法授权的流通渠道投入市场以后,只有在商品内容以及包装等未经任何变造或改动的情况下才能适用商标权用尽。2. 附有商标的商品经商标权人合法授权的流通渠道投入市场以后,只有在商品质量未发生任何变化或损坏的情况下才能适用商标权用尽。3. 商标权用尽仅为一种国内用尽,不适用国际用尽原则。商标权用尽只能在附有商标的商品合法投放市场的某一国家地域范围以内适用,不包括在首次投放市场国以外的其他国家适用。

16.3.3　商标在先使用

☆商标在先使用的概念

在先使用(prior use)制度是为了克服商标注册制的缺陷而设计的一种补充协调机制。我国于 2013 年修订的《商标法》首次引入商标在先使用的权利限制规定。根据《商标法》第 59 条第 3 款规定,商标注册人申请商标注册前,他人已经在同一种商品或者类似商品上先于商标注册人使用与注册商标相同或者近似并有一定影

---

〔1〕 吴汉东主编:《知识产权法》(第四版),北京大学出版社 2014 年版,第 315 页。

响的商标的，商标权人无权禁止该使用人在原使用范围内继续使用该商标，但可以要求其附加适当区别标识。此条文即商标在先使用的商标权限制规定。应注意的是，申请商标注册不得以不正当的手段抢注他人已经使用并有一定影响的商标。作为商标权限制内容，商标在先使用实际上是法定的侵权抗辩事由之一。

★商标在先使用的适用条件（2016 年卷三第 64 题）

商标在先使用的适用条件主要包括以下几点：1. 使用人的商标使用在先，即注册商标使用人在商标权人申请商标注册以前，就已经使用该商标。2. 在商标权申请商标注册以前，在先使用人在相同或类似的商品或服务上使用注册商标或近似商标。3. 在先使用人主观上应为善意，并非以不正当竞争为目的和手段使用该商标。4. 使用人在商标权人申请商标注册以前，就已经持续性地使用该商标并产生一定影响。其中，"一定影响"是指使用者在先使用的商标在特定地域范围内已为相关公众所知悉，应根据该商标使用的持续时间和地理范围以及广告宣传的时间、方式、程度、地理范围等因素予以综合考察。5. 使用人基于商标在先使用抗辩可以在原使用范围内继续使用商标，应附加适当标识，从而和商标权人的注册商标加以区分。

法律与规范链接

▲ 必读法条

《商标法》第 59 条

△ 延伸法条及规范性文件

《与贸易有关的知识产权协定》第 17 条

《法国知识产权法典》（法律部分）L. 713－6 条

《德国商标和其他标志保护法》第 4 章"保护的限制"，第 20～26 条

典型案例

路易威登公司诉上海鑫贵房地产公司等商标侵权纠纷案[1]

【案情概述】

原告路易威登公司是第 241081 号"LV"商标的注册人，"LV"商标及箱包在世

---

〔1〕 参见上海二中院（2004）沪二中民五（知）初字第 242 号民事判决书。

界范围内享有很高的知名度。2004年7月至10月，上海鑫贵房地产有限公司、上海国际丽都置业有限公司等两被告在位于上海市延安中路和陕西路路口处的大楼上安装了一大型广告牌。广告背景底色为蓝紫色。广告可分为三部分，左侧主要是广告语，上面有“国际丽都城”“丽都新贵”“一样的国际丽都城，不一样的丽都新贵”“南京西路商圈星级酒店式商务小豪宅”“新闸路、石门二路6287－5055”等文字，左侧底端标注“上海国际丽都置业有限公司、上海鑫贵房地产开发有限公司”；广告右侧主要亦为广告语，上面有“自己当世界的主人”“左拥南京西路商圈”“右抱8万m^2公园绿地”等文字；广告中间为一半蹲模特图像，模特手中拎一手提包，包身为均布的“LV”花图形图案，其中包含“LV”商标图案。上述广告中的文字为白色，模特和手提包的主色调为橙红色。该广告对应的户外广告登记证记载了“广告类型：经营性户外广告；发布地点：延安路（陕西路口1）；主要内容：国际丽都城；规格：高300米，宽60米”（实际上是高60米，宽300米）等信息。原告诉至上海市第二中级人民法院，认为两被告构成商标侵权与不正当竞争行为，请求停止侵害并承担损害赔偿责任。被告辩称此行为不构成商标侵权和不正当竞争行为，属于一种商标合理使用。上海市第二中级人民法院认定被告广告中的“LV”图案对被告的楼盘没有商标性标识作用，该图案亦不会使消费者产生混淆，故不构成商标侵权。但两被告明知“LV”手提包有较高的知名度，仍在巨幅广告中以近三分之一的比例和夺目的橙红色突出模特和模特手中的“LV”包，系故意利用原告资源，不正当地获取利益，构成不正当竞争行为。

【关键问题】

从商标侵权角度分析，衡量是否构成商标侵权，关键要看被告的行为对原告的商标是否造成损害。本案中，两被告的行为并未构成商标侵权。理由如下：

第一，广告中的“LV”图案对被告的楼盘没有商标性标识作用。从“LV”的使用来看，广告中虽然出现了“LV”图案，但该图案系“LV”手提包图案的一部分，而该手提包系整体作为模特手中的道具出现在广告中。除此之外，“LV”图案既未单独出现在广告的其他部分，也未与广告中出现的名称、广告语等连用，因此该图案并非广告商品的商标、名称或装潢，对广告商品没有起到商标性标识作用。

第二，广告中的“LV”图案不会使消费者产生混淆。从广告效果来看，虽然模特和手提包占据了广告近三分之一画面，但另三分之二画面几乎布满了广告语，蓝紫色背景上的白色汉字明显、直观地标明该广告对应的商品系楼盘，楼盘的名称为国际丽都城，与楼盘有关的主体为丽都公司和鑫贵公司。消费者不会认为该楼盘由原告开发,或该楼盘与原告有利益关系,即不会因为该广告而对该楼盘的来源产生混淆。

【简要评论】

在被告行为是否具有违法性上,存在一定的争议:

一种意见认为不违法,主要理由在于:1. 被告的行为并未损害原告的合法权利。模特手中拎的手提包系作为道具使用,"LV"图案标识的是原告的产品,原告的"LV"商标并不会因此广告行为而遭受丑化、弱化的后果,原告不会被误认为与广告商品楼盘有什么关联,原告的声誉也不会因此广告行为而受到负面影响。2. 被告的行为并未损害社会公众的利益。广告清楚直观地标识了楼盘的名称、地理位置、开发商、联系方式等信息,社会公众不会对楼盘的来源产生误认,不会因为广告中有模特手拎"LV"包的画面就认为该楼盘与"LV"商标及"LV"权利人有关联。3. 被告系合理使用。不可否认,原告的"LV"商标及包有较高的知名度,但当一个商品、一个标志已经成为时尚、高档的象征时,应该允许该商品和标志以一种概念化的性质被使用,即作为时尚、高档的代名词被使用,本案即是这种性质的使用。4. 司法判决不应当阻碍艺术的发展。从鼓励创作角度出发,对广告设计、广告创意等应采取比较宽容的态度。当前许多广告都由多元素组成,不可避免地会涉及他人的一些标识,当这些标识的使用与标识权利人本身欲传递给社会公众的信息相吻合时,这种使用不应当被禁止。

另一种意见认为被告违反了反不正当竞争法。理由如下:1. 两被告在广告中使用"LV"包的行为是有恶意的,是不正当地获取利益。两被告明知"LV"手提包有较高的知名度,还在宣传被告楼盘的宽 300 米、高 60 米的巨幅广告中,以近三分之一的比例和夺目的橙红色突出模特和模特手中的"LV"包,以此吸引受众的视线,并进而通过"LV"手提包的知名度来提升其广告楼盘的品味,意在宣传出入其楼盘的都是手拎"LV"包的时尚、高贵人士,该楼盘同样时尚、高档。两被告将其宣传行为建立在原告商品之上,系故意利用原告资源,不正当地获取利益。2. 两被告的行为损害了原告的合法权利,扰乱了正当的竞争秩序。原告投入巨额资金、通过长期经营才获得今天的声誉,原告的商标和商品也因此才成为时尚、高档的象征。两被告为了商业目的,未付出正当努力而故意直接利用原告的经营成果,获取有利的市场竞争地位,损害了原告的合法权利。两被告通过"搭便车"的形式抬高其楼盘形象,获得了其本不应有的比其他竞争者更有利的优势地位,打破了诚实信用、平等公平的竞争秩序,显然构成不正当竞争。

利益平衡原则是知识产权法的基本原则之一。本案充分体现了知识产权法的特点——在保护权利人的合法权利和鼓励创作、传播先进文化、推广应用先进技术间寻求一种私权和社会利益的平衡。因此，法院最后认定两被告的行为构成不正当竞争。法院在该案审理中充分关注到它还是对当前法治环境下广告行为的一种规范。反不正当竞争法的宗旨在于保障社会主义市场经济健康发展，鼓励和保护公平竞争，制止不正当竞争行为，保护经营者和消费者的合法权益。艺术创作不得与上述宗旨相违背，只有这样才能给创作者更大、更自由、更健康的创作空间。司法应当在保护权利人的合法权利、树立正确市场导向的基础上鼓励创作。本案中以他人知名商标的特征吸引受众并引导联想的广告创作方法违背了诚信与公平原则。

延伸阅读

1. 吴伟光：《商标平行进口问题法律分析》，载《环球法律评论》2006年第3期。
2. 李扬：《商标在先使用抗辩研究》，载《知识产权》2016年第10期。
3. 熊文聪：《商标合理使用：一个概念的检讨与澄清——以美国法的变迁为线索》，载《法学家》2013年第5期。

第 17 章　商标权的法律保护

教学目标

理解商标侵权行为；
识记商标侵权的抗辩事由；
了解侵犯商标权的法律责任承担；
识记驰名商标的保护方式。

推荐参考资料

1. 王太平:《商标法:原理与案例》,北京大学出版社 2015 年版,第七章至第十一章。
2. 孔祥俊:《商标法适用的基本问题》,中国法制出版社 2014 年版,第二、三、六章。

17.1　商标侵权行为认定

知识要点

商标权人有权禁止他人在与其核定使用的相同或类似的商品上使用与其核准注册商标相同或近似的商标。商标权的保护范围不同于商标权人的权利范围。商标权的权利范围是指商标权人商标专有权的范围,仅以其核准注册的商标和核定使用的商品为限。[1]而商标权的保护范围是商标权人行使禁止权的范围,即禁止他人在相同或类似的商品或服务上使用相同或近似的商标的权利。商标权的保护范围主要由商标法第 57 条第 1 项与第 2 项予以确定。

---

〔1〕 王莲峰:《商标法学》,北京大学出版社 2014 年版,第 121 页。

★商标使用

商标的基本功能是识别商品来源,使用商标的目的是向相关公众表明商品来源,因此只有发挥了识别商品来源的商标使用行为才是《商标法》意义上的“商标使用”。《商标法》第 48 条规定,本法所称商标的使用,是指将商标用于商品、商品包装或者容器以及商品交易文书上,或者将商标用于广告宣传、展览以及其他商业活动中,用于识别商品来源的行为。

有学者认为构成商标使用需满足几个条件:使用的性质上,商标使用应当是营业行为中的使用;在使用目的上,商标使用必须用于商品或服务交易的使用,而且是直接利用商标促进自己的商品或服务的销售或者提供;从使用的时间上,商标使用必须属于商品或者服务交易的过程之中,对商品商标而言,从生产者将商标标志贴敷在商品上到商品最终到达消费者手中的整个环节都可以属于商标使用〔1〕。

构成商标使用的具体行为有:如在商品上标注商标,把商标用于广告宣传中、在媒体上使用商标并用以表明商品来源的、在服务招牌上使用商标、在服务场所内外标注其商标、在为提供服务所使用的物品上使用商标、在服务人员服装上标明商标、在与服务有联系的文件资料上标明商标的等。总之,只有发挥识别商品或服务来源作用的,才构成商标使用行为。

★商标侵权标准

根据使用的商标和商品类别的不同,判断是否侵犯注册商标专用权遵循不同的原则。

“相同商标 + 相同商品”的判断标准:如果行为人未经商标注册人的许可,在同一种商品上使用与注册商标相同的商标,这种行为将直接构成侵犯注册商标专用权的行为;

“相同商标 + 类似商品、相似商标 + 相同商品、相似商标 + 类似商品”的判断标准:如果行为人未经商标注册人的许可,将相似商标使用在相同或类似商品上,或将相同商标使用在类似商品上,在使相关公众有混淆可能性的情况下,这种行为才构成侵犯注册商标专用权的行为。

★★类似商品和服务的判断

类似商品是指在功能、用途、生产部门、销售渠道、消费对象等方面相同,或者相关公众一般认为其存在特定联系、容易造成混淆的商品。类似服务,是指在服务的

---

〔1〕 王太平:《商标法:原理与案例》,北京大学出版社 2015 年版,第 248 页。

目的、内容、方式、对象等方面相同，或者相关公众一般认为存在特定联系、容易造成混淆的服务。商品与服务类似，是指商品和服务之间存在特定联系，容易使相关公众混淆。

判断是否属于类似商品或服务应以侵权行为发生时相关公众对商品或者服务的一般认识水平判断，《商标注册用商品和服务国际分类表》《类似商品和服务区分表》可以作为判断类似商品或者服务的参考。

★★相同和相似商标

相同商标是指被控侵权商标和注册商标相比，两者在视觉上没有差别。相同商标可以分为相同的文字商标、相同的图形商标和相同的组合商标。相同的文字商标是指商标标识由文字组成，且文字的语种、文字构成、排列顺序相同，或者在字体、字母大小写方面仅存在微小差别。相同的图形商标是指被控侵权商标标识和注册商标标识都仅由图形构成，且两者图形在视觉上没有差别。相同的组合商标是指被控侵权商标标识和注册商标标识由文字和图形组合而成，且两者的文字构成相同、图形外观及其排列方式相同，使商标标志在呼叫和整体视觉效果上基本无差别。

相似商标是指被控侵权商标与注册商标相比，其文字、读音、含义、图形的构图及颜色、各要素组合后的整体结构相似，或者其立体形状、颜色组合、声音近似。除了部分构成要素近似而又不适宜认定为近似商标的特殊情形，通常情况下，商标近似是根据音、形、义之类的构成要素进行判断的〔1〕。“形”是指商标的视觉或者外观，“音”是指商标的语音或听觉，“义”则是指商标的含义或者观念。

★★商标相同和相似的判断

判断商标相同和相似的主体是相关公众。相关公众是指与使用注册商标标志的商品或服务有关的消费者和与前述商品或服务的营销有密切关系的经营者。在确认相关公众时，应考虑商品性质、种类、价格等因素对其范围及其注意程度的影响。判断商标相同和相似的标准是一般注意力，一般注意力即大多数相关公众通常的、普通的、一般的注意力。

判断商标相同和相似的方法是整体观察和要部对比，既要对商标标志的整体进行对比，又要对商标标志的主要部分进行对比，整体观察是指从构成商标的全部要素的整体来进行观察和对比，而要部对比是指从商标的主要部分进行观察比对。

---

〔1〕 孔祥俊：《商标法适用的基本问题》，中国法制出版社 2014 年版，第 142 页。

判断商标相同和相似时应当遵循隔离对比原则,即将注册商标标志与被控侵权标志放置于不同地点在不同时间下进行对比。

★★★混淆可能性(2007 年卷三第 61 题)

消费者对商标的心理认知状态应当是判断被诉行为是否构成商标侵权的关键。只有消费者具有混淆可能性,其识别商标和依据商标所代表的信息进行购物决策受到了影响,《商标法》才有介入的必要[1]。

混淆可能性是指相关公众可能对商品的来源产生误认或者认为该商品来源与注册商标的商品有特定的联系。需要注意,混淆可能性强调"可能性",实际是否产生混淆,则在所不问。

混淆包括来源混淆和关联关系混淆,来源混淆是指侵权行为人在相同或者类似商品和服务上使用了与注册商标相同或者相似的商标,使相关公众误以为该商品或者服务来源于注册商标。关联关系混淆是指被控侵权商标被使用在同一种或者类似的商品或服务上,导致相关公众误以为使用被控侵权商标的被告与使用注册商标商品或服务的原告之间存在经营上、组织上或法律上的关联。将混淆类型从来源混淆扩展到赞助、附属、许可、联系等关联关系混淆,一定程度上适应了商业贸易中经营方式和商标许可贸易的发展,可以规制他人在与商标权人商品相似或者不相同的商品类别上使用商标权人的商标,造成消费者发生关联关系混淆的行为,更好地保护商标权人的权益[2]。

判断是否有混淆可能性主要考虑以下要素:(1)注册商标的显著性,显著性是指商标标示产品出处并使之区别于其他同类产品的属性[3];(2)注册商标与被控侵权商标的相似程度;(3)被控侵权人的主观意图;(4)相关公众的知识水平和注意程度;(5)是否实际产生混淆;(6)被控侵权商标的实际使用情况;(7)涉案商品的注册、用途、价格和质量等。其中商标的相同或近似、商品或服务的相同或类似、注册商标的显著性和知名度是最主要的因素。

★★侵犯商标权的行为(2015 年卷三第 19 题,2013 年卷三第 19 题)

《商标法》第 57 条规定了七类侵犯商标权的具体行为,包括六种具体侵权行为类型和开放性规定:

(1)未经商标注册人的许可,在同一种商品上使用与其注册商标相同的商

---

[1] 姚鹤徽:《商标混淆可能性研究》,知识产权出版社 2015 年版,第 297 页。

[2] 同上注,第 220 页。

[3] 彭学龙:《商标法的符号学分析》,法律出版社 2007 年版,第 108 页。

标的；

(2)未经商标注册人的许可，在同一种商品上使用与其注册商标近似的商标，或者在类似商品上使用与其注册商标相同或者近似的商标，容易导致混淆的；

(3)销售侵犯注册商标专用权的商品的；

(4)伪造、擅自制造他人注册商标标识或者销售伪造、擅自制造的注册商标标识的；

(5)未经商标注册人同意，更换其注册商标并将该更换商标的商品又投入市场的；

(6)故意为侵犯他人商标专用权行为提供便利条件，帮助他人实施侵犯商标专用权行为的；

(7)给他人的注册商标专用权造成其他损害的。

其中，“给他人的注册商标专用权造成其他损害的”包括：

①将与他人注册商标相同或者相近似的文字作为企业的字号在相同或者类似商品上突出使用，容易使相关公众产生误认的；

②复制、摹仿、翻译他人注册的驰名商标或其主要部分在不相同或者不相类似商品上作为商标使用，误导公众，致使该驰名商标注册人的利益可能受到损害的；

③将与他人注册商标相同或者相近似的文字注册为域名，并且通过该域名进行相关商品交易的电子商务，容易使相关公众产生误认的。

为侵犯他人商标专用权提供仓储、运输、邮寄、印制、隐匿、经营场所、网络商品交易平台等属于《商标法》第 57 条第 6 项中的提供便利条件。在同一种商品或者类似商品上将与他人注册商标相同或者近似的标志作为商品名称或者商品装潢使用，误导公众的，属于《商标法》第 57 条第 2 项规定的侵犯注册商标专用权的行为。

★侵犯商标权的抗辩理由(2011 年卷三第 64 题)

(1)不侵权抗辩。在商标侵权诉讼中，被控侵权人通过证明商品或服务不类似、或者商标不近似，从而不可能导致混淆为由主张不侵权。

(2)商标权效力抗辩。在商标侵权案件中，被控侵权人可以商标已被宣告无效来主张不侵权。根据《商标法》第 47 条规定，被宣告无效的注册商标，其注册商标专用权将视为自始不存在。

(3)正当使用抗辩。被告以自己对商标的使用是正当使用而进行不侵权抗辩。构成正当使用需满足三个条件：被控侵权人的行为是善意的；被控侵权人使用的行为不会在客观上造成消费者对于两种商品来源上的混淆误认；被控侵权人使用的行为只是为了说明或者描述自己的商品。上文已经论述的商标合理使用、商标在先使用、商标权用尽。同时，还有三维标识注册商标中含有的商品自身的性质产生的形状、为获得技术效果而需要的商品形状或使商品具有实质性价值的形状，注册商标专用权人无权禁止他人正当使用。

(4)权利冲突抗辩。由于商标标识可以成为两项以上不同性质权利的客体，比如有的美术作品既可以作为商标，受《商标法》的保护，又可以作为作品，受《著作权法》的保护，还可以作为外观设计进行保护，申请注册的商标如果侵害了他人的著作权或其他权利，这个商标本不应该获得注册。如果获得注册，商标权人向在先权利人提起商标侵权诉讼的，在先权利人就可以以其在先权利进行抗辩。

(5)不承担赔偿责任的抗辩。此类抗辩包括三年不使用抗辩和合法来源抗辩。三年不使用抗辩是指注册商标权人请求赔偿时，被控侵权人以注册商标专用权人未使用注册商标提出抗辩，如果注册商标专用权人不能证明此前三年内实际使用过该注册商标，也不能证明因侵权行为收到了其他损失的，侵权行为人可不承担赔偿责任。合法来源抗辩是针对侵权产品销售者而设立的抗辩，销售不知道是侵犯注册商标专用权的商品，能证明该商品是自己合法取得并说明提供者的，合法来源抗辩成立。

合法来源抗辩成立需满足三个条件：其一，不知道销售的商品系侵犯注册商标专用权的商品，这点可以通过注册商标的知名度、销售商的经销规模、销售商品的进货和销售价格来认定；其二，该侵犯注册商标专用权的商品系合法取得，这点可以通过购买合同、发票收据、发货清单等来确定；其三，说明提供者，销售商应当说明提供者的姓名或企业名称、地址、联系方式等能查实的信息。

三年不使用抗辩和合法来源抗辩均只能免除侵权行为人的赔偿责任，不能免除其应承担的其他侵权责任。

(6)程序性抗辩。在《商标法》中，普通民事诉讼中的抗辩在侵犯商标权诉讼中同样可以运用，比如时效抗辩、主体资格抗辩。

时效抗辩。被告可以原告超过了法定的时效进行抗辩，在原告知道或者应当知道侵权行为之日起，超过时间不予起诉将丧失诉讼的胜诉权。

主体资格抗辩。提起商标侵权诉讼的主体仅限于商标权主体以及利害关系人。商标的被许可人包括三种，独占被许可人可以单独提起诉讼；排他被许可人在商标权人不提起诉讼的情况下可以自己提起诉讼；而普通的被许可人必须在商标权人明确授权的情况下才可以提起诉讼。

法律与规范链接

▲ 必读法条

《商标法》第48条、第52条、第57条、第59条、第64条

△ 延伸法条

《最高人民法院关于审理商标民事纠纷案件适用法律若干问题的解释》

典型案例

陕西茂志娱乐有限公司与梦工场动画影片公司、北京华影天映影院管理有限公司、中国电影集团公司、派拉蒙影业公司侵害商标权纠纷[1]

【案情概述】

2007年1月，中信出版社出版《功夫熊猫》系列漫画图书第1版，该书注明由权迎生编绘，国际武术联会秘书长、中国武术协会主席王筱麟，中国美术家协会漫画艺委会秘书长夏大川，韩国漫画家协会理事、韩国漫画文化研究所所长刘光南分别于2006年3月、4月和10月为该书作序。同年12月，陕西省2007年12月国产电视动画片制作备案公示表显示，陕西茂志影视有限公司计划拍摄片名为《功夫熊猫》的共26集、每集10分钟的电视动画片，预计于2007年8月投拍，2009年12月完成，并向陕西省广播电影电视管理局提交备案申请，陕西省广播电影电视管理局同意备案，陕西茂志影视有限公司取得（陕）字第127号电视节目制作许可证。茂志公司主张该电视剧并未实际投拍。

茂志公司成立于2008年12月，经营范围包括广播影视剧（片）策划、制作、发行，影视广告代理，平面三维、三维图文的设计、制作，文化演出活动策划（经营性演出除外），演艺经纪代理，企业投资策划、营销管理，会展服务，玩具、服装、箱包、字画（文物除外）、工艺品的销售（除国家规定的专控及前置许可项目外）。

2010年6月28日，经商标局核准注册，茂志公司取得第6353409号"功夫熊猫及图"文字图形组合注册商标专用权，核定使用服务为第41类的"教育、图书馆服务、驯兽、组织教育"或"娱乐竞赛、图书出版、电影制作、经营彩票"，专用权期限至

---

[1] 参见最高人民法院民事裁定书（2014）民申字第1033号民事裁定书。

2020年6月27日,该商标申请日为2007年11月1日。

动画电影《KUNGFUPANDA》(中文名称为《功夫熊猫》)、《KUNGFUPANDA2》(中文名称为《功夫熊猫2》)均由梦工场公司制作、派拉蒙公司发行,先后于2008年6月和2011年5月在中华人民共和国大陆地区首映。

2011年,陕西茂志影视有限公司以梦工场动画影片公司、北京华影天映影院管理有限公司、中国电影集团公司、派拉蒙影业公司在电影电影及相关宣传材料中使用"功夫熊猫"之行为侵犯其合法享有的商标权为由提起了诉讼。

法院认为:《商标法》(2001年修正)第52条第1项规定:未经商标注册人的许可,在同一种商品或者类似商品上使用与其注册商标相同或者近似的商标的,属于侵犯注册商标专用权的行为。由于商标是一种使用在商业上的标识,其基本特性是区别商品或者服务来源,因此构成侵犯注册商标专用权的基本行为是在商业标识意义上使用相同或者近似商标的行为,也就是说被诉侵权标识的使用必须是商标意义上的使用。鉴此,在本案中确定被申请人使用"功夫熊猫"的行为是否构成侵犯注册商标专用权,应当视其是否属于商标意义上的使用行为而定,即应当看被申请人使用"功夫熊猫"标识是否具有区分商品来源之作用。

本案中,根据一、二审法院查明的事实,梦工场公司制作的《功夫熊猫》电影在茂志公司第6353409号注册商标获准注册前的2008年就已经在中华人民共和国地区公映,并自2005年起就在新闻报道、海报等宣传材料中以"功夫熊猫"作为电影名称对上述电影进行了持续宣传。被申请人梦工厂公司制作完成相关电影后,将其"dreamworks"标识显著地使用于其电影、电影海报及其他宣传材料中,用以表明其电影制作服务来源是"dreamworks"。由于《功夫熊猫2》使用"功夫熊猫"字样是对前述《功夫熊猫》电影的延续,且该"功夫熊猫"表示的是该电影的名称,用以概括说明电影内容的表达主题,属于描述性使用,而并非用以区分电影的来源,因此一、二审法院认定被申请人涉案行为并非商标意义上的使用并无不当,茂志公司再审申请理由不能成立,本院不予支持。

【关键问题】

商标使用在商标侵权判断中的作用?

【简要评论】

商标使用是在判断商标侵权是否成立时的重要考虑因素,只有发挥识别功能,表明商品或服务来源的使用行为才构成商标法意义上的商标使用。商标出现的意义在于向消费者指明商品或服务来源,因此侵犯商标权的行为必然对商标的这种

“指引”功能产生了干扰，该行为才具有可罚性。在很多日常生活情境下，均需使用商标，比如维修汽车的商店在店铺招牌上标上各类车辆的商标，其意图是表明该商店可以维修哪些品牌的车辆，这种使用商标的行为不具有表示服务来源的效果，相关公众也不会因此对该维修点提供的服务产生误解，这种情况下使用商标的行为就是正当使用行为，不构成《商标法》意义上的商标使用行为。

本案中即涉及商标使用的认定问题。核心问题在于“在宣传资料上以‘功夫熊猫’作为电影名称使用是否构成商标使用行为”，《功夫熊猫》作为一部电影，其来源是梦工厂公司，相关公众在看到这些宣传材料时获得的信息是“该电影的名称是‘功夫熊猫’”，“功夫熊猫”在此处的使用发挥的作用是表示电影名字，而不是指示电影来源，因此这种使用行为没有发挥指示商品来源的作用。再者，法院也强调，就电影内容来看，该电影的主角是“一只会中国功夫的熊猫”，从这个角度来看，“功夫熊猫”是对该电影主角的描述。因此，在宣传资料上以“功夫熊猫”作为电影名称使用不构成商标使用行为，法院最终做出的认定是恰当的。

【核心知识】

商标使用在侵犯商标权判断中，具有举足轻重的地位，没有发挥识别来源的使用行为，不会使相关公众产生混淆，从而不构成商标侵权行为。

延伸阅读

1. 邓宏光：《论商标侵权的判断标准——兼论〈中华人民共和国商标法〉第52条的修改》，载《法商研究》2010年第1期。
2. 彭学龙：《论“混淆可能性”——兼评〈中华人民共和国商标法修改草稿〉（征求意见稿）》，载《法律科学》（西北政法大学学报）2008年第1期。
3. 李雨峰：《重塑侵害商标权的认定标准》，载《现代法学》2010年第11期。

17.2 商标侵权行为的法律责任

知识要点

☆商标侵权行为的法律责任的概念

根据《商标法》的规定，侵犯注册商标专用权的侵权行为人可能承担民事责任、行政责任和刑事责任。

★民事责任(2014 年卷三第 19 题)

根据《商标法》和《侵权责任法》的规定,侵犯商标权需承担的民事责任有停止侵害、排除妨碍、消除危险、赔偿损失、消除影响等民事责任。停止侵害和损害赔偿是两种主要的承担民事责任的方式。

1. 停止侵害

责令侵权行为人停止对商标权的侵害是最常见的一种责任承担方式。停止侵权又称行为禁令,按照有效期限的不同,分为永久禁令和临时禁令。临时禁令是指商标注册人和利害关系人证明他人正在实施或即将实施侵犯其注册商标专用权的行为,如不及时制止将会使其合法权益受到难以弥补的损害的,可以请求法院责令其停止有关行为。法院下达临时禁令需满足五个条件:其一,申请人是商标权人或者利害关系人;其二,他人正在实施或者即将实施侵犯注册商标专用权的行为;其三,申请人需提供担保;其四,法院下达临时禁令不会损害社会公共利益;其五,法院不下达临时禁令将会使申请人的合法权益受到难以弥补的损害。

法院收到申请人的临时禁令申请后,应该在 48 小时内做出裁定,当事人对裁定不服的可以在收到裁定之日内申请复议一次,复议期间不停止裁定执行。商标注册人或者利害关系人在人民法院采取临时禁令措施后 15 日内不起诉而定,人民法院将解除该措施。

永久禁令是指法院在判决中要求被控侵权行为人停止侵权行为。一般而言,只要法院判定侵权成立,都会判决要求被控侵权行为人停止侵权行为。在一些特殊情况下,如果法院认为判决停止侵权会损害社会公共利益,或者造成双方当事人之间的重大利益失衡,或者已经实际上无法执行,法院可以在加大侵权赔偿数额的情况下不要求侵权行为人停止侵权。

2. 损害赔偿

损害赔偿的计算方式有四种:

(1)商标权人或利害关系人因侵权行为受到的实际损失。这部分可以根据权利人因侵权所造成商品销售减少量或者侵权商品销售量与该注册商标商品的单位利润乘积计算得出。

(2)侵权行为人因侵权行为获得的利益。这部分可以根据侵权商品销售量与该商品单位利润乘积计算,商品单位利润无法查明的,按照注册商标商品的单位利润计算。司法实践中,也有法院根据原告提交的本行业平均利润率等证据来计算被告的侵权获利。

(3)许可使用费的倍数。在无法确定侵权人所获利益和权利人所受损失的情况下,损害赔偿金额可以根据涉案商标许可费的倍数合理确定。

(4)法定赔偿。如果通过上述三种方法都无法确定损害赔偿,法院可以根据实际案情确定300万元以下的赔偿金额。法院确定赔偿金额主要从侵权行为的性质、期间、后果、商标的声誉、商标使用许可费的金额、商标使用许可的种类、时间、范围、制止侵权行为的合理开支等因素来进行综合确定。

为加大赔偿数额,《商标法》建立了惩罚性赔偿制度。规定恶意侵犯商标专用权的,可以在按照权利人损失或者侵权获利的计算方法确定的数额的一倍以上三倍以下确定赔偿数额。

此外,侵权人还需对权利人的合理开支进行赔偿。法院判决的赔偿金额应包含当事人为制止侵权行为支出的合理开支,合理开支具体指公证费、翻译费、合理的律师费、交通费、住宿费等。

★行政责任

针对侵犯注册商标专用权的纠纷,商标注册人或者利害关系人可以请求知识产权行政管理部门处理,知识产权行政管理部门认为侵权成立的,除责令被控侵权行为人立即停止侵权行为,没收、销毁侵权商品和主要用于制造侵权商品的工具等外,还可对侵权行为人处以罚款。当事人对知识产权行政管理部门作出的行政决定不服的,可以向人民法院提起行政诉讼。

我国禁止侵犯知识产权的货物进出口,商标权人和利害关系人可将其商标权向海关申请备案,备案成功后,权利人可以针对即将进出口的涉嫌侵犯商标权的货物向货物进出地海关申请查封扣押;海关也可以根据备案信息主动查封即将进出口的侵犯商标权的货物,并书面通知权利人。被扣留的货物一旦被确认侵权,海关将予以没收。

★刑事责任

《刑法》规定了侵犯注册商标专用权承担刑事责任的情形。假冒注册商标,销售假冒注册商标,非法制造、销售他人注册商标标识的行为,情节严重时,均将构成犯罪行为,行为人需因此承担三年以下的有期徒刑或拘役等刑事责任;情节特别严重的或销售金额巨大的,行为人将承担三年以上七年以下有期徒刑和罚金的刑事责任。需要注意,假冒注册商标罪只针对将与注册商标相同的商标用于相同的商品或服务上的行为。

法律与规范链接

▲ **必读法条**

《商标法》第 60 条、第 61 条、第 62 条、第 63 条、第 65 条、第 67 条

△ **延伸法条**

《刑法》第 213 条、第 214 条、第 215 条

《最高人民法院关于审理商标民事纠纷案件适用法律若干问题的解释》第 13 条、第 14 条、第 15 条、第 16 条、第 17 条、第 21 条

《最高人民法院、最高人民检察院关于办理侵犯知识产权刑事案件具体应用法律若干问题的解释》(法释〔2004〕19 号)

《海关保护条例》第 3 条、第 4 条

典型案例

北京六里桥广客宇商贸有限责任公司与鲁道夫达斯勒体育用品波马股份公司侵犯注册商标专用权纠纷一案〔1〕

【案情概述】

波马公司是依据德意志联邦共和国法律注册成立的公司法人。1978 年 12 月 2 日，经中华人民共和国国家工商行政管理总局商标局(以下简称中国商标局)核准，鲁道夫·达斯勒美洲狮运动鞋公司取得了国际商品分类第 25 类豹子图形的注册商标专用权，商标注册证号第 76559 号。1991 年 12 月 30 日，经中国商标局核准，该商标注册人名义从鲁道夫·达斯勒美洲狮运动鞋公司变更为鲁道夫·达斯勒体育用品波马股份公司。该商标核定使用商品为运动衣、运动裤、运动袜、便鞋、运动鞋等商品，该注册商标专用权目前尚处于有效期内。

2007 年 11 月 12 日，波马公司在位于北京市丰台区六里桥的亿客隆商场购买到"足奇威"牌运动鞋一双，价格为 96 元，获得发票一张，该发票上加盖有"北京六里桥广客宇商贸有限责任公司"的发票专用章，发票上记载的商品名称是"鞋"。该款鞋的鞋帮外侧有一豹子图案，鞋的吊牌上有"ZUQIWEI""美国足奇威体育用品发展有限公司(授权)"字样以及生产厂商福建省晋江市钱鹏鞋塑有限公司的厂名、厂

---

〔1〕 参见最高人民法院民事裁定书(2009)民申字第 1882 号民事裁定书。

址、电话。经比对,该款鞋的鞋帮外侧的豹子图案与涉案商标相比,除后腿被截去小部分外,其余基本相同。

广客宇公司提交了其与张涛签订的租赁协议,用以证明销售涉案商品的3018柜台由张涛承租。该协议第七条约定,张涛在经营过程中,售后服务统一由广客宇公司负责;张涛不得在场内私自经营、私自收款。广客宇公司还提交了晋江市钱鹏鞋塑有限公司企业法人营业执照、税务登记证、组织机构代码证、卫生许可证、中华人民共和国香港特别行政区政府"足奇威"品牌商标证明书、福建省鞋服质量检测中心出具的检验报告的复印件,用以证明3018柜台所销售的涉案产品均是正规合格的商品。

在赔偿数额方面,法院认为:广客宇公司销售的被控商品上使用了与波马公司注册商标相近似的图形,在注册商标具有较高知名度的情况下,原审法院认定广客宇公司的行为不符合《商标法》第56条第3款规定的不承担赔偿责任的情形,判定其承担赔偿责任并无不妥,且广客宇公司也并未提出异议。本案的争议焦点在于如何确定赔偿数额。根据查明的事实,广客宇公司是销售商,而非制造者,在未与制造者构成共同侵权、需要承担连带责任时,广客宇公司仅就其销售行为承担相应的责任,而不一并承担制造者应当承担的责任,更不能由某一销售商赔偿权利人因侵权而受到的所有损失。销售侵犯商标专用权商品,并需要承担赔偿责任的某一销售商的赔偿数额,同样需要根据《商标法》第56条第1款与第2款的规定确定,即为该销售商销售期间因销售所获得的利益,或者被侵权人在被侵权期间因该销售商的销售行为所受到的损失,包括被侵权人为制止侵权行为所支付的合理开支。如果销售商因销售侵权产品所得利益,或者被侵权人的损失难以确定的,由人民法院根据销售行为的情节确定赔偿数额。在确定销售商的赔偿数额时,要综合考虑注册商标的知名度,侵权行为人的主观恶意,销售侵权商品的数量、价格以及销售持续时间等因素。本案中,波马公司虽主张广客宇公司销售规模较大,但没有提供相应的证据,相反广客宇公司提交了进货单等证明及销售情况说明,证明其销售行为规模小、数量少。同时,被控商品使用了与注册商标相近似的标志,广客宇公司的此种销售行为与销售假冒注册商标商品不同,其主观过错较小。而且本案中,被控侵权产品上已经标注了产品的制造者,广客宇公司也提交了制造者的营业执照等相关证据,在该种情况下,波马公司完全可以另行向制造者主张权利,获得相应的救济。因此,原审判决广客宇公司赔偿波马公司经济损失1000元和诉讼合理支出700元并无不妥。

【关键问题】

侵权产品销售者的损害赔偿责任承担问题

【简要评论】

根据《商标法》的相关规定，销售者可以通过主张合法来源来进行抗辩，免除损害赔偿责任，但合法来源抗辩成功的一个重要条件即是“销售者不知道销售的商品是侵犯注册商标专用权的商品”，即要求销售者的主观状态是“不知道其实施的行为系侵权行为”，认定销售者主观状态时，注册商标的知名度是重要考虑因素，一般而言，如果注册商标知名度越高，销售者就越应该明知或者应知其销售的是侵权产品，此外，如果销售者是注册商标商品行业的从业者，一般而言，推定销售者对该行业应有一定了解，如果注册商标在本行业内知名度相当高，而销售者仍然销售了侵权行为，销售者要证明自己没有主观恶意的难度将加大。销售者的主观恶意是结合多种因素综合判断的结果。

本案确定了销售者在侵权行为中承担的责任份额，明确其仅就其实施的行为承担赔偿责任。销售者与制造者构成共同侵权的情况下，销售者和制造者应对赔偿数额承担连带责任。而在不构成共同侵权的情况下，销售者仅就其行为单独承担责任。是否构成共同侵权，应结合《侵权责任法》进行综合判断。本案例明确了销售者合法来源抗辩不成立，仅是不能免除其赔偿责任，并不能直接得出其与制造者构成共同侵权，应承担连带责任的结论。

【核心知识】

在没有证据证明销售者与制造者构成共同侵权的情况下，销售者仅就其行为承担相应的侵权责任。

延伸阅读

1. 李军：《商标侵权不停止侵害研究——兼评“非诚勿扰”商标侵权案》，载《河北法学》2016年第10期。

2. 李明德：《关于知识产权损害赔偿的几点思考》，载《知识产权》2016年第5期。

3. 舒媛：《商标侵权惩罚性赔偿适用情形研究》，载《法学评论》2015年第5期。

17.3 驰名商标的特殊保护

知识要点

★17.3.1 驰名商标的概念

驰名商标是指在中国境内为相关公众广为知晓的商标。驰名商标是混淆可能性侵权标准的例外,运用《商标法》的混淆理论已经无法制止"理性"的商标侵权人时,为了防止损害扩大或救济已被侵害的商标权益,防止商标的显著性被稀释,维护正常的市场竞争秩序,保护消费者的合法权益,各个国家在个案中为实现对商品或服务的跨类别保护而动态地认定该商标为驰名商标。[1]

驰名商标分为已注册的驰名商标和未注册的驰名。没有在中国注册,但经使用而被"广为知晓"的,也可以被认定为驰名商标。

★17.3.2 驰名商标的认定

驰名商标的认定应遵循被动认定、个案认定、事实认定和按需认定的原则。

(1)个案认定是指认定驰名商标必须是在与具体商标纠纷案件的环境下才能进行。

(2)被动认定是指驰名商标的认定必须由当事人向处理商标纠纷的主管机关主动提出请求才能进行,以及在诉讼中向人民法院提起认定驰名商标的请求,人民法院才对商标是否驰名进行审查。

(3)按需认定是指在商标纠纷中是否需要认定驰名商标视具体案情而论,只有在案情需要的情况下才对商标是否驰名予以认定。如果是商标禁用权效力就可以实现对注册商标专用权的保护,就无须认定驰名商标;如果依据商标禁用权的规定无法对商标所有权提供保护,但又必须实现对商品的跨类别保护时,才需要进行驰名商标的认定。[2]

(4)事实认定是指在案件中驰名商标的认定属于事实问题而不是法律问题,需由当事人提供证据证明商标是否驰名,人民法院也只能在裁判文书的事实部分确

---

〔1〕 祝建军:《驰名商标认定与保护的规制》,法律出版社 2011 年版,第 12 页。

〔2〕 同上注,第 97 页。

定商标是否驰名的事实，不能在判决主文中确认商标是驰名商标。

有资格认定驰名商标的主管机关是商标局、商标评审委员会、最高人民法院指定的人民法院。商标局在查处商标违法案件中可以认定驰名商标；商标评审委员会在处理商标争议过程中可以认定驰名商标；最高人民法院指定的人民法院在商标民事、行政案件审理过程中可以认定驰名商标。

认定驰名商标应考虑以下因素：1. 相关公众对该商标的知晓程度；2. 该商标的持续使用时间；3. 该商标的宣传持续时间、程度、投入资金等；4. 该商标是否有曾经被认定为驰名商标受保护的记录；5. 其他认定商标驰名的因素。

★驰名商标的保护模式（2015 年卷三第 65 题）

驰名商标的保护范围和强度较普通商标而言较为特殊：行为人就相同或者类似商品申请注册的商标是复制、摹仿或者翻译他人未在中国注册的驰名商标，容易导致混淆的，不予注册并禁止使用；就不相同或者不相类似商品申请注册的商标是复制、摹仿或者翻译他人已经在中国注册的驰名商标，误导公众，致使该驰名商标注册人的利益可能受到损害的，不予注册并禁止使用。即未注册的驰名商标可以获得类似注册商标才能获得的保护强度，注册的驰名商标可以获得跨类别的保护。

法律与规范链接

▲ 必读法条

《商标法》第 13 条、第 14 条、第 45 条、第 58 条

《最高人民法院关于审理商标民事纠纷案件适用法律若干问题的解释》第 2 条、第 22 条

△ 延伸法条

《最高人民法院关于审理涉及驰名商标保护的民事纠纷案件应用法律若干问题的解释》（法释〔2009〕3 号）

《驰名商标认定和保护规定》（国家工商行政管理总局令第 66 号）

典型案例

巨化集团公司与国家工商行政管理总局商标评审委员会商标异议复审行政纠纷案〔1〕

【案情概述】

2007年2月7日，胡金云向国家工商行政管理总局商标局（以下简称商标局）申请注册第5894566号“巨化”商标（以下简称被异议商标），指定使用商品为第11类灯、灯罩、车灯、煤气热水器等。

引证商标系第143726号“巨化牌**JH**”商标（以下简称引证商标），注册人为巨化集团，申请日期为1980年9月11日，核定使用商品为第1类液氯、电石、甲醇、烧碱等。经续展，该商标专用期至2023年2月28日。

巨化集团在法定异议期内对被异议商标提出异议。2011年9月7日，商标局作出（2011）商标异字第32627号裁定，对被异议商标予以核准注册。巨化集团不服该裁定，于2011年10月27日向商标评审委员会提出异议复审申请。

巨化集团向商标评审委员会提交了以下主要证据：

1. 浙工商标〔2009〕19号文件，载明引证商标被商标局认定为第1类烧碱商品上的驰名商标；

2. 2004年、2008年浙江省知名商号证书，巨化集团“巨化”商号为浙江省知名商号；

3. 中国名牌产品证书（巨化牌制冷剂）、浙江省优质产品证书（巨化牌合成盐酸、液体烧碱、隔膜固碱）国家质量金奖证书等；

4. 国家领导人及业内专家到巨化集团视察、指导的照片；

5. 部分媒体报道。

商标评审委员会于2013年11月11日作出商评字〔2013〕第101103号关于第5894566号“巨化”商标异议复审裁定（简称被诉裁定），认定：虽然被异议商标与引证商标的显著识别文字“巨化”相同，但巨化集团提交的证据不足以证明引证商标在被异议商标申请日之前在第1类商品上已构成驰名商标，即使引证商标已构成驰名商标，其赖以驰名的第1类烧碱等商品与被异议商标指定使用的第11类等商品区别较大，被异议商标的注册使用不会引起消费者的混淆、误

〔1〕 参见最高人民法院行政裁定书（2015）知行字第112号行政裁定书。

认,因此,巨化集团认为被异议商标的注册违反了《商标法》第 13 条规定,缺乏事实依据,不予支持。巨化公司称被异议商标的申请注册侵犯了其“巨化”商号权,巨化集团商号赖以知名的烧碱等商品与被异议商标指定使用的灯等相同或类似商品所属行业跨度较大,被异议商标在上述商品上的注册和使用不会引起消费者对商品的来源产生混淆误认。因此,被异议商标未违反《商标法》第 31 条前半段的规定。商标评审委员会依据《商标法》第 33 条、第 34 条的规定,裁定被异议商标予以核准注册。

巨化集团不服被诉裁定,于法定期限内到北京市第一中级人民法院提起行政诉讼。一审、二审法院都判决维持商标评审委员会的裁定。

最高人民法院认为:根据《商标法》第 13 条第 2 款的规定,就不相同或者不相类似商品申请注册的商标是复制、摹仿或者翻译他人已经在中国注册的驰名商标,误导公众,致使该驰名商标注册人的利益可能受到损害的,不予注册并禁止使用。由此可知,异议申请人的商标为已经在中国注册的驰名商标、被异议商标构成对该驰名商标的复制、摹仿或者翻译,以及被异议商标的申请注册将容易导致消费者混淆或者误导公众,进而损害异议申请人的利益是在商标异议复审行政案件中适用《商标法》第 13 条第 2 款规定的三个基本条件。在案件审理过程中,固然要对异议申请人请求予以保护的引证商标所具有的知名度予以考量,但并不意味着必须将其作为适用《商标法》第 13 条第 2 款的前提条件,即首先对引证商标是否构成驰名商标的问题进行审查和认定。我国商标法律框架之下所规定的驰名商标法律保护制度的立法本义在于给予具有较高知名度的商标与其显著性和知名度相适应的保护范围和保护强度,并非授予一项荣誉称号。《最高人民法院关于审理涉及驰名商标保护的民事纠纷案件应用法律若干问题的解释》(以下简称驰名商标司法解释)第 2 条第 1 款第 1 项明确了驰名商标的按需认定原则,即在当事人以违反《商标法》第 13 条规定为由提起的侵犯商标权诉讼中,当事人以商标驰名作为事实根据,人民法院根据案件具体情况,在确有必要的情况下对所涉商标是否驰名作出认定。根据《最高人民法院关于审理商标授权确权行政案件若干问题的意见》第 10 条的规定,人民法院审理涉及驰名商标保护的商标授权确权行政案件,可以参照上述驰名商标司法解释的相关规定。这意味着,在商标授权确权行政案件的审理过程中,亦应遵循驰名商标的按需认定原则。换言之,如果被异议商标并没有构成对引证商标的复制、摹仿或者翻译,或者被异议商标获准注册的结果并不会导致误导公众并可能损害引证商标权利人利益的结果,即无须对引证商标是否构成驰名的问题作出审查和认定。具体到本案,引证商标核定使用于第1类的"烧碱、甲醇"等化工产品之上,被异议商标指定使用于第11类的"灯、煤气热水器"等家用电器商品上,二者无论是从功能、用途,还是商品的销售渠道、消费者群体等方面看,均具有较大的差异性。虽然引证商标在第1类化工产品上积累了一定的市场知名度,但并未能证明该种知名度已经于被异议商标申请日之前辐射到了被异议商标指定使用的商品或类似商品或具有关联性商品的范围之上,即不足以证明因引证商标的在先知名度,被异议商标的核准注册将产生误导公众并损害引证商标权利人利益的结果。巨化集团以被异议商标指定使用的商品在生产过程中需要使用引证商标核定使用的商品为由,所提二者具有较强的商品关联关系的主张过于牵强,本院不予支持。

【关键问题】

驰名商标按需认定原则在个案中的实践

【简要评论】

认定驰名商标需遵循按需认定的原则,驰名商标的按需认定原则具体在司法实践中如何落地,本判决给出了指导:只有当被异议商标核准注册将误导公众或者影响引证商标权利人利益时,才有必要对驰名商标做出审查和认定。本案中,引证商标是中国注册商标,当商标权人寻求通过驰名商标认证以获得跨类保护时,就应当证明允许被异议商标注册将误导公众或对其利益带来影响,被异议商标的指定类别与引证商标的核定使用类别差别过大,很难说会误导公众,而引证商标权利人亦没有证明允许被异议商标注册将影响其利益,故法院判决不对引证商标进行驰名商标认定,是恰当的。

本案判决还有一个标志性意义:体现了我国司法机关谨慎认定驰名商标的态度。如最高人民法院在判决中记载:我国设立驰名商标制度的目的在于给予商标与其显著度和知名度相匹配的保护范围和保护强度,并非授予一项荣誉称号。《商标法》中明确规定,生产、经营者不得将"驰名商标"字样用于商品、商品包装或者容器上,或者用于广告宣传、展览以及其他商业活动中。本案判决可以说是回归驰名商标制度设立的初衷,具有一定的社会示范意义。

【核心知识】

驰名商标认定遵循按需认定原则,在商标纠纷程序中,只有商标禁用权无法保护商标权人的合法权益时,才能启动驰名商标认定程序。

延伸阅读

1. 杜颖:《商标淡化理论及其应用》,载《法学研究》2007 年第 6 期。

2. 汪泽:《论驰名商标保护要件的使用顺序》,载《知识产权》2015 年第 6 期。

附录1　近年司法考试知识产权法真题汇总

一、著作权法

年份	题号	题目	官方标准答案	涉及法条提示	知识点链接
2011年	2011年卷三第16题	16. 某诗人署名“漫动的音符”，在甲网站发表题为“天堂向左”的诗作，乙出版社的《现代诗集》收录该诗，丙教材编写单位将该诗作为范文编入《语文》教材，丁文学网站转载了该诗。下列哪一说法是正确的？ A. 该诗人在甲网站署名方式不合法 B. “天堂向左”在《现代诗集》中被正式发表 C. 丙可以不经该诗人同意使用“天堂向左”，但应当按照规定支付报酬 D. 丁网站未经该诗人和甲网站同意而转载，构成侵权行为	C	《著作权法》第10、23、35条	8.3 【著作权的法定许可】
	2011卷三第61题	61. 我国《著作权法》不适用于下列哪些选项？ A. 法院判决书 B.《与贸易有关的知识产权协定》的官方中文译文 C.《伯尔尼公约》成员国国民的未发表且未经我国有关部门审批的境外影视作品 D. 奥运会开幕式火炬点燃仪式的创意	ABD	《著作权法》第2、3、5条	4.2 【著作权的保护对象】
	2011年卷三第62题	62. 甲电视台模仿某境外电视节目创作并录制了一档新娱乐节目，尚未播放。乙闭路电视台贿赂甲电视台工作人员贺某复制了该节目，并将获得的复制品抢先播放。下列哪些说法是正确的？	BC	《著作权法》第9条第1款第5项	9.1 【著作权侵权行为认定】

续表

年份	题号	题目	官方标准答案	涉及法条提示	知识点链接
2011年		A. 乙电视台侵犯了甲电视台的播放权 B. 乙电视台侵犯了甲电视台的复制权 C. 贺某应当与乙电视台承担连带责任 D. 贺某应承担补充责任			
2012年	2012年卷三第17题	17. 某出版社出版了一本学术论文集，专门收集国内学者公开发表的关于如何认定和处理侵犯知识产权行为的有关论文或摘要。该论文集收录的论文受我国著作权法保护，其内容选择和编排具有独创性。下列哪一说法是正确的? A. 被选编入论文集的论文已经发表，故出版社不需征得论文著作权人的同意 B. 该论文集属于学术著作，具有公益性，故出版社不需向论文著作权人支付报酬 C. 他人复制该论文集只需征得出版社同意并支付报酬 D. 如出版社未经论文著作权人同意而将有关论文收录，出版社对该论文集仍享有著作权	D	《著作权法》第14、22、35条	4.3【著作权的主体】 5.2【著作财产权】
	2012年卷三第62题	62. 王某创作歌曲《唱来唱去》，张某经王某许可后演唱该歌曲并由花园公司合法制作成录音制品后发行。下列哪些未经权利人许可的行为属于侵权行为? A. 甲航空公司购买该正版录音制品后在飞机上播放供乘客欣赏 B. 乙公司购买该正版录音制品后进行出租 C. 丙学生购买正版的录音制品后用于个人欣赏 D. 丁学生购买正版录音制品试听后将其上传到网络上传播	ABD	《著作权法》第10、22、38、48条	5.2【著作财产权】 6.2【表演者权】 8.2【著作权的合理使用】 9.1【著作权侵权行为认定】

续表

年份	题号	题目	官方标准答案	涉及法条提示	知识点链接
2012年	2012年卷三第63题	63. 居住在A国的我国公民甲创作一部英文小说,乙经许可将该小说翻译成中文小说,丙经许可将该翻译的中文小说改编成电影文学剧本,并向丁杂志社投稿。下列哪些说法是错误的? A. 甲的小说必须在我国或A国发表才能受我国著作权法保护 B. 乙翻译的小说和丙改编的电影文学剧本均属于演绎作品 C. 丙只需征得乙的同意并向其支付报酬 D. 丁杂志社如要使用丙的作品还应当分别征得甲、乙的同意,但只需向丙支付报酬	ACD	《著作权法》第2、12、35条	4.3【著作权的主体】 4.4【我国著作权法的效力】
2013年	2013年卷三第17题	17. 甲的画作《梦》于1960年发表。1961年3月4日甲去世。甲的唯一继承人乙于2009年10月发现丙网站长期传播作品《梦》,且未署甲名。2012年9月1日,乙向法院起诉。下列哪一表述是正确的? A.《梦》的创作和发表均产生于我国《著作权法》生效之前,不受该法保护 B. 乙的起诉已超过诉讼时效,其胜诉权不受保护 C. 乙无权要求丙网站停止实施侵害甲署名权的行为 D. 乙无权要求丙网站停止实施侵害甲对该作品的信息网络传播权的行为	D	《著作权法》第20、260条	3.2【侵害知识产权的诉讼时效】 5.3【著作权的期限】
	2013年卷三第62题	62. 王琪琪在某网站中注册了昵称为“小玉儿”的博客账户,长期以“小玉儿”名义发博文。其中,署名“小玉儿”的《法内情》短文被该网站以写作水平不高为由删除;署名“小玉儿”的《法外情》短文被该网站添加了“作者:王琪琪”字样。关于该网站的行为,下列哪些表述是正确的?	ABC	《著作权法》第10条	9.1【著作权侵权行为认定】

续表

年份	题号	题目	官方标准答案	涉及法条提示	知识点链接
		A. 删除《法内情》的行为没有侵犯王琪琪的发表权 B. 删除《法内情》的行为没有侵犯王琪琪的信息网络传播权 C. 添加字样的行为侵犯了王琪琪的署名权 D. 添加字样的行为侵犯了王琪琪的保护作品完整权			
2013年	2013年卷三第63题	63. 甲公司委托乙公司开发印刷排版系统软件,付费20万元,没有明确约定著作权的归属。后甲公司以高价向善意的丙公司出售了该软件的复制品。丙公司安装使用5年后,乙公司诉求丙公司停止使用并销毁该软件。下列哪些表述是正确的? A. 该软件的著作权属于甲公司 B. 乙公司的起诉已超过诉讼时效 C. 丙公司可不承担赔偿责任 D. 丙公司应停止使用并销毁该软件	CD	《著作权法》第17条,《最高人民法院关于审理著作权民事纠纷案件适用法律若干问题的解释》第28条,《计算机软件保护条例》第30条	9.2 【著作权侵权行为的法律责任】
2014年	2014年卷三第17题	17. 甲展览馆委托雕塑家叶某创作了一座巨型雕塑,将其放置在公园入口,委托创作合同中未约定版权归属。下列行为中,哪一项不属于侵犯著作权的行为? A. 甲展览馆许可乙博物馆异地重建完全相同的雕塑 B. 甲展览馆仿照雕塑制作小型纪念品向游客出售 C. 个体户冯某仿照雕塑制作小型纪念品向游客出售 D. 游客陈某未经著作权人同意对雕塑拍照纪念	D	《著作权法》第10、17、22条	4.3 【著作权的主体】 8.2 【著作权的合理使用】 9.1 【著作权侵权行为认定】

续表

年份	题号	题目	官方标准答案	涉及法条提示	知识点链接
2014	2014 年卷三第 62 题	62. 甲电视台经过主办方的专有授权，对篮球俱乐部联赛进行了现场直播，包括在比赛休息时舞蹈演员跳舞助兴的场面。乙电视台未经许可截取电视信号进行同步转播。关于乙电视台的行为，下列哪一表述是正确的？ A. 侵犯了主办方对篮球比赛的著作权 B. 侵犯了篮球运动员的表演者权 C. 侵犯了舞蹈演员的表演者权 D. 侵犯了主办方的广播组织权	C	《著作权法》第 3、38 条	6.2 【表演者权】
2015 年	2015 年卷三第 16 题	16. 甲、乙合作创作了一部小说，后甲希望出版小说，乙无故拒绝。甲把小说上传至自己博客并保留了乙的署名。丙未经甲、乙许可，在自己博客中设置链接，用户点击链接可进入甲的博客阅读小说。丁未经甲、乙许可，在自己博客中转载了小说。戊出版社只经过甲的许可就出版了小说。下列哪一选项是正确的？ A. 甲侵害了乙的发表权和信息网络传播权 B. 丙侵害了甲、乙的信息网络传播权 C. 丁向甲、乙寄送了高额报酬，但其行为仍然构成侵权 D. 戊出版社侵害了乙的复制权和发行权	C	《著作权法实施条例》第 9 条，《最高人民法院关于审理侵害信息网络传播权民事纠纷案件适用法律若干问题的规定》第 3 条	5.2 【著作财产权】 9.1 【著作权侵权行为认定】
	2015 年卷三第 17 题	17. 甲、乙、丙、丁相约勤工俭学。下列未经著作权人同意使用他人受保护作品的哪一行为没有侵犯著作权？ A. 甲临摹知名绘画作品后廉价出售给路人 B. 乙收购一批旧书后廉价出租给同学 C. 丙购买一批正版录音制品后廉价出租给同学 D. 丁购买正版音乐 CD 后在自己开设的小餐馆播放	B	《著作权法》第 22、47 条	5.2 【著作财产权】 8.2 【著作权的合理使用】 9.1 【著作权侵权行为认定】

续表

年份	题号	题目	官方标准答案	涉及法条提示	知识点链接
2015年	2015年卷三第62题	62. 应出版社约稿，崔雪创作完成一部儿童题材小说《森林之歌》。为吸引儿童阅读，增添小说离奇色彩，作者使用笔名“吹雪”，特意将小说中的狗熊写成三只腿的动物。出版社编辑在核稿和编辑过程中，认为作者有笔误，直接将“吹雪”改为“崔雪”、将“狗熊”改写成“四只腿的动物”。出版社将《森林之歌》批发给书店销售。下列哪些说法是正确的？ A. 出版社侵犯了作者的修改权 B. 出版社侵犯了作者的保护作品完整权 C. 出版社侵犯了作者的署名权 D. 书店侵犯了作者的发行权	ABC	《著作权法》第10条	9.1 【著作权侵权行为认定】
2016年	2016年卷三第11题	11. 清风艺术馆将其收藏的一批古代名家绘画扫描成高仿品，举办了“古代名画精品展”，并在入场券上以醒目方式提示“不得拍照、摄影”。唐某购票观展时趁人不备拍摄了展品，郑某则购买了该批绘画的纸质高仿版，扫描后将其中“清风艺术馆珍藏、复制必究”的标记清除。事后，唐某、郑某均在某电商网站出售各自制作的该批绘画的高仿品，也均未注明来源于艺术馆。艺术馆发现后，向电商发出通知，要求立即将两人销售的高仿品下架。对此，下列哪一说法是正确的？ A. 唐某、郑某侵犯了艺术馆的署名权 B. 郑某实施了删除权利管理信息的违法行为 C. 唐某未经许可拍摄的行为构成违约 D. 电商网站收到通知后如不采取措施阻止唐某、郑某销售该高仿品，应向艺术馆承担赔偿责任	C	《著作权法》第21条	9.1 【著作权侵权行为认定】

续表

年份	题号	题目	官方标准答案	涉及法条提示	知识点链接
2016年	2016年卷三第62题	62. 著作权人Y认为网络服务提供者Z的服务所涉及的作品侵犯了自己的信息网络传播权，向Z提交书面通知要求其删除侵权作品。对此，下列哪些选项是正确的？ A. Y的通知书应当包含该作品构成侵权的初步证明材料 B. Z接到书面通知后，可在合理时间内删除涉嫌侵权作品，同时将通知书转送提供该作品的服务对象 C. 服务对象接到Z转送的书面通知后，认为提供的作品未侵犯Y的权利的，可以向Z提出书面说明，要求恢复被删除作品 D. Z收到服务对象的书面说明后应即恢复被删除作品，同时将服务对象的说明转送Y的，则Y不得再通知Z删除该作品	ACD	《信息网络传播权保护条例》第14、16、17条	9.1 【著作权侵权行为认定】
	2016年卷三第63题	63. 甲作曲、乙填词，合作创作了歌曲《春风来》。甲拟将该歌曲授权歌星丙演唱，乙坚决反对。甲不顾反对，重新填词并改名为《秋风起》，仍与丙签订许可使用合同，并获报酬10万元。对此，下列哪些选项是正确的？ A.《春风来》的著作权由甲、乙共同享有 B. 甲侵害了《春风来》歌曲的整体著作权 C. 甲、丙签订的许可使用合同有效 D. 甲获得的10万元报酬应合理分配给乙	AC	《著作权法》第13条	7.1 【著作权的许可使用】

二、专利法

年份	题号	题目	官方标准答案	涉及法条提示	知识点链接
2008年	2008 年卷三第 23 题	23. 美国某公司于 2004 年 12 月 1 日在美国就某口服药品提出专利申请并被受理，2005 年 5 月 9 日就同一药品向中国专利局提出专利申请，要求享有优先权并及时提交了相关证明文件。中国专利局于 2008 年 4 月 1 日授予其专利。关于该中国专利，下列哪一选项是正确的？ A. 保护期从 2004 年 12 月 1 日起计算 B. 保护期从 2005 年 5 月 9 日起计算 C. 保护期从 2008 年 4 月 1 日起计算 D. 该专利的保护期是 10 年	A	《专利法》第 42 条、第 29 条第 1 款	11.4 【专利权的消灭】
2009年	2009 年卷三第 17 题	17. 黑土公司获得一种新型药品制造方法的发明专利权后，发现市场上有大量白云公司制造的该种新型药品出售，遂向法院起诉要求白云公司停止侵权并赔偿损失。依据新修改《专利法》规定，下列哪一说法是错误的？ A. 所有基层法院均无该案管辖权 B. 黑土公司不应当承担被告的药品制造方法与专利方法相同的证明责任 C. 白云公司如能证明自己实施的技术属于现有技术，法院应告知白云公司另行提起专利无效宣告程序 D. 如侵犯专利权成立，即使没有证据确定损害赔偿数额，黑土公司仍可获得 1 万元以上 100 万元以下的赔偿额	C	《专利法》第 62 条、第 65 条第 2 款	13.2 【专利侵权行为认定】
2010年	2010 年卷三第 18 题	18. 甲是某产品的专利权人，乙于 2008 年 3 月 1 日开始制造和销售该专利产品。甲于 2009 年 3 月 1 日对乙提起侵权之诉。经查，甲和乙销售每件专利产品分别获利为二万元和一万元，甲因乙的侵权行为少销售 100 台，乙共销售侵权产品 300 台。关于乙应对甲赔偿的额度，下列哪一选项是正确的？ A. 200 万元　　B. 250 万元 C. 300 万元　　D. 500 万元	A	《专利法》第 65 条	13.3 【专利侵权行为的法律责任】

续表

年份	题号	题目	官方标准答案	涉及法条提示	知识点链接
2010年	2010年卷三第62题	62. 甲、乙、丙三人合作开发一项技术，合同中未约定权利归属。该项技术开发完成后，甲、丙想要申请专利，而乙主张通过商业秘密来保护。对此，下列哪些选项是错误的？ A. 甲、丙不得申请专利 B. 甲、丙可申请专利，申请批准后专利权归甲、乙、丙共有 C. 甲、丙可申请专利，申请批准后专利权归甲、丙所有，乙有免费实施的权利 D. 甲、丙不得申请专利，但乙应向甲、丙支付补偿费	BCD	《专利法》第8条	10.3 【专利权的主体】
	2010年卷三第65题	65. 甲公司聘请乙专职从事汽车发动机节油技术开发。因开发进度没有达到甲公司的要求，甲公司减少了给乙的开发经费。乙于2007年3月辞职到丙公司，获得了更高的薪酬和更多的开发经费。2008年1月，乙成功开发了一种新型汽车节油装置技术。关于该技术专利申请权的归属，下列哪些选项是错误的？ A. 甲公司 B. 乙 C. 丙公司 D. 甲公司和丙公司共有	BCD	《专利法》第6条第1款	10.3 【专利权的主体】
2011年	2011年卷三第17题	17. 甲公司开发出一项发动机关键部件的技术，大大减少了汽车尾气排放。乙公司与甲公司签订书面合同受让该技术的专利申请权后不久，将该技术方案向国家知识产权局同时申请了发明专利和实用新型专利。下列哪一说法是正确的？ A. 因该技术转让合同未生效，乙公司无权申请专利 B. 因尚未依据该技术方案制造出产品，乙公司无权申请专利	D	《专利法》第6条第2款、第10条第3款	10.3 【专利权的主体】

续表

年份	题号	题目	官方标准答案	涉及法条提示	知识点链接
		C. 乙公司获得专利申请权后，无权就同一技术方案同时申请发明专利和实用新型专利 D. 乙公司无权就该技术方案获得发明专利和实用新型专利			
2012年	2012年卷三第18题	18. 下列哪一选项不属于侵犯专利权的行为？ A. 甲公司与专利权人签订独占实施许可合同后，许可其子公司乙公司实施该专利技术 B. 获得强制许可实施权的甲公司许可他人实施该专利技术 C. 甲公司销售不知道是侵犯他人专利的产品并能证明该产品来源合法 D. 为提供行政审批所需要的信息，甲公司未经专利权人的同意而制造其专利药品	D	《专利法》第69条	13.4 【不视为侵犯专利权的行为】
2012年	2012年卷三第64题	64. 工程师王某在甲公司的职责是研发电脑鼠标。下列哪些说法是错误的？ A. 王某利用业余时间研发的新鼠标的专利申请权属于甲公司 B. 如王某没有利用甲公司物质技术条件研发出新鼠标，其专利申请权属于王某 C. 王某主要利用了单位物质技术条件研发出新型手机，其专利申请权属于王某 D. 如王某辞职后到乙公司研发出新鼠标，其专利申请权均属于乙公司	BCD	《专利法》第6条	10.3 【专利权的主体】

续表

年份	题号	题目	官方标准答案	涉及法条提示	知识点链接
2013年	2013年卷三第18题	18. 甲公司开发了一种汽车节能环保技术,并依法获得了实用新型专利证书。乙公司拟与甲公司签订独占实施许可合同引进该技术,但在与甲公司协商谈判过程中,发现该技术在专利申请日前已经属于现有技术。乙公司的下列哪一做法不合法? A. 在该专利技术基础上继续开发新技术 B. 诉请法院判决该专利无效 C. 请求专利复审委员会宣告该专利无效 D. 无偿使用该技术	B	《专利法》第45条	11.4 【专利权的消灭】
	2013年卷三第64题	64. 范某的下列有关骨科病预防与治疗方面研究成果中,哪些可在我国申请专利? A. 发现了导致骨癌的特殊遗传基因 B. 发明了一套帮助骨折病人尽快康复的理疗器械 C. 发明了如何精确诊断股骨头坏死的方法 D. 发明了一种高效治疗软骨病的中药制品	BD	《专利法》第25条第1款	10.2 【专利权的保护对象】
2014年	2014年卷三第16题	16. 甲研究院研制出一种新药技术,向我国有关部门申请专利后,与乙制药公司签订了专利申请权转让合同,并依法向国务院专利行政主管部门办理了登记手续。下列哪一表述是正确的? A. 乙公司依法获得药品生产许可证之前,专利申请权转让合同未生效 B. 专利申请权的转让合同自向国务院专利行政主管部门登记之日起生效 C. 专利申请权的转让自向国务院专利行政主管部门登记之日起生效 D. 如该专利申请因缺乏新颖性被驳回,乙公司可以不能实现合同目的为由请求解除专利申请权转让合同	C	《专利法》第10条第3款	10.3 【专利权的主体】

续表

年份	题号	题目	官方标准答案	涉及法条提示	知识点链接
2014年	2014年卷三第63题	63. 中国甲公司的一项发明在中国和A国均获得了专利权。中国的乙公司与甲公司签订了中国地域内的专利独占实施合同。A国的丙公司与甲公司签订了在A国地域内的专利普通实施合同并制造专利产品,A国的丁公司与乙公司签订了在A国地域内的专利普通实施合同并制造专利产品。中国的戊公司、庚公司分别从丙公司和丁公司进口这些产品到中国使用。下列哪些说法是正确的? A. 甲公司应向乙公司承担违约责任 B. 乙公司应向甲公司承担违约责任 C. 戊公司的行为侵犯了乙公司的专利独占实施权 D. 庚公司的行为侵犯了甲公司的专利权	BD	《专利法》第12条	12.1 【专利权的内容】
2015年	2015年卷三第18题	18. 2010年3月,甲公司将其研发的一种汽车零部件向国家有关部门申请发明专利。该专利申请于2011年9月公布,2013年7月3日获得专利权并公告。2011年2月,乙公司独立研发出相同零部件后,立即组织生产并于次月起持续销售给丙公司用于组装汽车。2012年10月,甲公司发现乙公司的销售行为。2015年6月,甲公司向法院起诉。下列哪一选项是正确的? A. 甲公司可要求乙公司对其在2013年7月3日以前实施的行为支付赔偿费用 B. 甲公司要求乙公司支付适当费用的诉讼时效已过 C. 乙公司侵犯了甲公司的专利权 D. 丙公司没有侵犯甲公司的专利权	C	《专利法》第13条、第68条第2款	11.3 【专利的审查批准】 13.2 【专利侵权行为认定】

续表

年份	题号	题目	官方标准答案	涉及法条提示	知识点链接
2015年	2015年卷三第63题	63. 甲公司获得一项智能手机显示屏的发明专利权后，将该技术以在中国大陆独占许可方式许可给乙公司实施。乙公司付完专利使用费并在销售含有该专利技术的手机过程中，发现丙公司正在当地电视台做广告宣传具有相同专利技术的手机，便立即通知甲公司起诉丙公司。法院受理该侵权纠纷后，丙公司在答辩期内请求宣告专利无效。下列哪些说法是错误的？ A. 乙公司获得的专利使用权是债权，在不通知甲公司的情况下不能直接起诉丙公司 B. 专利无效宣告前，丙公司侵犯了专利实施权中的销售权 C. 如专利无效，则专利实施许可合同无效，甲公司应返还专利使用费 D. 法院应中止专利侵权案件的审理	ABCD	《专利法》第45、47条	11.4 【专利权的消灭】
2016年	2016年卷三第14题	14. 甲公司与乙公司签订买卖合同，以市场价格购买乙公司生产的设备一台，双方交付完毕。设备投入使用后，丙公司向法院起诉甲公司，提出该设备属于丙公司的专利产品，乙公司未经许可制造并销售了该设备，请求法院判令甲公司停止使用。经查，乙公司侵权属实，但甲公司并不知情。关于此案，法院下列哪一做法是正确的？ A. 驳回丙公司的诉讼请求 B. 判令甲公司支付专利许可使用费 C. 判令甲公司与乙公司承担连带责任 D. 判令先由甲公司支付专利许可使用费，再由乙公司赔偿甲损失	A	《专利法》第70条	13.3 【专利侵权行为的法律责任】

续表

年份	题号	题目	官方标准答案	涉及法条提示	知识点链接
2016年	2016年卷三第16题	16. W研究所设计了一种高性能发动机,在我国和《巴黎公约》成员国L国均获得了发明专利权,并分别给予甲公司在我国、乙公司在L国的独占实施许可。下列哪一行为在我国构成对该专利的侵权? A. 在L国购买由乙公司制造销售的该发动机,进口至我国销售 B. 在我国购买由甲公司制造销售的该发动机,将发动机改进性能后销售 C. 在我国未经甲公司许可制造该发动机,用于各种新型汽车的碰撞实验,以测试车身的防撞性能 D. 在L国未经乙公司许可制造该发动机,安装在L国客运公司汽车上,该客车曾临时通过我国境内	C	《专利法》第11条第1款	12.1 【专利权的内容】 13.4 【不视为侵犯专利权的行为】
2017年	2017年卷三第15题	15. 关于下列成果可否获得专利权的判断,哪一选项是正确的? A. 甲设计的新交通规则,能缓解道路拥堵,可获得方法发明专利权 B. 乙设计的新型医用心脏起搏器,能迅速使心脏重新跳动,该起搏器不能被授予专利权 C. 丙通过转基因方法合成一种新细菌,可过滤汽油的杂质,该细菌属动物新品种,不能被授予专利权 D. 丁设计的儿童水杯,其新颖而独特的造型既富美感,又能防止杯子滑落,该水杯既可申请实用新型专利权,也可申请外观设计专利权	D	《专利法》第2条第3款、第4款,第25条第1款	10.2 【专利权的保护对象】

三、商标法

年份	题号	题目	官方标准答案	涉及法条提示	知识点链接
2013年	2013年卷三第19题	19. 甲公司为其生产的啤酒申请注册了“冬雨之恋”商标，但在使用商标时没有在商标标识上加注“注册商标”字样或注册标记。下列哪一行为未侵犯甲公司的商标权？ A. 乙公司误认为该商标属于未注册商标，故在自己生产的啤酒产品上也使用“冬雨之恋”商标 B. 丙公司不知某公司假冒“冬雨之恋”啤酒而予以运输 C. 丁饭店将购买的甲公司“冬雨之恋”啤酒倒入自制啤酒桶，自制“侠客”牌散装啤酒出售 D. 戊公司明知某企业生产假冒“冬雨之恋”啤酒而向其出租仓库	B	《商标法》第57条	16.1【商标权人的权利】 17.1【商标侵权行为认定】
2013年	2013年卷三第65题	65. 甲公司生产“美多”牌薰衣草保健枕，“美多”为注册商标，薰衣草为该枕头的主要原料之一。其产品广告和包装上均突出宣传“薰衣草”，致使“薰衣草”保健枕被消费者熟知，其他厂商也推出“薰衣草”保健枕。后“薰衣草”被法院认定为驰名商标。下列哪些表述是正确的？ A. 甲公司可在一种商品上同时使用两件商标 B. 甲公司对“美多”享有商标专用权，对“薰衣草”不享有商标专用权 C. 法院对驰名商标的认定可写入判决主文 D. “薰衣草”叙述了该商品的主要原料，不能申请注册	AB	《商标法》第3条第1款、第11条	14.1【商标的概念和构成要件】 17.2【商标侵权行为的法律责任】

续表

年份	题号	题目	官方标准答案	涉及法条提示	知识点链接
2014年	2014年卷三第19题	19. 甲公司在汽车产品上注册了“山叶”商标，乙公司未经许可在自己生产的小轿车上也使用“山叶”商标。丙公司不知乙公司使用的商标不合法，与乙公司签订书面合同，以合理价格大量购买“山叶”小轿车后售出，获利100万元以上。下列哪一说法是正确的？ A. 乙公司的行为属于仿冒注册商标 B. 丙公司可继续销售“山叶”小轿车 C. 丙公司应赔偿甲公司损失100万元 D. 工商行政管理部门不能对丙公司进行罚款处罚	D	《商标法》第60条第2款、第64条第2款	17.2 【商标侵权行为的法律责任】
	2014年卷三第64题	64. 甲公司是《保护工业产权巴黎公约》成员国A国的企业，于2012年8月1日向A国在牛奶产品上申请注册“白雪”商标被受理后，又于2013年5月30日向我国商标局申请注册“白雪”商标，核定使用在牛奶、糕点和食品容器这三类商品上。下列哪些说法是错误的？ A. 甲公司应委托依法设立的商标代理机构代理申请商标注册 B. 甲公司必须提出三份注册申请，分别在三类商品上申请注册同一商标 C. 甲公司可依法享有优先权 D. 如商标局在异议程序中认定“白雪”商标为驰名商标，甲公司可在其牛奶包装上使用“驰名商标”字样	BCD	《商标法》第14条第5款、第18条第2款、第22条第2款、第25条第1款	15.1 【商标权取得的原则】 15.2 【商标注册的行政程序】
2015年	2015年卷三第19题	19. 佳普公司在其制造和出售的打印机和打印机墨盒产品上注册了“佳普”商标。下列未经该公司许可的哪一行为侵犯了“佳普”注册商标专用权？ A. 甲在店铺招牌中标有“佳普打印机专营”字样，只销售佳普公司制造的打印机 B. 乙制造并销售与佳普打印机兼容的墨盒，该墨盒上印有乙的名称和其注册商标“金兴”，但标有“本产品适	D	《商标法》第57条	16.1 【商标权人的权利】 17.1 【商标侵权行为认定】

续表

年份	题号	题目	官方标准答案	涉及法条提示	知识点链接
2015年		用于佳普打印机” C. 丙把购买的“佳普”墨盒装入自己制造的打印机后销售，该打印机上印有丙的名称和其注册商标“东升”，但标有“本产品使用佳普墨盒” D. 丁回收墨水用尽的“佳普”牌墨盒，灌注廉价墨水后销售			
	2015年卷三第64题	64. 河川县盛产荔枝，远近闻名。该县成立了河川县荔枝协会，申请注册了“河川”商标，核定使用在荔枝商品上，许可本协会成员使用。加入该荔枝协会的农户将有“河川”商标包装的荔枝批发给盛联超市销售。超市在销售该批荔枝时，在荔枝包装上还加贴了自己的注册商标“盛联”。下列哪些说法是正确的？ A. “河川”商标是集体商标 B. “河川”商标是证明商标 C. “河川”商标使用了县级以上行政区划名称，应被宣告无效 D. 盛联超市的行为没有侵犯商标权	AD	《商标法》第3条、第10条第2款	14.2 【商标的种类】 14.1 【商标的概念和构成要件】
2016年	2016年卷三第15题	15. 奔马公司就其生产的一款高档轿车造型和颜色组合获得了外观设计专利权，又将其设计的“飞天神马”造型注册为汽车的立体商标，并将该造型安装在车头。某车行应车主陶某请求，将陶某低价位的旧车改装成该高档轿车的造型和颜色，并从报废的轿车上拆下“飞天神马”标志安装在改装车上。陶某使用该改装车提供专车服务，收费高于普通轿车。关于上述行为，下列哪一说法是错误的？ A. 陶某的行为侵犯了奔马公司的专利权 B. 车行的行为侵犯了奔马公司的专利权 C. 陶某的行为侵犯了奔马公司的商标权 D. 车行的行为侵犯了奔马公司的商标权	A	《商标法》第57条	16.2 【商标权的行使】 17.1 【商标侵权行为认定】

续表

年份	题号	题目	官方标准答案	涉及法条提示	知识点链接
2016年	2016年卷三第17题	17. 营盘市某商标代理机构,发现本市甲公司长期制造销售“实耐”牌汽车轮胎,但一直未注册商标,该机构建议甲公司进行商标注册,甲公司负责人鄢某未置可否。后鄢某辞职新创立了乙公司,鄢某委托该商标代理机构为乙公司进行轮胎类产品的商标注册。关于该商标代理机构的行为,下列哪一选项是正确的? A. 乙公司委托注册“实耐”商标,该商标代理机构不得接受委托 B. 乙公司委托注册“营盘轮胎”商标,该商标代理机构不得接受委托 C. 乙公司委托注册普通的汽车轮胎图形作为商标,该商标代理机构不得接受委托 D. 该商标代理机构自行注册“捷驰”商标,用于转让给经营汽车轮胎的企业	A	《商标法》第11条、第19条第3款和第4款	14.1【商标的概念和构成要件】 15.1【商标权取得的原则】
	2016年卷三第64题	64. 2010年,甲饮料厂开始制造并销售“香香”牌果汁并已产生一定影响。甲在外地的经销商乙发现甲尚未注册“香香”商标,就于2014年在果汁和碳酸饮料两类商品上同时注册了“香香”商标,但未实际使用。2015年,乙与丙饮料厂签订商标转让协议,将果汁类“香香”商标转让给了丙。对此,下列哪些选项是正确的? A. 甲可随时请求宣告乙注册的果汁类“香香”商标无效 B. 乙应将注册在果汁和碳酸饮料上的“香香”商标一并转让给丙 C. 乙就果汁和碳酸饮料两类商品注册商标必须分别提出注册申请 D. 甲可在果汁产品上附加区别标识,并在原有范围内继续使用“香香”商标	BD	《商标法》第22条第2款、第42条第2款、第45条第1款、第59条第3款	15.1【商标权取得的原则】 15.4【商标权的消灭】 16.2【商标权的行使】 16.3【商标权的限制】

续表

年份	题号	题目	官方标准答案	涉及法条提示	知识点链接
2017年	2017年卷三第16题	16. 韦某开设了“韦老四”煎饼店，在当地颇有名气。经营汽车配件的个体户肖某从外地路过，吃过后赞不绝口。当发现韦某尚未注册商标时，肖某就餐饮服务注册了“韦老四”商标。关于上述行为，下列哪一说法是正确的？ A. 韦某在外地开设新店时，可以使用“韦老四”标识 B. 如肖某注册“韦老四”商标后立即起诉韦某侵权，韦某并不需要承担赔偿责任 C. 肖某的商标注册恶意侵犯韦某的在先权利，韦某可随时请求宣告该注册商标无效 D. 肖某注册商标核定使用的服务类别超出了肖某的经营范围，韦某可以此为由请求宣告该注册商标无效	B	《商标法》第32条、第45条第1款	14.1【商标的概念和构成要件】 15.4【商标权的消灭】

附录 2　教学大纲参考

《知识产权法》2 学分建议教学方案

周次	教学章节	教学内容
1	第 1 章　知识产权法概论、 第 2 章　知识产权的行使	1. 知识产权法概论 2. 知识产权的行使(上)
2	第 2 章　知识产权的行使 第 3 章　知识产权的法律保护	2. 知识产权的行使(下) 3. 知识产权的法律保护
3	第 4 章　著作权与著作权法概述	1. 著作权的概念和保护对象 2. 著作权的主体 3. 我国著作权法的效力
4	第 5 章　著作权的内容	1. 著作人身权 2. 著作财产权 3. 著作权的期限
5	第 6 章　著作邻接权	1. 表演者权与录音录像制作者权 2. 广播组织权与版式设计权
6	第 7 章　著作权和邻接权的变动	1. 著作权的许可、转让和继承 2. 著作权的质押和消灭
7	第 8 章　著作权和邻接权的限制	1. 著作权的合理使用 2. 著作权的法定许可
8	第 9 章　著作权的法律保护	1. 著作权侵权行为认定 2. 著作权侵权行为的法律责任 3. 对技术措施和权利管理信息的保护

续表

周次	教学章节	教学内容
9	第10章 专利与专利法概述	1. 专利的概念和种类 2. 专利权的保护对象和主体 3. 专利制度的作用
10	第11章 专利权的取得和消灭	1. 授予专利权的实质条件 2. 专利的申请、审批 3. 专利权的消灭
11	第12章 专利权的内容和限制	1. 专利权的内容 2. 专利权的限制
12	第13章 专利权的法律保护	1. 专利权保护范围的确定 2. 专利侵权行为认定和法律责任 3. 不视为侵犯专利权的行为
13	第14章 商标与商标法概述	1. 商标的概念和构成要件 2. 商标的种类
14	第15章 商标权的取得和消灭	1. 商标权取得的原则 2. 商标注册、维持、消灭
15	第16章 商标权的行使与限制	1. 商标权人的权利 2. 商标权的行使 3. 商标权的限制
16	第17章 商标权的法律保护、课程总结与复习	1. 商标侵权行为认定与法律责任 2. 驰名商标的特殊保护 3. 课程总结与复习
17	期末考试	

《知识产权法》3 学分建议教学方案

周次	教学章节	教学内容
1	第 1 章 知识产权法概论 第 2 章 知识产权的行使	1. 知识产权法概论 1.1 知识产权的概念和法律特征 1.2 知识产权法的调整对象和性质 1.3 知识产权法的基本原则 2. 知识产权的行使(上) 2.1 知识产权许可使用 2.2 知识产权转让
2	第 2 章 知识产权的行使 第 3 章 知识产权的法律保护	1. 知识产权的行使(下) 1.1 知识产权质押 1.2 知识产权行使的其他类型 3. 知识产权的法律保护 3.1 侵害知识产权的民事责任 3.2 侵害知识产权的诉讼时效 3.3 知识产权的行政保护
3	第 4 章 著作权与著作权法概述	1. 著作权的概念 2. 著作权的保护对象 3. 著作权的主体 4. 我国著作权法的效力
4	第 5 章 著作权的内容	1. 著作人身权 2. 著作财产权 3. 著作权的期限
5	第 6 章 著作邻接权	1. 邻接权的概念和渊源 2. 表演者权 3. 录音录像制作者权 4. 广播组织权 5. 版式设计权

续表

周次	教学章节	教学内容
6	第 7 章　著作权和邻接权的变动	1. 著作权的许可使用 2. 著作权的转让和继承 3. 著作权的质押 4. 著作权的消灭
7	第 8 章　著作权和邻接权的限制	1. 著作权限制概述 2. 著作权的合理使用 3. 著作权的法定许可
8	第 9 章　著作权的法律保护	1. 著作权侵权行为认定 2. 著作权侵权行为的法律责任 3. 对技术措施和权利管理信息的保护
9	第 10 章　专利与专利法概述	1. 专利的概念和种类 2. 专利权的保护对象 3. 专利权的主体 4. 专利制度的作用
10	第 11 章　专利权的取得和消灭	1. 授予专利权的实质条件 2. 专利的申请、审批 3. 专利权的消灭
11	第 12 章　专利权的内容和限制	1. 专利权的内容 2. 专利权的限制
12	第 13 章　专利权的法律保护	1. 专利权保护范围的确定 2. 专利侵权行为认定 3. 专利侵权行为的法律责任 4. 不视为侵犯专利权的行为
13	第 14 章　商标与商标法概述	1. 商标的概念和构成要件 2. 商标的种类 3. 商标法

续表

周次	教学章节	教学内容
14	第15章 商标权的取得和消灭	1. 商标权取得的原则 2. 商标注册的行政程序 3. 商标权的维持 4. 商标权的消灭
15	第16章 商标权的行使与限制	1. 商标权人的权利 2. 商标权的行使 3. 商标权的限制
16	第17章 商标权的法律保护、课程总结与复习	1. 商标侵权行为认定与法律责任 2. 驰名商标的特殊保护 3. 课程总结与复习
17	期末考试	

图书在版编目(CIP)数据

知识产权法入门笔记／李雨峰主编. -- 北京：法律出版社，2018(2023.4重印)
ISBN 978-7-5197-2698-0

Ⅰ．①知… Ⅱ．①李… Ⅲ．①知识产权法－中国－高等学校－教学参考资料 Ⅳ．①D923.4

中国版本图书馆CIP数据核字(2018)第214614号

知识产权法入门笔记
ZHISHICHANQUANFA RUMEN BIJI

李雨峰 主编

策划编辑 谢清平
责任编辑 谢清平
装帧设计 李 瞻 臧晓飞

出版发行 法律出版社
编辑统筹 法律应用出版分社
责任校对 邢艳萍
责任印制 刘晓伟
经　　销 新华书店

开本 710毫米×1000毫米 1/16
印张 20.5 **字数** 318千
版本 2018年12月第1版
印次 2023年4月第3次印刷
印刷 三河市龙大印装有限公司

地址：北京市丰台区莲花池西里7号(100073)
网址：www.lawpress.com.cn
投稿邮箱：info@lawpress.com.cn
举报盗版邮箱：jbwq@lawpress.com.cn
销售电话：010-83938349
客服电话：010-83938350
咨询电话：010-63939796

书号：ISBN 978-7-5197-2698-0
定价：46.00元

凡购买本社图书，如有印装错误，我社负责退换。电话：010-83938349